CONTABILIDAD PARA DIRECCION

MANUALES IESE

Instituto de Estudios Superiores de la Empresa, IESE
Avda. Pearson, 21. Barcelona

Primera edición: 1970
Segunda edición: 1971
Tercera edición: 1974
Cuarta edición: 1977
Quinta edición: 1979
Sexta edición: 1981
Séptima edición: 1984
Octava edición: 1987
Novena edición: 1988
Décima edición: 1989
Undécima edición: 1990
Duodécima edición: 1991
Decimotercera edición: 1993

Ediciones Universidad de Navarra, S.A. (EUNSA)
Plaza de los Sauces, 1 y 2. Barañáin-Pamplona (España)

ISBN 84-313-0189-9
Depósito Legal: NA 1.277-1993

Imprime: LINE GRAFIC, S.A. Hnos. Noáin, s/n. Ansoáin (Navarra)

Printed in Spain - Impreso en España

FERNANDO PEREIRA SOLER
EDUARD BALLARIN FREDES
JOSEP M.ª ROSANAS MARTI
JUAN CARLOS VAZQUEZ-DODERO DE BONIFAZ

CONTABILIDAD PARA DIRECCION

DECIMOTERCERA EDICION
RENOVADA

EUNSA
EDICIONES UNIVERSIDAD DE NAVARRA, S. A.
PAMPLONA

A nuestros padres

Fernando Pereira es Doctor Ingeniero de Caminos, Canales y Puertos. Forma parte del claustro del IESE desde el comienzo de sus actividades en 1958 como Profesor Ordinario de Control. Fue Director General del IESE desde 1970 hasta 1978. Durante este período intervino en la promoción y desarrollo del Instituto de Altos Estudios Empresariales (IAE) en Buenos Aires. Ha sido Presidente de la European Accounting Association. Es coautor del libro *Alternativas Contables*, asesor y consejero de diversas empresas.

Eduard Ballarín es Doctor en Ciencias Económicas y Empresariales, Doctor of Business Administration por la Universidad de Harvard y Censor Jurado de Cuentas. Se incorporó al IESE en 1969 y fue nombrado en 1985 Profesor Ordinario de Análisis Social y Económico para la Dirección. Es titular de la Cátedra Nissan de Estrategia Internacional y miembro de la Strategic Management Society, de la Academy of Management y de la AECA. Autor del libro *Estrategias competitivas para la Banca* y coautor de *Sistemas de planificación y control*. Asimismo es autor de más de treinta artículos y ponencias en congresos y revistas especializadas. Consultor en sistemas de planificación y control, desarrollo organizativo y gestión financiera en empresas de muy diversos sectores.

Josep M.ª Rosanas es Doctor Ingeniero Industrial, Master en Economía y Dirección de Empresas por el IESE y Doctor of Philosophy (Management) por la Universidad de Northwestern. Se incorporó al claustro del IESE en 1975 y fue nombrado Profesor Ordinario de Control en 1985. Ha impartido diferentes cursos en la Universidad Politécnica de Cataluña, en la Escola d'Administració Pública de la Generalitat de Catalunya y actualmente es Profesor de la Universidad Pompeu Fabra. Miembro de la American Economic Association, de la American Accounting Association y de la European Accounting Association, de la que ha sido Secretario General. Autor de los libros *La inflació i la rendibilitat de las empreses* y *Contabilidad de Costes para toma de decisiones,* y coautor de *Alternativas Contables, Introducción a la Contabilidad Financiera* y *Sistemas de Planificación y Control*. Colaborador habitual en diversas revistas y congresos. Es asesor de diferentes empresas y organismos públicos, con los que ha desarrollado distintos proyectos de investigación.

Juan Carlos Vázquez-Dodero es Licenciado en Derecho y en Ciencias Empresariales, Master en Economía y Dirección de Empresas por el IESE y Doctor en Dirección de Empresas por el IESE, a cuyo claustro se incorporó en 1969, siendo nombrado Profesor Ordinario de Control en 1982. Colaborador y asesor de diversas instituciones en el extranjero, tales como el AESE de Lisboa, el PAD de Lima y el IAE de Buenos Aires, es actualmente Vocal del Consejo de Dirección del IESE. Miembro de la European Accounting Association, de la European Foundation for Management Development y del Capítulo Español del Club de Roma. Es promotor, consejero y asesor de muy diversas empresas españolas y extranjeras. Esta experiencia empresarial se ha traducido en la redacción de más de medio centenar de casos prácticos, notas técnicas y documentos de investigación.

ÍNDICE

SEGUNDA PARTE

FUNDAMENTOS DE CONTABILIDAD DE COSTES

TERCERA PARTE

LA CONTABILIDAD EN LA PLANIFICACIÓN Y EL CONTROL

APÉNDICES

PRÓLOGO A LA QUINTA EDICIÓN

Este libro trata de contabilidad. Pero no contiene las dosis masivas de contabilidad que precisan quienes se dedican a ella por razón de su profesión. Pretende tan sólo ser útil a aquellas personas que, sin ser contables, y sin poseer ninguna formación contable, tienen, sin embargo, por razón de su actividad profesional, contactos con la contabilidad. De hecho, el título en principio escogido para este libro fue el de "Contabilidad para los que se ven obligados a convivir con ella". Se prescindió de este tíulo, y no sabemos exactamento por qué, pues hubiera sido más representativo del contenido de esta obra que el elegido.

Hemos reproducido el párrafo anterior, que iniciaba el prólogo a la primera edición de este libro, porque, aunque se han introducido en el texto modificaciones significativas, el propósito general de la obra sigue siendo el mismo.

Estas modificaciones son consecuencia de las aportaciones de los tres nuevos autores que han trabajdo en esta quinta edición con el autor de las cuatro anteriores. Nos parece que nuestras diferentes experiencias académicas y profesionales nos han permitido un contraste de opiniones que ha supuesto una mejora sustancial en el conjunto de la obra.

En la primera parte (ahora titulada "Fundamentos de Contabilidad Financiera") se ha introducido un nuevo capítulo sobre Contabilidad e Inflación, y se han ampliado puntos que estimamos no estaban suficientemente desarrollados, o lo estaban confusamente. En esta primera parte se aconseja con cierta frecuencia al lector que piense su propia solución a un problema contable, para después compararla con la que se propone en el texto. Excepto cuando se plantea una pregunta muy breve, en el mismo texto se facilita el borrador necesario para realizar este trabajo. Por ello se recomienda al lector que se enfrente a esta primera parte provisto de un lápiz y una goma de borrar. Nuestra experiencia nos dice que estos conceptos contables fundamentales quedan más claros trabajando de esta forma.

La segunda parte "Fundamentos de Contabilidad de Costes" ha sido reelaborada en su casi totalidad. Hemos alterado el orden de presentación de los temas, eligiendo uno que nuestra experiencia nos hace considerar como más didáctico, y se ha ampliado la exposición de los mismos, pues esa misma experiencia nos ha mostrado que estaban tratados de forma excesivamente resumida y sintética, incluso para el propósito del libro.

En la tercera parte "La Contabilidad en la Planificación y el Control" hemos respetado el esquema general de las ediciones anteriores, pero hemos modificado cada uno de los capítulos, tanto introduciendo nuevos temas, como prescindiendo de partes que han perdido actualidad.

Para un autor debe seguramente resultar especialmente grato escribir las líneas del prólogo que expresan su agradecimiento a las personas, generalmente numerosas, cuya colaboración ha hecho posible su trabajo, y nosotros no somos, desde luego, excepción a esta regla.

En primer lugar, queremos expresar nuestro agradecimiento a nuestros compañeros de trabajo en el IESE, sin cuya colaboración nuestra labor no hubiera sido posible. En este sentido, queremos mencionar especialmente a Manuel Velilla, colaborador en las actividades cotidianas del Departamento de Control del IESE.

Queremos extender también nuestro agradecimiento a los participantes en los diferentes programas del IESE, con quienes ha sido un placer discutir, de una o de otra forma, el contenido de este libro.

Setiembre, 1979.

NOTA A LA DECIMOTERCERA EDICIÓN

En la edición anterior introdujimos en la primera parte del texto los comentarios que nos parecieron adecuados referentes al nuevo Plan General de Contabilidad español. Con este motivo, recibimos diversas sugerencias de distintos usuarios del libro (sugerencias que nos apresuramos a agradecer vivamente), advirtiéndonos que lo habíamos realizado de manera algo confusa y desordenada. Estas opiniones nos parecieron muy razonables. Por ello, hemos modificado parcialmente en esta nueva edición la exposición de la Contabilidad Financiera, así como el planteamiento de la explicación de la Consolidación de Estados Contables.

Setiembre, 1993

PRIMERA PARTE

FUNDAMENTOS DE CONTABILIDAD FINANCIERA

CAPÍTULO I

LA CONTABILIDAD: UNA PRESENTACIÓN

UNA POSIBLE DEFINICIÓN

Es la parte del sistema de información que, más o menos elaborada, existe en toda organización, que *1) registra, 2) clasifica* y *3) resume sucesos traducibles en unidades monetarias* (ya ocurridos o que se estima que van a ocurrir en el futuro).

De entrada, se advierte una importante limitación de la contabilidad en cuanto fuente de información de lo que sucede en una organización: atiende únicamente a acontecimientos expresables en unidades monetarias. Y es evidente que éstos pueden no ser, y de hecho no son, los más importantes que ocurren en el seno de la organización. No obstante esta limitación (que, desde luego, nunca debe olvidarse), la teoría sugiere y la experiencia demuestra que en la actuación práctica es imprudente no prestar atención, y mucha, a la información contable.

La traducción de sucesos en unidades monetarias se realiza mediante un conjunto de reglas denominadas con frecuencia *principios contables generalmente aceptados*, que se perfeccionan continuamente y de los que se irán recordando en el texto los más importantes. Se emplea el adverbio «generalmente» para indicar que la aplicación de esos principios no es «siempre» adecuada. En estos casos corresponde al contable explicar las razones que le han llevado a abandonar la praxis generalmente aceptada.

LA INFORMACIÓN CONTABLE DESEABLE

Sería deseable que la información contable (o, en palabras un poco más técnicas, los estados contables) elaborada mediante la aplicación de los principios mencionados fuera simultáneamente objetiva y útil.

La *objetividad* se lograría si los principios contables fueran tales que, al aplicarlos a una misma organización, dos personas distintas elaboraran estados contables idénticos, con independencia de cuáles pudieran ser sus opiniones individuales o subjetivas.

La *utilidad* se conseguiría si los principios contables fueran tales que, al aplicarlos, los estados contables así elaborados significaran una ayuda eficaz a su usuario para decidir qué hacer (por ejemplo: prestar o no prestar dinero a esa organización; determinar el precio de venta de un producto).

En la práctica, objetividad y utilidad se contraponen en la mayoría de las ocasiones. Es decir, los estados contables, en la realidad, representan un compromiso entre objetividad y utilidad, poniendo, según los casos, mayor o menor énfasis en una de estas dos cualidades deseables.

CONTABILIDAD FINANCIERA Y CONTABILIDAD DE DIRECCIÓN

Si los estados contables van destinados a informar al exterior (entendiendo por tal, personas o entidades justificadamente interesadas en la marcha de la organización, pero que no son responsables de su gestión: prestamistas, accionistas, administración fiscal, etc.), se procura que sean más objetivos, aunque, como consecuencia de ello, menos útiles. Por ejemplo, las empresas cotizadas en bolsa publican en sus memorias los estados contables del *último* ejercicio transcurrido, aunque para alguien que estuviera estudiando la posibilidad de invertir dinero en dicha empresa le serían más útiles los estados contables del *próximo* ejercicio. Más útiles, pero menos fiables: siempre es menos difícil explicar el pasado que prever el futuro. Una contabilidad destinada a informar al exterior se centra, por tanto, y como consecuencia de su mayor énfasis en la objetividad, en la explicación del pasado, por lo que frecuentemente recibe el nombre de *contabilidad histórica o contabilidad financiera.*

Pero la contabilidad puede ser también un instrumento eficaz para ayudar a los responsables de la gestión de una organización a desempeñar mejor su trabajo. Sin embargo, estas personas están fundamentalmente interesadas en el estudio de las consecuencias futuras de sus decisiones presentes. Por ello, los estados contables que eventualmente emplean tratan de reflejar el futuro expresado en unidades monetarias. (Los estados contables pasados les pueden ayudar, pero sólo ayudar, en la elaboración de los que realmente les importan: los presupuestos, por ejemplo.) El presupuesto de cobros y pagos del año próximo es, por supuesto, menos objetivo que el estado de cobros y pagos del año pasado, que ya es conocido. Pero, como instrumento de gestión, su utilidad es mucho mayor. Una contabilidad al servicio de la dirección se centra, pues, en la estimación del futuro, como consecuencia de su mayor énfasis en la utilidad. Recibe diferentes nombres: *contabilidad de dirección, de gestión, interna, analítica...*

Una consecuencia de los párrafos precedentes es que la contabilidad financiera admite muchas menos excepciones que la contabilidad de dirección a los principios contables generalmente aceptados. Los usuarios externos así lo exigen: para poder interpretar los estados contables, éstos han de estar preparados de acuerdo con ciertas normas, que, a su vez, no deben dejarse a la elección de quien los prepara. La contabilidad de dirección, por el contrario, puede tomarse muchas más libertades con los principios contables. Al ser de uso puramente interno, se cumplirán o no en función de que sean o no útiles para ayudar en la gestión de la organización. Y bastará que lo sepan los responsables de esa gestión: no afecta a los usuarios externos, a quienes, por otra parte, no va dirigida esa información.

PRINCIPIOS CONTABLES Y NORMAS FISCALES

En el texto que sigue se prescinde generalmente de consideraciones fiscales. Ello es debido a que la contabilidad tiene una razón de ser propia: en un país en el que no existiera reglamentación fiscal alguna, las organizaciones socioeconómicas del mismo seguirían empleando sistemas contables. Por otro lado, normas fiscales y principios contables no tienen por qué coincidir y, de hecho, no siempre coinciden. Por ello nos parece preferible estudiarlos consecutivamente, no simultáneamente. La normativa fiscal no sirve al sistema contable sino para cuantificar unas partidas concretas: las relacionadas con los impuestos.

Las normas fiscales pueden variar, por ejemplo, en función de las necesidades recaudatorias del Estado, o del deseo de estimular la actividad económica de las empresas. Los principios contables, en cambio, son insensibles a estas consideraciones.

Conviene recordar que el vocabulario contable es en ocasiones confuso, pues el sentido de algunos de sus términos no corresponde al que éstos tienen en el lenguaje ordinario. Por otra parte, no existe una terminología contable universalmente aceptada. No es infrecuente que dos personas utilicen dos palabras diferentes para designar una misma cosa o que, por el contrario, empleen una misma palabra para expresar cosas distintas. Lo cual debe tenerse en cuenta cuando se discute sobre temas de contabilidad. Por esta razón, en el texto utilizaremos deliberadamente una cierta variedad de términos contables usuales.

PRINCIPIOS CONTABLES DEL PLAN GENERAL DE CONTABILIDAD ESPAÑOL

El Plan General de Contabilidad español (que, en lo sucesivo, designaremos abreviadamente PGC), resume los principios contables generalmente aceptados. Este resumen es suficiente para lo que aquí se pretende, por lo que se reproduce a continuación, aunque bastará con que el lector se remita a ellos a medida que se citen en el texto, sin preocuparse si en esta primera lectura no le resultaran totalmente claros, en el caso de no estar familiarizado con los mismos.

> La contabilidad de la empresa se desarrollará aplicando los principios contables que (resumidos) se indican a continuación:
>
> *Principio de prudencia:* Unicamente se contabilizarán los beneficios realizados a la fecha del cierre del ejercicio. Por el contrario, los riesgos previsibles y las pérdidas eventuales con origen en el ejercicio o en otro anterior, deberán contabilizarse tan pronto sean conocidas; a esos efectos se distinguirán las reversibles o potenciales de las realizadas o irreversibles. Igualmente, se tendrán presentes toda clase de depreciaciones, tanto si el resultado del ejercicio fuese positivo como negativo.
>
> *Principio de empresa en funcionamiento.* Se considerará que la gestión de la empresa tiene prácticamente duración ilimitada. En consecuencia, la aplicación de los principios contables no irá encaminada a determinar el valor del patrimonio a efectos de su enajenación global o parcial ni el importe resultante en caso de liquidación.
>
> *Principio del precio de adquisición.* Como norma general, todos los bienes y derechos se contabilizarán por su precio de adquisición o coste de producción. El principio del precio de adquisición deberá respetarse siempre salvo cuando se autoricen, por disposición legal, rectificaciones al mismo.
>
> *Principio del devengo.* La imputación de ingresos y gastos deberá hacerse en función de la corriente real de bienes y servicios que

los mismos representan y con independencia del momento en que se produzca la corriente monetaria o financiera derivada de ellos.

Principio de uniformidad. Adoptado un criterio en la aplicación de los principios contables dentro de las alternativas, que, en su caso, éstos permitan, deberá mantenerse en el tiempo y en el espacio en tanto no se alteren los supuestos que motivaron la elección de dicho criterio.

Principio de registro. Los hechos económicos deben registrarse cuando nazcan los derechos u obligaciones que los mismos originen.

Principio de correlación de ingresos y gastos. El resultado del ejercicio estará constituido por los ingresos de dicho período menos los gastos del mismo realizados para la obtención de aquéllos, así como los beneficios y quebrantos no relacionados claramente con la actividad de la empresa.

Principio de no compensación. En ningún caso podrán compensarse las partidas del activo y del pasivo del balance, ni las de gastos e ingresos que integran la cuenta de pérdidas y ganancias, establecidos en los modelos de cuentas anuales. Deben valorarse separadamente los elementos integrantes de las distintas partidas del activo y del pasivo.

Principio de importancia relativa. Se admite la no aplicación estricta de alguno de los principios contables siempre y cuando, debido a la escasa importancia relativa en términos cuantitativos de la variación que se produce, no se altere la imagen fiel que deben presentar las cuentas anuales.

En los casos de conflicto entre principios contables obligatorios deberá prevalecer el que mejor conduzca a que las cuentas anuales expresen la imagen fiel del patrimonio, de la situación financiera y de los resultados de la empresa.

El principio de prudencia tendrá carácter preferencial sobre los demás principios.

En aquellos casos en los que la aplicación de un principio contable, o de cualquier otra norma contable sea incompatible con la imagen fiel que deben dar las cuentas anuales, se considerará improcedente dicha aplicación. (De aquí la utilización de la expresión principios contables *generalmente*, no *siempre* aceptados).

CAPÍTULO II

LOS ESTADOS CONTABLES EN UNA EMPRESA COMERCIAL

UNA DEFINICIÓN DEL BALANCE (O ESTADO DE POSICIÓN FINANCIERA)

Entendemos por *recurso* todo aquello que existe en una organización en un determinado momento y que puede expresarse en unidades monetarias. Esta traducción en unidades monetarias puede ser inmediata y fácil (lo que existe en caja, por ejemplo); no inmediata, pero sí fácil (por ejemplo, un mueble comprado el día de hoy, para cuya traducción en dinero puede servir fácilmente la factura correspondiente), o difícil (un mueble, por ejemplo, adquirido hace tres años: relacionar el recurso mueble «hoy» con la cifra indicada por la factura recibida «tres años antes» exige frecuentemente realizar un no fácil juicio contable).

Considerando la totalidad de los recursos existentes en una organización en un momento concreto, podemos plantearnos dos preguntas. ¿De dónde proceden estos recursos?; la respuesta se llama *pasivo.* ¿Cómo están utilizados estos recursos?; la respuesta se llama *activo.* El conjunto de las dos respuestas se llama *balance* (o estado de posición financiera). Y es evidente que *activo=pasivo*, ya que si bien uno y otro emplean dos criterios distintos de clasificación (utilización y procedencia, respectivamente), los aplican a una misma cantidad (los recursos totales). Son dos formas distintas de trocear una misma tarta.

EL ESTADO DE TESORERÍA (O DE COBROS Y PAGOS)

Supongamos que a finales de diciembre de 1981 unos amigos constituyeron una sociedad comercial XYZ, para comprar un cierto artículo A a un fabricante y venderlo posteriormente. Los socios aportaron 4.000 $ (*), concertaron un préstamo bancario de 1.000 $ y convinieron con el fabricante-proveedor en pagarle a crédito; a finales de diciembre este proveedor les entregó 100 unidades del artículo A que todavía no habían sido vendidas. Por otra parte, constituyeron la sociedad, lo que les supuso un desembolso de 50 $, compraron un terreno por 1.000 $, un edificio construido sobre el mismo por 2.000 $, y unos muebles de oficina por 200 $. En diciembre de 1981 se limitaron a llevar un libro de entradas y salidas de caja (o de cobros y pagos), es decir, el estado contable de tesorería, que se resume como se indica en el Cuadro 1.

Cuadro 1
Estado de tesorería de 1981

Cobros		
Socios	4.000	
Préstamo bancario	1.000	
Total	5.000	$
Pagos		
Terreno	1.000	
Edificio	2.000	
Muebles	200	
Constitución	50	
Total	3.250	$
Saldo el 31-XII-1981	1.750	$

UN PRIMER BALANCE

El 31 de diciembre de 1981, se reunieron los socios decidiendo elaborar el balance de la empresa en esa misma fecha. Uno de ellos, el único con una cierta familiaridad en temas contables, presentó el estado, acompañado de notas explicativas para sus amigos no iniciados en contabilidad, que muestra el Cuadro 2.

(*) Para mayor sencillez, las unidades monetarias se identifican con el símbolo $. Este signo puede interpretarse como el lector prefiera: pesetas, miles de pesetas, millones de pesetas, dólares, pesos, etc. Con frecuencia, cuando se deduce fácilmente del contexto, no emplearemos ningún símbolo.

Cuadro 2

Balance al 31 de diciembre de 1981

Activo

Recursos utilizados en

Terreno	1.000	*(c)*
Edificio	2.000	*(c)*
Mobiliario	200	*(c)*
Constitución	50	*(c)*
Existencias (100 unidades de A)	600	*(c)*
Caja y bancos	1.750	*(d)*
Total	5.600	$

Pasivo

Recursos procedentes de

Socios	4.000	*(a)*
Préstamo	1.000	*(a)*
Proveedor	600	*(b)*
Total	5.600	$

(a) Aportaciones en dinero.

(b) Aportación de 100 unidades del artículo A, traducida en dinero mediante las facturas correspondientes, a razón de 6 $/unidad. Su registro es una aplicación del *principio del devengo:* en el cuadro 1 no aparecía el proveedor, pues no se le ha pagado nada.

(c) En la traducción en dinero de estas partidas se ha aplicado el denominado *principio del precio de adquisición* del PGC.

(d) Su traducción en dinero es inmediata: ya es dinero.

Como el balance recibió la aprobación del grupo, decidieron responsabilizar de la contabilidad de 1982 al que lo había presentado, lo que fue realizando a lo largo de dicho año. Con el propósito de familiarizar a sus amigos con la contabilidad, en la reunión que mantuvieron a primeros de 1983 para examinar la marcha de la empresa durante 1982, les entregó la información que se reproduce en el Cuadro 3.

Cuadro 3

Resumen de los sucesos contables de 1982 (*)

(1) Compramos a crédito 900 unidades del artículo A, cuya equivalencia en dinero fue de 900×6 \$=5.400 \$.
(2) Vendimos al contado 350 unidades a 10 \$, equivalentes a 3.500 \$.
(3) Vendimos a crédito 500 unidades a 11 \$, equivalentes a 5.500 \$.
(4) Cobramos de los clientes a quienes habíamos vendido a crédito 400 unidades, equivalentes a 400×11 \$=4.400 \$.
(5) Pagamos a nuestro proveedor 950 unidades, equivalentes a 950×6 \$=5.700 \$.
(6) Devolvimos los 1.000 \$ del préstamo bancario.
(7) Pagamos en concepto de actividades administrativas, comerciales y de intereses (englobado todo ello bajo el nombre genérico de ordinarios), 1.800 \$.

LA CONTABILIDAD EN MARCHA: LAS CUENTAS

A continuación entregó a los presentes el Cuadro 4, sobre el que hizo los comentarios siguientes.

Este Cuadro 4 presenta las anotaciones contables realizadas en 1982. Las iniciales s.i. corresponden a los saldos iniciales, que conocemos del Cuadro 2, y cada uno de los números entre paréntesis corresponde a los sucesos descritos en el Cuadro 3. Aunque resumidas (por ejemplo, las ventas al contado de 3.500 \$ no se hicieron de una vez, sino en varias veces a lo largo del año), conceptualmente están reflejadas en su totalidad.

En el activo se introdujo una nueva forma de utilización de recursos denominada "clientes", para registrar el crédito concedido al vender nuestros artículos sin que nos pagaran por ello al contado. Es una aplicación del *principio del devengo*, que registra una venta a crédito, aunque todavía no se haya cobrado.

En el pasivo se abrió también un nuevo título para recoger los recursos generados y los consumidos en las operaciones de compraventa de los artículos A. Desde luego, se podía haber simplificado, escribiendo solamente la diferencia entre precios de venta y de compra (por ejemplo, +1.400 en lugar de +3.500−2.100), pero se juzgó interesante informar sobre ventas (3.500) y coste de los artículos vendidos (2.100), y no únicamente sobre su diferencia.

(*) Recordamos al lector que, por las razones apuntadas más arriba, prescindimos de consideraciones fiscales.

Activo

Recursos utilizados en

Caja y bancos

s.i. 1.750	−5.700 (5)
(2) +3.500	−1.000 (6)
(4) +4.400	−1.800 (7)

Clientes

(3) +5.500	−4.400 (4)

Existencias

s.i. 600	−2.100 (2)
(1) +5.400	−3.000 (3)

Mobiliario

s.i. 200	

Edificio

s.i. 2.000	

Terreno

s.i. 1.000	

Primer establecimiento

s.i. 50	

Pasivo

Recursos procedentes de

Proveedor

(5) −5.700	600 s.i.
	+5.400 (1)

Préstamo bancario

(6) −1.000	1.000 s.i.

Socios

	4.000 s.i.

Operaciones

Coste de 350 unidades (2) −2.100	+3.500 (2) Venta de 350 unidades
Coste de 500 unidades (3) −3.000	+5.500 (3) Venta de 500 unidades
Gastos ordinarios (7) −1.800	

NOTA: Obsérvese que podría haberse empleado una única columna para reflejar el movimiento de las cuentas. Por ejemplo:

Caja y bancos

s.i. 1.750
+3.500 (2)
+4.400 (4)
−5.700 (5)
−1.000 (6)
−1.800 (7)

Proveedor

s.i. 600
+5.400 (1)
−5.700 (5)

De acuerdo con la definición propuesta, un signo + en una partida de activo significa que aumentan los recursos utilizados de la forma que nos explica el título de aquella y un signo –, que disminuyen los recursos así utilizados. En el pasivo, un + significa que aumentan los recursos procedentes del nombre de la partida correspondiente, y un – que disminuyen.

Como en cualquier momento ha de cumplirse, por definición, la igualdad activo=pasivo, cada suceso contable debe traducirse al menos en dos cifras (una única cifra desequilibraría esa igualdad). De aquí el nombre de *contabilidad por partida doble.*

En el Cuadro 4 se han agrupado en cada *cuenta* (porque así se llaman las diferentes partidas en las que ha parecido oportuno clasificar el activo y el pasivo), los *asientos* (que así se llaman las cifras que reflejan los sucesos contables), en dos columnas distintas, según sea su signo + o –. Si se ha hecho así, es por la sola razón de que, cuando se precisa conocer el saldo de una cuenta, resulta más fácil hallarlo al tener separados los asientos positivos y los negativos, en lugar de mezclados en una única columna. Separando ambas columnas con un trazo vertical y subrayando el nombre de la cuenta (como en el Cuadro 4), aparece algo que recuerda una T. El nombre *cuentas en T* se emplea frecuentemente en contabilidad.

Cuadro 5

Balance de saldos del Cuadro 4 al 31 de diciembre de 1982

Activo		
Caja y bancos	1.150	
Clientes	1.100	
Existencias	900	
Mobiliario	200	
Edificio	2.000	
Terreno	1.000	
Primer establecimiento	50	
Total	6.400	$
Pasivo		
Proveedor	300	
Préstamo	0	
Socios	4.000	
Operaciones	2.100	
Total	6.400	$

El por qué se han utilizado dos ordenaciones distintas de los asientos en el activo (+ a la izquierda y – a la derecha) y en el pasivo (– a la izquierda y + a la derecha) se explicará más adelante. Por el momento se harán las operaciones indicadas en el Cuadro 4, cuyos saldos figuran en el Cuadro 5.

EL ESTADO DE FLUJO DE FONDOS (O CUADRO DE FINANCIACIÓN)

El Cuadro 5 algo dice de nuestra posición financiera el 31 de diciembre de 1982. Pero nada informa sobre nuestras actividades a lo largo del año 1982.

Esta información puede encontrarse en otros estados financieros. El más sencillo es el estado de tesorería ya conocido: para elaborarlo bastará en nuestro caso fijarnos en la cuenta de caja y bancos (o disponible) del Cuadro 4, y explicarlo con más o menos detalle tal como, por ejemplo, figura en el Cuadro 6. Este estado nos da cuenta del flujo de dinero (entradas y salidas) ocurrido durante 1982.

Cuadro 6
Estado de tesorería de 1982

Cobros		
Ventas al contado	3.500	
Ventas a crédito	4.400	
Total	7.900	$
Pagos		
Proveedor	5.700	
Devolución de préstamo	1.000	
Actividades ordinarias	1.800	
Total	8.500	$
Cobros menos pagos	–600	
Saldo inicial	1.750	
Saldo final	1.150	$

Un segundo estado nos informa también de lo sucedido durante 1982. Es el cuadro de *flujo de fondos* (llamado también cuadro de *origen y aplicación de fondos*, y cuadro de *financiación*). En este caso entendemos por fondos algo más amplio que lo cobrado y pagado durante el año (recogido en el estado de tesorería). Más adelante precisaremos este concepto de fondos.

Una primera aproximación a la elaboración del cuadro de flujo de fondos se consigue mediante la comparación de los balances inicial y final del período de tiempo que se considera, el año 1982 en nuestro caso. En el Cuadro 7 se presenta esta comparación de balances. En él se ha sustituido el nombre de la partida del pasivo que figuraba en el Cuadro 5 como *operaciones* por el de *fondos generados por las operaciones* (FGO), llamado en el PGC *recursos procedentes de las operaciones*(*).

Cuadro 7

Comparación de los balances inicial y final de 1982

Activo	*Inicial (Cuadro 2)*	*Final (Cuadro 5)*	*Aumento*	*Disminución*
Caja y bancos	1.750	1.150	–	600
Clientes	0	1.100	1.100	–
Existencias	600	900	300	–
Mobiliario	200	200	–	–
Edificio	2.000	2.000	–	–
Terreno	1.000	1.000	–	–
Constitución	50	50	–	–
Total	5.600	6.400	1.400	600
Pasivo				
Proveedor	600	300	–	300
Préstamo	1.000	0	–	1.000
Socios	4.000	4.000	–	–
FGO	0	2.100	2.100	–
Total	5.600	6.400	2.100	1.300

De acuerdo con nuestra definición de balance, los aumentos de partidas del activo significan una aplicación de fondos (aumentan los

(*) En España se utiliza con frecuencia el término inglés cash-flow. Sin embargo, como su significado literal es el de flujo de caja, en otras ocasiones se emplea para designar el estado de tesorería del Cuadro 6. Esto es un ejemplo de lo ya comentado: la terminología contable es muy variada, y, en ocasiones, confusa. Y ambas cifras no tienen por qué coincidir, y generalmente no coinciden. (En nuestro caso son –600 y +2.100).

utilizados de la forma que nos explica el nombre de la cuenta correspondiente), y las disminuciones de partidas de pasivo significan también una aplicación de fondos (utilizados para disminuir los recursos procedentes de la fuente identificada por el nombre de la correspondiente cuenta).

Por el contrario, los aumentos de partidas de pasivo significan un origen de fondos (los procedentes de la fuente que nos explica el nombre de la cuenta de referencia), y las disminuciones de activo significan también un origen de fondos (que son liberados de la forma de utilización que explica la cuenta correspondiente, para poder ser empleados de otras formas).

Puesto que en todo momento tiene que cumplirse la igualdad activo total = pasivo total, es evidente que a lo largo de un período de tiempo, el año 1982 en nuestro caso, ha de cumplirse también la igualdad, que puede comprobarse en el Cuadro 7:

aumentos de activos + disminuciones de pasivos =
= disminuciones de activos + aumentos de pasivos = 2.700 $

Estas consideraciones nos permiten presentar el cuadro de flujo de fondos de 1982 como indica el Cuadro 8, en el que también figura una explicación de los FGO, tomada del Cuadro 4 (*). (Para que este cálculo de los FGO sea correcto, es preciso que nuestros clientes que no nos hayan pagado todavía lo hagan efectivamente y que nosotros paguemos la deuda pendiente con nuestro proveedor).

La amortización

Volviendo al Cuadro 4 y a su resumen del Cuadro 5, podemos preguntarnos si reflejan satisfactoriamente el estado de posición financiera de nuestra empresa el 31 de diciembre de 1982.

En el Cuadro 4 el activo puede clasificarse en dos partes. En la primera (disponible, clientes y existencias) se han ido registrando asientos a lo largo de 1982: de ahí su nombre de *activo circulante.* En la segunda (las restantes partidas) no se han registrado asientos: de ahí su nombre de *activo inmovilizado.*

(*) Por cierto que el cuadro de flujo de fondos desde el momento inmediatamente anterior a la constitución de nuestra sociedad hasta el 31 de diciembre de 1982 coincidiría con el Cuadro 5, que habríamos comparado con un balance inicial que fuera: activo = 0, pasivo = 0.

Cuadro 8

Cuadro de flujo de fondos de 1982

Aplicaciones		
(¿Qué se hizo?)		
Aumentar clientes	1.100	
Aumentar existencias	300	
Disminuir proveedores	300	
Devolver préstamo	1.000	
	2.700	$
Orígenes		
(¿Cómo se financió?)		
Disminuyendo disponible	600	
Fondos generados por las operaciones (FGO)	2.100	
	2.700	$

Fondos generados por las operaciones (FGO) en 1982 (del Cuadro 4)

Ventas	9.000	
Coste de las mercancías vendidas	−5.100	
Gastos ordinarios	−1.800	
FGO	+2.100	$

¿Pero el activo inmovilizado va a estar siempre a nuestro servicio? Llegará un día en que los muebles, por ejemplo, dejen de sernos útiles. ¿Esperaremos a ese momento para anular entonces su coste original de 200 $? ¿No sería más adecuado repartir (*periodificar*, en términos contables) esos 200 $ entre los períodos contables (años, en nuestro caso) en que vamos a utilizar los muebles?

La contabilidad se inclina sin vacilar por la segunda opción, a pesar de la evidente dificultad que representa estimar cuál va a ser la *vida útil* de un inmovilizado (que puede ser inferior a su *vida física*, por razones de obsolescencia tecnológica, por ejemplo). El reparto del coste del inmovilizado a lo largo de esta vida útil estimada se denomina *amortización*. No hay que olvidar que la cifra así obtenida no pasa de ser una estimación y que, por tanto, es discutible, pues se basa en una predicción del futuro, que no se cumplirá en la mayoría de los casos.

Para cerrar nuestro balance al 31 de diciembre de 1982 hemos de ajustar (de aquí el nombre de *asientos de ajuste*) los Cuadros 4 y

5, para introducir en ellos las amortizaciones, lo que implica estimar la vida útil de nuestros inmovilizados.

Supongamos que estimamos la vida útil del mobiliario en 5 años y la del edificio (por ser ya antiguo en el momento de su adquisición) en 10 años, cifras, insistimos, absolutamente discutibles. Si, además, decidimos repartir uniformemente el coste (otros métodos amortizan más durante los primeros años y menos en los finales, y otros proceden al revés), obtenemos unas amortizaciones anuales de 40 $ para el mobiliario y de 200 $ para el edificio. (En teoría, la cifra a repartir durante la vida útil es la del coste original del inmovilizado menos su eventual valor residual al final de esa vida útil; pero ante los interrogantes que entrañan todas estas estimaciones, *el principio de prudencia contable*, como siempre hace en caso de duda, se inclina del lado de la seguridad y considera frecuentemente cero ese valor residual.)

Si nuestra propiedad del terreno no está sujeta a ninguna limitación previsible, podemos considerar que su vida útil es ilimitada, por lo que la periodificación de su coste (la amortización) no es de aplicación.

¿Y qué hacer con el llamado primer establecimiento? Puede argumentarse que como confiamos en que la vida de nuestra empresa sea ilimitada, (*principio de empresa en funcionamiento*) siempre nos vamos a beneficiar de los gastos en que incurrimos para ponerla en marcha y que, por consiguiente, no deben amortizarse. No obstante la posible validez de este argumento, de nuevo *la prudencia contable* se inclina por la amortización de estos inmovilizados intangibles o inmateriales en un período de tiempo adecuado, generalmente un máximo de 5 años. Supongamos que escogemos un año.

El resultado contable

Trasladando a nuestro balance las consideraciones precedentes, es decir, haciendo los correspondientes asientos de ajuste, el Cuadro 5 se convierte en el Cuadro 9, y pone de manifiesto que los FGO deben ajustarse por las amortizaciones para medir el *resultado contable* de 1982, que, por ser positivo, se llama *beneficio* (si hubiera sido negativo, se llamaría *pérdida*).

¿En qué modifican estos asientos de ajuste de amortización los estados contables de tesorería (Cuadro 6) y de flujo de fondos (Cuadro 8)? En nada. Los Cuadros 6 y 8 siguen siendo los mismos antes y después de las amortizaciones. Ello es lógico, ya que la amortización no es un pago (por lo que no afecta al estado de tesorería), ni va a serlo (por lo que tampoco afecta al estado de flujo de fondos). (La adquisición del inmovilizado correspondiente sí les afectó en su día como pago y aplicación, respectivamente: concretamente, en el año anterior, 1981)

Del Cuadro 9 se deduce que:

$$\text{FGO} - \text{Amortización} = \text{Beneficio},$$

que también se puede escribir:

$$\text{FGO} = \text{Beneficio} + \text{Amortización}$$

Cuadro 9

Balance al 31 de diciembre de 1982
(después de los asientos de amortización en el Cuadro 5)

Activo		
Circulante		3.150
Mobiliario (coste)		200
Menos: amortización acumulada (*)		−40
Edificio (coste)		2.000
Menos: amortización acumulada (*)		−200
Terreno (coste)		1.000
Primer establecimiento		50
Menos: amortización acumulada (*)		−50
		6.110 $
Pasivo		
Proveedores		300
Socios		4.000
FGO	+2.100	
Amortizaciones	−290	
Beneficio		1.810
		6.110 $

(*) En ocasiones, las amortizaciones se registran en el pasivo con el nombre de *fondo de amortización* y naturalmente con signo +. Sin embargo, en la actualidad es mucho más frecuente registrarlas en el activo con signo −, relacionándolas con el inmovilizado correspondiente, y con el nombre de *amortización acumulada* (que en nuestro caso coincide con la del año 1982, por ser el primer ejercicio).

La diferencia entre el coste de un inmovilizado y su amortización acumulada se llama su *valor contable.* Por ejemplo, el valor contable del mobiliario el 31 de diciembre de 1982 es igual a 160 $.

Esta igualdad se utiliza con frecuencia para calcular más sencillamente los FGO y puede hacer pensar equivocadamente que la amortización es un origen de fondos. Equivocadamente, porque el origen de fondos está constituido por los FGO (en el caso de que sean positivos, lo que no ocurre necesariamente), que se generan como indica el Cuadro 8, que es independiente, como se ha dicho, de las amortizaciones. En otras palabras: no por amortizar más, contamos con mayor financiación. Si en el Cuadro 9, por ejemplo, hubiéramos amortizado el edificio en 5 años en vez de en 10, su amortización en 1982 sería de 400 en lugar de 200 $, y las totales, de 490 en lugar de 290 $, con lo que

Beneficio = FGO − Amortización = 2.100 − 490 = 1.610 $
(en lugar de 1.810 $).

Y expresándolo en la segunda forma:

FGO = Beneficio + Amortización = 1.610 + 490 = 2.100 $
(en lugar de 1.810 + 290, cuya suma es igualmente 2.100 $).

Modificar la amortización supone modificar el resultado contable, pero no los FGO. Constituye un asiento contable que recuerda que no todos los FGO son repartibles (en forma de dividendos, por ejemplo), pero nada más (*).

Como más adelante se comentará, el problema de la amortización se complica cuando pretende, no ya la periodificación del coste de un inmovilizado, sino retener en la empresa una parte de los FGO suficiente para mantener la «potencialidad» o «capacidad operativa» de esa empresa; en otras palabras más populares, cuando trata de medir (ajustando los FGO) un beneficio que responda a la definición de que "beneficio es lo que uno se puede gastar (en reparto de dividendos, por ejemplo) sin empobrecerse".

La cuenta de pérdidas y ganancias

Pero volvamos al Cuadro 4. Si registramos en él los asientos de ajuste correspondiente a las amortizaciones que hemos estimado adecuadas para reflejar la posición financiera de nuestra empresa el 31 de diciembre de 1982, obtenemos el Cuadro 10. En este cuadro se ha identificado cada una de las columnas de las cuentas con los signos *(a)* y *(b)* por razones que posteriormente explicaremos.

(*) Recordamos de nuevo que prescindimos de consideraciones fiscales. La amortización «fiscal», que no tiene por qué coincidir con la «deseable», permite reducir impuestos (una de las partidas a tener en cuenta para hallar el resultado neto); pero ello no invalida nada de lo que hasta aquí se ha expuesto.

En el Cuadro 10 aparece una cuenta (denominada en el Cuadro 4 "operaciones", cuyo saldo nos permitió en el Cuadro 8 calcular los FGO), que, después, de ajustarse con las amortizaciones, se denomina *cuenta de resultados* o *cuenta de pérdidas y ganancias.*

El saldo de la cuenta se llama *resultado* (*beneficio* o *pérdida*, según sea positivo o negativo) y se mide por la diferencia entre *ingresos* (+3.500+5.500) y *gastos* (−2.100 −3.000 −1.800 −40 −200 −50), que arroja un saldo de +1.810, que aparecía ya en el Cuadro 9.

Ingresos no equivalen necesariamente a cobros, de igual forma que gastos no equivalen a pagos. El estado de tesorería (la cuenta de caja y bancos del Cuadro 4) nos informa de los cobros y los pagos de 1982; el estado de resultados nos informa de los ingresos y los gastos de 1982. Por ejemplo, los asientos (6) reflejan un pago, pero no un gasto; los asientos (8) reflejan un gasto, pero no un pago; los asientos (3) reflejan un ingreso, pero no un cobro.

Como consecuencia de lo que precede, podemos decir que la cuenta de resultados (o de pérdidas y ganancias) no es sino una partida del balance, pero de especial significación en cuanto a la información que proporciona sobre la marcha financiera de la empresa, como ya se insinuaba en el Cuadro 4, al no limitarnos a presentar solamente los asientos (como se hizo en las restantes cuentas), sino acompañados de una explicación de la razón de los mismos. No nos interesa conocer únicamente el saldo de esa cuenta, sino también la explicación de cómo se ha generado.

Por esta razón, se le da una personalidad contable propia. En el Cuadro 11 se resumen dos presentaciones de esta cuenta (entre las diferentes posibilidades que existen).

La primera (llamada *vertical*) se deduce directamente del Cuadro 10, en el que se supone que las salidas de existencias se registran contablemente a medida que tienen lugar.

La segunda (llamada *horizontal*), sustituye el coste de las mercancías vendidas durante el ejercicio por la ecuación:

existencia inicial + compras − existencia final (=CMV)

Por ejemplo, en el caso del Cuadro 10 iríamos contabilizando las compras, 5.400 $, en una cuenta adecuada valorando la existencia final al cierre del ejercicio, 900 $. Por tanto,

600 + 5.400 − 900 (=5.100 $)

Esta segunda presentación es la elegida en el PGC, entre las alternativas ofrecidas en la Cuarta Directiva de la CEE. La primera presentación es la preferida por la contabilidad anglosajona.

Cuentas y asientos de 1982 (incluidas amortizaciones)

Activo

Recursos utilizados en

(a) Caja y bancos	*(b)*
s.i. 1.750	−5.700 (5)
(2) +3.500	−1.000 (6)
(4) +4.400	−1.800 (7)

(a) Clientes	*(b)*
(3) +5.500	−4.400 (4)

(a) Existencias	*(b)*
s.i. 600	−2.100 (2)
(1) +5.400	−3.000 (3)

(a) Mobiliario	*(b)*
s.i. 200	−40 (8)

(a) Edificio	*(b)*
s.i. 2.000	−200 (9)

(a) Terreno	*(b)*
s.i. 1.000	

(a) Primer establecimiento	*(b)*
s.i. 50	−50 (10)

Pasivo

Recursos procedentes de

(a) Proveedor	*(b)*
(5) −5.700	600 s.i.
	+5.400 (1)

(a) Préstamo bancario	*(b)*
(6) −1.000	1.000 s.i.

(a) Socios	*(b)*
	4.000 s.i.

(a)	Resultado 1982		*(b)*
Coste de 350 unidades	(2) −2.100	+3.500 (2)	Venta de 350 unidades
Coste de 500 unidades	(3) −3.000	+5.500 (3)	Venta de 500 unidades
Gastos ordinarios	(7) −1.800		
Amortización del mobiliario	(8) −40		
Amortización del edificio	(9) −200		
Amortización 1.er establ.	(10) −50		

Cuadro 11

Cuenta de resultados (o de pérdidas y ganancias) de 1982

Primera Presentación

Ventas	+9.000
Coste mercancías vendidas	−5.100
Margen bruto	+3.900
Gastos de explotación	−1.800
Gastos ordinarios (*)	−290
Resultado	+1.810

Segunda Presentación

Existencia inicial	*600*	*900*	*Existencia final*
Compras	*5.400*	*9.000*	*Ventas*
Gastos ordinarios	*1.800*		
Gastos de amortización (*)	*290*		
		1.810	*Resultado*

El balance de comprobación

En la explicación referente al Cuadro 4 (que es aplicable también al Cuadro 10) se razonó por qué se agruparon los asientos con signo + y los asientos con signo − en dos columnas distintas en cada una de las cuentas: para facilitar las operaciones aritméticas en el momento de hallar sus saldos.

Pero no se explicó por qué se alteraba la ordenación de las columnas según que las cuentas fueran de activo o de pasivo. Efectivamente, el Cuadro 10 está ordenado según el doble convenio siguiente:

(a) cuentas de activo *(b)*		*(a)* cuentas de pasivo *(b)*	
+	−	−	+
aumentos	*disminuciones*	*disminuciones*	*aumentos*

La razón estriba en que utilizando este doble convenio (expuesto por primera vez por fray Luca Paccioli, a quien se considera fun-

(*) Los gastos de amortización se pueden incluir en los gastos ordinarios.

dador de la contabilidad) disminuye el riesgo de equivocaciones aritméticas, riesgo siempre presente cuando las operaciones aritméticas son numerosas. Aplicando este convenio, es condición necesaria para que nuestra contabilidad sea correcta que en todo momento la suma de *todos* los asientos de *todas* las cuentas registrados en las columnas *(a)* coincida con la suma de *todos* los asientos de *todas* las cuentas registrados en las columnas *(b)*. Hacer un *balance de comprobación* consiste precisamente en asegurarse de que se cumple esta igualdad.

(En el apartado siguiente se amplía y explica lo que se acaba de exponer).

Esta condición es necesaria para que una contabilidad sea correcta, pero no suficiente. Por ejemplo, en el Cuadro 10 podríamos haber registrado, por equivocación, el asiento −2.100 (2) en la columna *(b)* de clientes, en lugar de en la columna *(b)* de existencias. La igualdad anterior se cumpliría, pero nuestra contabilidad estaría equivocada.

En otras palabras, *es condición necesaria, aunque no suficiente, que las cuentas "cuadren"*. Por ello, aunque el convenio de fray Luca Paccioli no elimina la posibilidad de errores, sí la disminuye, y la experiencia práctica demuestra que vale la pena utilizarlo.

EL DEBE Y EL HABER: CARGOS Y ABONOS

En el Cuadro 10 se han identificado las dos columnas de cada una de las cuentas con los símbolos *(a)* y *(b)*. Cualquier otra identificación es igualmente válida: izquierda y derecha, por ejemplo. La contabilidad escogió los términos *debe* y *haber*, que pueden prestarse a confusión, si se trata de relacionar el sentido que tienen estas palabras en el lenguaje habitual con su significado contable. Desde este punto de vista, hubiera sido preferible haber elegido términos más asépticos: *a* y *b*; 1 y 2; etc.

Por la misma razón pueden inducir a confusión los términos contables de *cargo* y *abono*. Un cargo es hacer un asiento en el debe [columna *(a)* en el Cuadro 10] de cualquier cuenta; un abono es un asiento en el haber [columna *(b)* del Cuadro 10] de cualquier cuenta. (Como equivalentes a cargar se utiliza a veces debitar y adeudar, y como equivalentes a abonar, acreditar y datar.)

Usando esta terminología, el balance de comprobación, que antes se mencionó, consistirá en comprobar que la suma de todos los cargos coincide con la de todos los abonos.

Observando de nuevo el Cuadro 10, deducimos que un cargo en una cuenta de activo significa un aumento y en una cuenta de pasivo, una disminución. Un abono, por el contrario, significa una disminución en una cuenta de activo y un aumento en una cuenta de pasivo.

Podemos establecer el siguiente esquema resumen de lo anteriormente escrito:

	(a) *izquierda* *debe*	PARA CUALQUIER CUENTA	*(b)* *derecha* *haber*
	cargar debitar adeudar		abonar acreditar datar
en una cuenta de activo significa:	+		–
en una cuenta de pasivo significa:	–		+

Como la cuenta de resultados (pasivo) suele desglosarse en ingresos menos gastos, el esquema anterior puede prolongarse así:

	debe	*haber*
	cargar	abonar
en una cuenta de ingresos significa:	–	+
en una cuenta de gastos significa:	+	–

Comentemos con mayor detalle lo que ya se apuntó en el apartado anterior.

Consideremos dos balances de una misma organización en dos momentos en el tiempo distintos, 1 y 2. Por definición:

$$(\text{Activo total})_2 = (\text{Pasivo total})_2$$
$$(\text{Activo total})_1 = (\text{Pasivo total})_1$$

Por diferencia:

$$(\text{Activo total})_2 - (\text{Activo total})_1 = (\text{Pasivo total})_2 - (\text{Pasivo total})_1$$

Y si nos fijamos en las variaciones de cada una de las cuentas en que se clasifican el activo total y el pasivo total, la igualdad anterior puede expresarse:

(aumentos de cuentas de activo) – (disminuciones de cuentas de activo) =
= (aumentos de cuentas de pasivo) – (disminuciones de cuentas de pasivo)

Lo que equivale a:

(aumentos de cuentas de activo) + (disminuciones de cuentas de pasivo) =
= (aumentos de cuentas de pasivo) + (disminuciones de cuentas de activo)

O bien, si utilizamos la terminología contable que se acaba de indicar:

(cargos a cuentas de activo) + (cargos a cuentas de pasivo) =
= (abonos de cuentas de pasivo) + (abonos a cuentas de activo)

O más brevemente:

suma de cargos de todas las cuentas = sumas de abonos de todas las cuentas

Y en comprobar que esto se cumple consiste el balance de comprobación. (Al lector no familiarizado con estos temas le puede ser útil repasar el Cuadro 10, desde el punto de vista de un balance de comprobación.)

EL MAYOR Y EL DIARIO

En el tantas veces mencionado Cuadro 10, hemos utilizado el instrumento contable llamado *mayor*, que en nuestro caso ha consistido en un folio. Si los asientos contables hubieran sido más numerosos, hubiéramos necesitado un libro o varios, o quizás una máquina contable, o un ordenador. Pero, con independencia del instrumento escogido, su función es siempre la misma: clasificar sucesos traducidos en unidades monetarias en las diversas partidas en las que hemos decidido subdividir el activo y el pasivo, división que se denomina *plan de cuentas*, que incluye también aquellas en las que se haya decidido desglosar la cuenta de resultados. Cuanto más numerosas sean estas cuentas, dispondremos de más información, pero nos supondrá mayor trabajo: el problema reside en decidir si este trabajo suplementario está o no justificado por la utilidad de la mayor información contable que con él se consigue.

Si los sucesos que hemos clasificado en nuestro mayor del Cuadro 10 los hubiéramos registrado previamente por orden cronológico, habríamos confeccionado el instrumento contable denominado *dia-*

rio. El Cuadro 12 presenta un posible esquema de diario, suponiendo que los sucesos del Cuadro 3 hubieran ocurrido en el orden que en el mismo se indica, y añadiendo los asientos de ajuste. Se indica qué cuentas son afectadas y si lo son en el debe o en el haber (lo que exige, desde luego, el conocimiento previo del plan de cuentas), junto con otra información (fecha, referencias para relacionar estos asientos con los correspondientes del mayor, etc.).

Volviendo a la definición que figura al comienzo de este texto ("la contabilidad es el sistema que registra, clasifica y resume sucesos traducibles en unidades monetarias"), podemos ampliarla diciendo:

1. Los registra por orden cronológico en el *diario*.
2. Los clasifica según el plan de cuentas elegido en el *mayor*.
3. Los resume en los estados contables: *balance, cuenta de pérdidas y ganancias, aplicación del resultado, tesorería, cuadro de financiación*.

Hemos realizado nuestra exposición a partir de los estados contables para tratar de dejar claro que son ellos los que constituyen el marco conceptual de la contabilidad y los que mejor ayudan a comprenderla, aunque por supuesto los instrumentos que sirven para elaborarlos pueden ser muy sofisticados y su manejo exigir una gran preparación profesional.

Y recordemos que un ejercicio contable está enmarcado por dos balances (el de la fecha inicial y el de la fecha final) y por los otros cuatro estados que explican lo sucedido durante ese tiempo: tesorería, flujo de fondos, pérdidas y ganancias, aplicación del resultado (que se comenta a continuación).

LA APLICACIÓN DEL RESULTADO DE LA CUENTA DE PÉRDIDAS Y GANANCIAS

Así pues, la contabilidad de nuestra empresa ha medido en 1982 un beneficio de 1.810. Los socios deciden retirar 1.000 en concepto de dividendos y retener, por tanto, en la empresa los 810 restantes. ¿Cómo se reflejará en nuestro balance esta decisión? Fijándonos únicamente en las cuentas afectadas, los asientos serán los siguientes:

Activo		*Pasivo*	
Caja y bancos:	1.150	Beneficios retenidos:	+810 (2)
	−1.000 (1)	Resultado de 1982:	1.810
		A dividendos:	−1.000 (1)
		A reservas:	−810 (2)

Cuadro 12

Esquema de diario de 1982

		Debe	*Haber*
(1)	Existencias	5.400	
	Proveedor		5.400
(2)	Caja	3.500	
	Ventas		3.500
(2)	Coste de mercancías vendidas	2.100	
	Existencias		2.100
(3)	Clientes	5.500	
	Ventas		5.500
(3)	Coste de mercancías vendidas	3.000	
	Existencias		3.000
(4)	Caja	4.400	
	Clientes		4.400
(5)	Proveedor	5.700	
	Caja		5.700
(6)	Préstamo	1.000	
	Caja		1.000
(7)	Gastos ordinarios	1.800	
	Caja		1.800
(8)	Gastos de amortización	40	
	Mobiliario (*)		40
(9)	Gastos de amortización	200	
	Edificio (*)		200
(10)	Gastos de amortización	50	
	Primer establecimiento (*)		50

(*) O a las cuentas de amortización acumulada correspondientes.

Una vez tomada la decisión, la cuenta de resultados se salda a cero. De aquí el nombre de cuentas *temporales* que se da a las que componen la de resultados, porque necesariamente saldan a cero al cerrar cada ejercicio; por el contrario, se llaman *permanentes* las restantes cuentas del balance, cuyo saldo puede ser cero (como en nuestro caso la del préstamo bancario), pero no necesariamente.

El término *reservas* se aplica genéricamente a recursos constituidos de distintas formas. Una de ellas la constituyen las reservas generadas por la retención de beneficios; más adelante estudiaremos otras.

El balance de la empresa, después de la aplicación del resultado, figura en el Cuadro 13. En él no sólo aparece el valor contable neto de los inmovilizados, como ocurriría según los asientos del Cuadro 10, sino que hay una cuenta para el coste original del inmovilizado y una segunda cuenta para la amortización acumulada, pues ordinariamente se estima que es ésta una información de interés.

ORDENACIÓN DEL BALANCE

Las partidas del activo y del pasivo deben presentarse, en lo posible, en un cierto orden. El criterio para ordenar las de activo es su grado de *liquidez*, es decir, su mayor o menor facilidad para convertirse en dinero. (La liquidez máxima corresponde evidentemente al disponible en caja y bancos, que ya es dinero.) El criterio para ordenar las partidas de pasivo lo constituye su *exigibilidad*, es decir, el tiempo menor o mayor que falte hasta que quienes nos han facilitado los recursos correspondientes exijan su devolución. En lugar de exigibilidad, se utiliza en ocasiones el término *estabilidad*, que es su inverso. (La exigibilidad máxima, o estabilidad mínima, corresponde, por ejemplo, a un préstamo bancario que vence en el día de hoy.)

En Europa continental se prefiere generalmente presentar las partidas del activo de menor a mayor liquidez, y las del pasivo de menor a mayor exigibilidad. La contabilidad anglosajona prefiere generalmente ordenarlas en sentido contrario. En nuestra exposición hemos utilizado ambas presentaciones, ya que no tiene mayor importancia utilizar una u otra: lo que importa es que exista un cierto orden de presentación.

CLASIFICACIÓN DE LAS CUENTAS DEL BALANCE

Una primera clasificación del activo, como ya hemos comentado, es en *inmovilizado* y *circulante.* Análogamente, una primera clasificación del pasivo, es entre *recursos propios* (no exigible o patrimonio neto) y *recursos de terceros* (exigible o deudas o acreedores). El pasivo exigible se suele clasificar a su vez en exigible a corto plazo, por un lado, y a medio y largo plazo, por otro. La frontera entre el corto plazo y el medio plazo se suele convenir en un año. La frontera entre el medio plazo y el largo suele establecerse en tres o cinco años, aunque esta convención tiene poca importancia, ya que en la práctica no suele tenerse en cuenta en la presentación del balance (y así lo hace el PGC).

En ocasiones, aunque la expresión no sea correcta, la suma de los recursos propios y del exigible a medio y largo plazo se denomina *recursos permanentes*. Es decir, el pasivo total es entonces igual a los recursos permanentes más los acreedores a corto plazo.

Cuadro 13
Balance al 31 de diciembre de 1982
(después de la aplicación del resultado)

Activo		
Inmovilizado		
Terreno (coste)	1.000	
Edificio (coste)	2.000	
am. ac. edificio	−200	
Mobiliario (coste)	200	
am. ac. mobiliario	−40	
	2.960	$
Circulante		
Existencias	900	
Clientes	1.100	
Disponible	150	
	2.150	$
Total activo	5.110	$
Pasivo		
Recursos propios (no exigible o patrimonio neto o fondos propios)		
Capital social	4.000	
Beneficios retenidos	810	
	4.810	$
Recursos de terceros (exigible o deudas o acreedores)		
Proveedores	300	
Total pasivo	5.110	$

A veces el balance se plantea en la forma:

$$\text{activo} = \text{pasivo} + \text{patrimonio neto}$$

En este caso, pasivo equivale a exigible, y patrimonio neto, a recursos propios. La utilización de esta terminología es frecuente, por ejemplo, en las informaciones de prensa sobre suspensiones de pagos y constituye una muestra más de la variedad de vocabularios contables.

En resumen, podemos considerar el esquema de balance siguiente, relacionando algunas de las terminologías al uso y cuantificando las partidas con los datos del Cuadro 13.

<table>
<tr><td rowspan="2">activo circulante
2.150</td><td>acreedores a corto plazo
300</td></tr>
<tr><td>acreedores a largo plazo = 0</td></tr>
<tr><td>activo inmovilizado
2.960</td><td>fondos propios
4.810</td></tr>
</table>

$$\begin{aligned} \text{patrimonio neto} &= \text{recursos propios} = 4.810\ \$ = \\ &= \text{activo total} - \text{total exigible} = \\ &= 5.110 - 300 = 4.810\ \$ \end{aligned}$$

$$\begin{aligned} \text{recursos permanentes} &= \text{recursos propios} + \\ &+ \text{exigible a largo plazo} = 4.810 + 0 = \\ &= 4.810\ \$ \end{aligned}$$

El fondo de maniobra (o capital circulante)

Se denomina fondo de maniobra (o capital de trabajo) la diferencia:

$$\text{activo circulante} - \text{exigible a corto plazo} = 2.150 - 300 = 1.850\ \$$$

que es la misma que:

$$\begin{aligned} \text{recursos permanentes} - \text{activo inmovilizado} &= \\ = 4.810 - 2.960 = 1.850\ \$ \end{aligned}$$

El fondo de maniobra a 31 de diciembre de 1981 (del Cuadro 2, por ejemplo) era:

caja y bancos:	1.750
+ existencias:	600
− proveedor:	− 600
− préstamo a corto plazo:	− 1.000
fondo de maniobra a 31 de diciembre de 1981	= 750

Por tanto, a lo largo del año ha aumentado en 1.850 − 750 = 1.100, cantidad que coincide con los FGO menos dividendos = 2.100 − 1000 = = 1.100 $, que se denomina *autofinanciación* (la parte de los FGO que se ha retenido en la empresa).

Utilizando los conceptos precedentes, el cuadro de flujo de fondos de 1982 (Cuadro 8) se puede reelaborar y resumir así:

Aplicaciones	*Orígenes*
aumento del fondo de maniobra: 1.100	autofinanciación: 1.100

Es decir, los FGO (o la parte de los mismos que resta en la empresa después del pago de dividendos) aumentan el fondo de maniobra, si no hay inversiones o desinversiones en inmovilizados, ni modificaciones en otros recursos permanentes (como sucede en nuestro ejemplo).

CAPÍTULO III

UN EJERCICIO DE REPASO

Trataremos de revisar lo hasta ahora expuesto mediante un ejercicio. Nos interesa fundamentalmente repasar las relaciones entre los estados financieros que informan de lo sucedido en un ejercicio contable (el año 1982, en nuestro caso): los dos balances de comienzo y final de año y los tres estados que informan de lo ocurrido durante ese mismo año (tesorería, pérdidas y ganancias, flujo de fondos).

Nuestro ejemplo trata de una empresa comercial, que vende a sus clientes a crédito y paga a sus proveedores al contado. Amortiza el coste de su inmovilizado a razón de un 20% anual.

A continuación se presenta en una hoja de trabajo el estado de tesorería de 1982, la cuenta de pérdidas y ganancias de 1982, y el balance inicial al 1 de enero de 1982.

Se pide el balance final del año después de la aplicación del resultado de 1982, y el cuadro de flujo de fondos de 1982.

Salvo que el lector tenga otras preferencias, le recomendamos comience registrando directamente en las correspondientes cuentas de balance, los asientos que reflejan los movimientos de tesorería y del resultado, y en el orden que indican los números entre paréntesis, que no responden desde luego a un orden cronológico y que no son todos los asientos que hay que realizar, hasta llegar a las cifras correspondientes a la columna del balance al 31/12/82. La columna "saldo final menos saldo inicial" en cada cuenta sirve para una primera aproximación a la elaboración del cuadro de financiación. A medida que se van realizando los asientos, puede comprobarse que las cuentas "cuadren": en nuestro caso que el activo total es igual al pasivo total antes y después de cada operación.

El lector puede después comparar su respuesta con lo expuesto en el cuadro que figura en la parte inferior de la hoja de trabajo.

Los asientos (6) representan la dotación en 1982 a la amortización acumulada del inmovilizado. Es un ajuste que significa un gasto, pero no un pago.

HOJA DE TRABAJO

TESORERÍA 1982		RESULTADO 1982	
Saldo inicial	10	Ventas	+200 (1)
Cobros de clientes	+220 (2)	Coste de las ventas	−145 (4)
Pagos a proveedores	−140 (3)	Gastos de explotación	−65
Otros pagos	−45 (5)		
Saldo final	45	Pérdida	−10

BALANCES INICIAL Y FINAL DESPUÉS DE LA APLICACIÓN DEL RESULTADO

	al 1/1/82	al 31/12/82	saldo final menos s. inicial
Disponible	10		
Clientes	40		
Existencias	90		
Inmovilizado (coste)	100		
Menos am. ac.	−40		
	200		
Capital	120		
Beneficios retenidos	80		
Resultado 1982	–		
	200		

BALANCES INICIAL Y FINAL DESPUÉS DE LA APLICACIÓN DEL RESULTADO

	al 1/1/82								al 31/12/82	saldo final menos s. inicial
Disponible	10		+220(2)	−140(3)		−45(5)			= 45	+35
Clientes	40	+200(1)	−220(2)						= 20	−20
Existencias	90			+140(3)	−145(4)				= 85	− 5
Inmovilizado (coste)	100								=100	0
Menos am. ac.	−40						−20(6)		=− 60	−20
	200								190	−10
Capital	120								=120	0
Beneficios retenidos	80							−10(7)	= 70	−10
Resultado 1982	−	+200(1)			−145(4)	−45(5)	−20(6)	+10(7)	= 0	0
	200								190	−10
Fondo de maniobra	140								150	

Los asientos (7) representan la aplicación del resultado de 1982, cuya cuenta por tanto debe saldarse a 0, y cuya contrapartida se refleja en una disminución de las reservas generadas por la retención de beneficios.

Obsérvese que lo escrito en el cuadro no es otra cosa que las mismas operaciones aritméticas que muestran las cuentas en T con un formato distinto. Por ejemplo:

existencias

iniciales	90	
compras	140	145 ventas (al coste)
finales	85	

A los cargos y los abonos de las cuentas les corresponderán distintos nombres, según de la cuenta que se trate: cobros y pagos en disponible; ventas a y cobros de en clientes; gastos e ingresos en resultado.

Para elaborar el estado de flujo de fondos se utiliza en ocasiones la sistemática siguiente. Parte de considerar fondos como equivalentes a fondo de maniobra, y registrar los aumentos y disminuciones que se originan en el mismo como consecuencia de operaciones que tienen lugar en otras partidas del balance: inmovilizado, recursos permanentes y resultado del ejercicio. En nuestro caso, por ejemplo, podríamos elaborarlo como sigue, partiendo de los saldos iniciales y finales de las cuentas. (En capítulos posteriores se vuelve a tratar este tema).

fondo de maniobra

s.i.	140	
(1)	200	145 (4)
		45 (5)
s.f.	150	

capital

		120 s.i.
		120 s.f.

inmovilizado (coste)

s.i.	100	
s.f.	100	

beneficios retenidos

(7)	10	80 s.i.
		70 s.f.

amort. acumulada

	40 s.i.
	20 (6)
	60 s.f.

resultado ejercicio

coste ventas (4)	145	200 (1) ventas
gtos. varios (5)	45	
gtos amort. (6)	20	10 (7)
	210	210

Es decir, el fondo de maniobra ha aumentado en 10, como consecuencia de:

+200 (ventas) − 145 (coste ventas) − 45 (gastos excepto amortización)

Pero esto responde precisamente a la definición de los fondos generados por las operaciones. (Recordemos otra forma, puramente aritmética, de medirlo: resultado + amortización = − 10 + 20 = 10).

Una forma de presentar el cuadro sería por tanto:

aplicaciones		*orígenes*	
aumento f. de m.:	10	FGO:	10

Que se suele completar con la información correspondiente a las variaciones de las cuentas del activo circulante y del exigible a corto:

aplicaciones		*fuentes*	
aumento de caja:	35	disminución de clientes:	20
		disminución de existencias:	5

Uniendo ambos cuadros:

¿qué se hizo?		*¿cómo se financió?*	
aumentar disponible:	35	disminuyendo clientes:	20
		disminuyendo existencias:	5
		por FGO:	10
	35		35

CAPÍTULO IV

LOS ESTADOS CONTABLES EN UNA EMPRESA INDUSTRIAL

En los comienzos de 1983, los promotores de la empresa XYZ, S.A., animados por los estados contables de 1982 que les fueron presentados, que calificaron de muy prometedores, decidieron ir adelante en el desarrollo de sus actividades.

Una de sus más importantes decisiones consistió en dejar de ser una empresa comercial (que vende el mismo producto que compra a sus proveedores) y convertirse en empresa industrial (que compra a sus proveedores unos ciertos productos, los transforma en otros y ofrece éstos a sus clientes). Por ello, prescindieron de su proveedor del artículo A, acudiendo a otro proveedor que les suministraba los materiales que eran transformados por la propia empresa XYZ en ese mismo artículo A.

Esta decisión supuso la instalación de un equipo de fabricación que antes no precisaban, y la contratación de nuevo personal de producción. Y para la adquisición del equipo necesitaban otras fuentes de financiación.

Como esta nueva orientación de la empresa suponía un cambio sustancial en su forma de actividad, establecieron *a priori* un plan de cuentas que pudiera recoger las transacciones contables previsibles de 1983 y que muestra el Cuadro 14, en el que aparecen como saldos iniciales los que figuran en el Cuadro 13.

Invitamos al lector a que introduzca en ese plan de cuentas los asientos contables que a su juicio mejor reflejan lo que sucedió en 1983, de lo que informamos a continuación, acompañándolo de algunos comentarios, para compararlos posteriormente con el que se expone en el Cuadro 15. Estos sucesos de 1983 no se describen en orden cronológico, sino en un orden conceptual, para no alargar innecesariamente el trabajo puramente mecánico.

Cuadro 14
Plan de cuentas de 1983
(Esquema de hoja de trabajo)

Disponible

150	

Clientes

1.100	

Primeras materias

Productos en curso de fabricación

Productos terminados

(150 unidades × 6)	900	

Muebles (coste)

200	

Amortización acumulada, muebles

	40

Equipo (coste)

Amortización acumulada, equipo

Edificio (coste)

2.000	

Amortización acumulada, edificio

	200

Terreno

1.000	

Capital social (nominal)

	4.000

Reservas (beneficios retenidos)

	810

Préstamo a largo

Suministrador de equipo

Intereses a pagar

Proveedores

	300

Ventas

Coste de mercancías vendidas

Gastos administrativos y comerciales

Gastos financieros

Gastos amortización

Resultados extraordinarios

Cuadro 15
Asientos de 1983

Disponible

	150	400 (2)
		2.400 (5)
(1)	2.000	2.900 (10)
(9)	7.700	2.700 (11)
(14)	50	450 (15)

Clientes

	1.100	7.700 (9)
(8)	10.800	

Primeras materias

(3)	3.500	3.200 (4)

Productos en curso

(4)	3.200	3.200 (6)
(5)	2.400	2.400 (6)

Productos terminados

(150 unidades ×6)	900	900 (8)
(800 unidades ×7) (6)	5.600	5.250 (8)

Muebles (coste)

	200	200 (14)
(15)	450	

Amortización acumulada, muebles

(14)	80	40
		40 (13)

Equipo (coste)

(2)	1.200	

Amortización acumulada, equipo

		400 (13)

Edificio (coste)

	2.000	

Amortización acumulada, edificio

		200
		200 (13)

Terreno

	1.000	

Capital social (nominal)

		4.000

Reservas (beneficios retenidos)

		810

Préstamo a largo

		2.000 (1)

Suministrador de equipo

		800 (2)

Intereses a pagar

		400 (12)

Proveedores

(10)	2.900	300
		3.500 (3)

Ventas

		10.800 (8)

Coste de mercancías vendidas

(8)	6.150	

Gastos administrativos y comerciales

(11)	2.700	

Gastos financieros

(12)	400	

Gastos amortización

(13)	640	

Resultados extraordinarios

(14)	70	

SUCESOS CONTABLES

(1) El 2 de enero de 1983 se concertó un préstamo a largo plazo de 2.000 $, con dos años de carencia (es decir, que se comenzaría a devolver a primeros de 1985), a un interés del 20% anual (a partir del 2 de enero de 1983).
(2) También a primeros de 1983 se adquirió e instaló el equipo especializado en la fabricación del artículo A, de cuyo coste de 1.200 $ se pagaron al contado 400 $, debiéndose completar los 800 $ restantes a primeros de 1984. Se hicieron dos estimaciones de la vida útil de este equipo: en función del tiempo, 3 años (es decir, una amortización de 400 $ anuales) y en función de las unidades de A que se habían de fabricar, 2.400 unidades (es decir, una amortización de 0,5 $ por unidad).
(3) El plan de cuentas del Cuadro 14 clasifica las que corresponden a existencias o stocks en las tres que se utilizan con frecuencia: primeras materias, productos en curso de fabricación o semiterminados, y productos terminados o acabados. (Estas tres cuentas podrían considerarse como la visualización contable del almacén de materias primas, del taller de fabricación y del almacén de productos terminados, respectivamente). Durante 1983 se compraron a crédito primeras materias al proveedor correspondiente por valor de 3.500 $.
(4) Durante el año se incorporaron al proceso de producción primeras materias por valor de 3.200 $.
(5) La mano de obra directa y otros costes inmediatamente relacionados con la fabricación supusieron 2.400 $, pagados al contado.
(6) A fin de año, no existían productos en curso de fabricación. Ver también información (7) siguiente.

COSTES DE PRODUCTO Y GASTOS DE PERÍODO

(7) Durante 1983 se fabricaron 800 unidades del artículo A. Este dato nos permite calcular el coste por unidad (debido a que no existen productos en proceso de fabricación): como el total fue de 3.200 $ (materiales) + 2.400 $ (mano de obra directa y otros) = 5.600 $, resultan 7 $ por unidad. Por supuesto, cabe plantearse por qué considerar como costes del producto solamente los materiales y la mano de obra directa, y no, por ejemplo, la amortización del equipo directamente utilizado en la fabricación o, en último extremo, la totalidad de los costes en que incurre la empresa, especialmente teniendo en cuenta que fabrica un solo

artículo. Contablemente, los llamados *costes de producto* se diferencian de los llamados *gastos de período* en que estos últimos se registran en la cuenta de pérdidas y ganancias (disminuyendo el resultado) cuando se realiza la actividad que ha originado su registro contable. Los costes de producto, por el contrario, se registran en cuentas de existencias, y no se trasladan a la cuenta de pérdidas y ganancias (y, por tanto, no disminuyen el resultado) hasta que se venden los productos en cuya fabricación se estima que han intervenido. Sobre la frontera a establecer entre costes de producto, por un lado, y gastos de período, por otro, caben distintas opiniones contables. Admitamos, de momento, la escogida al principio de este punto (y que se traduce en un coste de 7 $ por unidad de producto), dejando para más adelante su comparación con otras alternativas contables: es decir, entre las dos alternativas del punto (2) elegimos la que amortiza el equipo en función del tiempo, 3 años de vida útil. (En cualquier caso, en la valoración contable de las existencias no deben incluirse los gastos comerciales).

FLUJO CONTABLE DE LAS EXISTENCIAS

(8) Se vendieron a crédito 900 unidades a razón de 12 $ por unidad, es decir, un total de 10.800 $. El registro contable de estas ventas no ofrece mayores dudas; pero, ¿cómo valorar el coste de las 900 unidades vendidas? El interrogante se plantea porque en nuestra cuenta de productos terminados se han registrado unidades idénticas, pero a costes diferentes: 150 unidades a 6 $ y 800 unidades a 7 $. Este interrogante tiene fundamentalmente tres respuestas contables: FIFO (del inglés: *First In, First Out*) que considera que se venden primero las que primero entraron en el almacén; LIFO (*Last In, First Out*), que considera que se venden primero las que entraron en el almacén en último lugar, y *promedio*, que establece un coste único ponderado entre las unidades. (Dejamos de momento el estudio de la contabilidad estándar.) Las tres son aceptables en contabilidad; lo que nos recuerda el *principio de uniformidad* del PGC es que, elegido uno de ellos, debemos seguir empleándolo en el futuro. [Este principio ha de tenerse también en cuenta en el punto (7) precedente cuando escogemos unos costes determinados como costes de producto.] Nótese que el flujo contable de los stocks no tiene por qué ser igual a su flujo físico: ordinariamente, y necesariamente si se trata de artículos perecederos, éste corresponderá al

denominado FIFO. Vamos a elegir ahora el FIFO, dejando para más adelante su comparación con los restantes. En tal caso, el coste de las 900 unidades vendidas será:

$$(150 \text{ unidades} \times 6 \text{ \$}) + (750 \text{ unidades} \times 7 \text{ \$}) = 6.150 \text{ \$}$$

y el coste de las 50 unidades que quedan en stock:

$$50 \text{ unidades} \times 7 \text{ \$} = 350 \text{ \$}$$

MÁS SUCESOS CONTABLES

(9) A lo largo de 1983, los clientes pagaron 7.700 $.
(10) A lo largo de 1983 se pagó a los proveedores un total de 2.900 $.
(11) Durante 1983 los gastos administrativos y comerciales supusieron 2.700 $, que se fueron pagando al contado.
(12) El 31 de diciembre de 1983 no se habían pagado los 400 $ de intereses correspondientes al préstamo a largo plazo. Una posibilidad sería la de ignorarlos al cerrar nuestro balance, registrándolos contablemente en el momento de su pago en 1984. No obstante, el *principio del devengo* nos indica que deben considerarse como gastos de 1983, aunque no se hayan pagado. De esta forma, su pago el año siguiente no afectará al resultado de 1983 (se reflejará en un abono en caja y un cargo en intereses a pagar).
(13) Para cerrar el balance se hicieron los asientos de ajuste de amortización correspondientes a 1983.

RESULTADOS EXTRAORDINARIOS

(14) Después de realizar esos ajustes, se decidió aprovechar una oportunidad para comprar un mobiliario de oficina de líneas más modernas que el actual. Se vendieron los muebles existentes en 50 $, al contado. Estas operaciones se realizaron el mismo 31 de diciembre de 1983. En el momento de la venta, el valor contable de los muebles era, por tanto, de 200 $ (coste original) menos 80 $ (amortización acumulada), es decir, 120 $. Como dieron por ellos 50 $, habrá de registrarse una pérdida contable de 70 $. (Para dar de baja estos muebles en los libros se hacen los contraasientos que anulen los 200 y 80 $, respectivamente). Las operaciones de este tipo no son, evidentemente, las habituales u ordinarias de una empresa. Esta adquiere el activo inmovilizado, no para venderlo,

sino como soporte del conjunto de sus actividades. Por ello, cuando tienen lugar, se denominan operaciones extraordinarias, y los resultados contables correspondientes, extraordinarios (o atípicos). La pérdida contable de 70 $ puede considerarse como consecuencia de una equivocación en la política de amortización del inmovilizado, como se muestra a continuación comparando previsión y realidad:

	Coste original	Valor residual	Años vida útil	Amortización anual
Previsión	200	0	5	40
Realidad	200	50	2	75

La amortización fue, pues, de 2 años × 40 = 80 $, y debiera haber sido de 2 años × 75 = 150 $. El déficit de amortización, 70 $, es lo que se registra contablemente como pérdida extraordinaria. (Aparecerá un beneficio extraordinario si el valor de venta o residual fuera superior al valor contable.)

(15) En la misma fecha se pagaron 450 $ por el nuevo mobiliario.

LA CUENTA DE PÉRDIDAS Y GANANCIAS

El Cuadro 16 reproduce cuentas de balance ya registradas en el Cuadro 15 (en la parte inferior del pasivo, concretamente) pero que, como se comentó, se presentan en un estado contable aparte.

Cuadro 16

Cuenta de pérdidas y ganancias de 1983

Primera Presentación

Ventas	10.800
Coste de mercancías vendidas	−6.150
Margen bruto	4.650
Gastos administrativos y comerciales	−2.700
Gastos financieros	−400
Amortizaciones	−640
Resultado ordinario	910
Resultados extraordinarios	−70
Resultado del ejercicio	840

Segunda Presentación

Existencias iniciales	900	650	Existencias finales
Compras	3.500	10.800	Ventas
Gastos de fabricación	2.400		
Gastos administrativos y comerciales	2.700		
Amortizaciones	640		
Gastos financieros	400		
Beneficio ordinario	910		
Pérdida venta inmovilizado	70		
Beneficio del ejercicio	840		

(La segunda presentación del Cuadro 16 plantea la misma cuenta de pérdidas y ganancias, siguiendo aproximadamente las indicaciones del PGC).

EL BALANCE FINAL

El Cuadro 17 presenta, en su segunda columna, el balance al 31 de diciembre de 1982 después de la aplicación del resultado (que por ello no aparece en el balance).

La primera columna presenta el balance al 31 de diciembre de 1983 antes de la aplicación del resultado del ejercicio 1983 (y por ello aparece el saldo de 840 $). La decisión de aplicar el beneficio de 840 $ se reflejará en la anulación de este saldo (un cargo de 840 $ a la cuenta del resultado del ejercicio). Si se decidiera repartirlo en su totalidad se abonarían a una cuenta de acreedores a corto (dividendos a pagar, por ejemplo) y finalmente a caja y bancos cuando efectivamente se paguen. Si se decidiera retenerlo en su totalidad, se abonarían los 840 $ a las reservas procedentes de la retención de beneficios.

Y, finalmente, si se adoptara una decisión intermedia, caja y bancos disminuiría en el beneficio repartido (cuando se pague), y las reservas aumentarían en el beneficio retenido.

Cuadro 17

Balance al 31 de diciembre de 1983
(antes de la aplicación del resultado)
y su comparación con el balance al 31 de diciembre de 1982
(que se presenta después de la aplicación del resultado)

	31-12-83	*31-12-82*
Caja y bancos	1.050	150
Clientes	4.200	1.100
Materiales	300	–
Productos en curso	0	–
Productos terminados	350	900
Activo circulante	5.900	2.150
Muebles (coste)	450	200
Amortización acumulada	0	–40
Equipo (coste)	1.200	–
Amortización acumulada	–400	–
Edificio (coste)	2.000	2.000
Amortización acumulada	–400	–200
Terreno	1.000	1.000
Activo inmovilizado (neto)	3.850	2.960
Activo total	9.750	5.110
Proveedores	900	300
Intereses a pagar	400	–
Suministrador de equipo	800	–
Acreedores a corto plazo	2.100	300
Préstamo a largo plazo	2.000	–
Capital social	4.000	4.000
Beneficios retenidos	810	810
Resultado del ejercicio	840	–
Pasivo total	9.750	5.110

CAPÍTULO V

EL FLUJO DE LAS EXISTENCIAS: ALTERNATIVAS CONTABLES

Como se comentó en el punto (8) de nuestro ejemplo del Capítulo IV, la contabilidad admite, junto con el método FIFO escogido para el desarrollo de nuestro caso, el LIFO y el promedio (ponderado de posibles formas diversas). La parte superior del Cuadro 18 compara las anotaciones contables correspondientes a los tres métodos.

De nuevo encontramos que distintos criterios contables (en nuestro caso, el de medir el flujo contable de las existencias) miden resultados contables distintos. Ello es debido a que el coste de importación y el coste de fabricación son distintos (6 $ y 7 $ respectivamente). Si ambos hubieran sido iguales, los tres criterios medirían idéntico resultado.

El método LIFO valora las mercancías vendidas a un precio relativamente próximo al vigente en el mercado. En cambio, el método FIFO valora las unidades en almacén a un precio próximo al de reposición. (Si el coste de las unidades en stock fuera superior a sus precios de mercado, esas unidades deben valorarse a estos precios de mercado).

En época de alza de precios (como en el ejemplo propuesto) el LIFO mide un resultado contable inferior al medido por el FIFO. Si los precios tienden a la baja será el FIFO el que arroje un resultado contable inferior. Si el método LIFO es aceptable a efectos fiscales, su adopción permite reducir la base imponible del Impuesto sobre Sociedades. (Por supuesto el movimiento contable no tiene nada que ver con el flujo físico de las mercancías, ya que normalmente se venderá primero la que primero se compró.)

Sin embargo, desde el punto de vista estrictamente contable, hay que sopesar con cuidado las ventajas que se suelen atribuir al método LIFO en época de precios crecientes. Es cierto que este método permite calcular el coste de las mercancías vendidas a precios más recientes y, en ese sentido, proporciona una cuenta de resultados más "realista". Pero, en contrapartida, las existencias en balance a final de año quedan contabilizadas a un coste que puede tener muy poco que ver con el actual.

Esta situación se invierte en el método FIFO, por lo que a veces se afirma que la elección entre un método y otro estriba en decidir si se prefiere que la cuenta de resultados sea más "realista" que el balance o viceversa. Este dilema nace de que en ambos casos se preserva el principio del precio de adquisición (o del coste histórico). Una forma alternativa de tratar con los cambios de precios en las materias compradas sería sustituir este principio de valoración por el del coste de reposición o método NIFO *(next-in, first-out)*. Pero ello supondría un cambio sustancial en los principios de la contabilidad. Volveremos sobre este tema en el capítulo XXII.

El método del precio promedio parece atractivo por suponer un compromiso entre el LIFO y el FIFO, y de hecho, es usado con frecuencia. En nuestro caso, el FIFO valora las existencias a un coste más próximo (7 $ por unidad) al de mercado, en tanto que el LIFO se aleja (6 $ por unidad) de dicho precio de mercado. Evidentemente la diferencia entre las valoraciones de los stocks es igual a la diferencia entre los resultados: 350 – 300 = 910 – 860.

Finalmente, una breve alusión a la contabilidad estándar, que se comentará más ampliamente en la segunda parte de este libro. Esta contabilidad fija unos costes futuros a conseguir, y los compara, en las llamadas cuentas de desviaciones, con los costes reales habidos. Para medir el resultado ha de decidirse qué hacer con los saldos (que pueden ser favorables o desfavorables) de esas cuentas de desviaciones: si trasladarlos a la cuenta de pérdidas y ganancias (afectando, por tanto, al resultado del ejercicio), o dejarlos incorporados a las cuentas de existencias (no afectando, por tanto, al resultado del ejercicio), o adoptar una solución intermedia entre las dos anteriores. Por otro lado, las cuentas de desviaciones informan sobre la medida en que se han cumplido los objetivos de costes, al compararlas con la realidad. Son, pues, un primer paso hacia la utilización de la contabilidad como instrumento de control. (Al menos en teoría, pues las dificultades de que así sea en la práctica pueden ser grandes, como se comentará en la mencionada segunda parte).

Cuadro 18

Comparación entre FIFO, LIFO y PROMEDIO, con dos hipótesis de coste de producto

		FIFO	*LIFO*	*Promedio ponderado*
(A) Coste de fabricación de una unidad: (3.200 $+2.400 $): 800 unidades= =7 $/unidad	Ventas, 900 unidades	10.800	10.800	10.800
	Coste de 900 unidades	(150×6 $+750×7 $)=6.150	(800×7 $+100×6 $)=6.200	(900×6,842 $) (*)=6.158
	Gastos administrativos, comerciales y financieros	3.100	3.100	3.100
	Amortización de equipo	400	400	400
	Amortización de muebles	40	40	40
	Amortización del edificio	200	200	200
	Beneficio de explotación	910	860	902
	Stock (50 unidades)	(50×7 $)=350	(50×6 $)=300	(50×6,842 $) (*)=342
(B) Coste de fabricación de una unidad: 7 $ + amort. eq.= =7+0,5=7,5 $	Ventas, 900 unidades	10.800	10.800	10.800
	Coste de 900 unidades	(150×6 $+750×7,5 $)=6.525	(800×7,5 $+100×6 $)=6.600	(900×7,263 $) (**)=6.537
	Gastos administrativos, comerciales y financieros	3.100	3.100	3.100
	Amortización de equipo	—	—	—
	Amortización de muebles	40	40	40
	Amortización del edificio	200	200	200
	Beneficio de explotación	935	860	923
	Stock (50 unidades)	(50×7,5 $)=375	(50×6 $)=300	(50×7,263 $) (**)=363

(*) Hipótesis A: $\frac{(150\times 6\ \$)+(800\times 7\ \$)}{950\ \text{unidades}}$ =6,842 $/unidad

(**) Hipótesis B: $\frac{(150\times 6\ \$)+(800\times 7{,}5\ \$)}{950\ \text{unidades}}$ =7,263 $/unidad

CAPÍTULO VI

LA CONTABILIZACIÓN DE LOS COSTES DE PRODUCTO Y DE LOS GASTOS DE PERÍODO

Como se comentó en el punto (7) de nuestro ejemplo del Capítulo IV, las actividades que se consideran coste de producto se contabilizan, cuando tienen lugar, en cuentas de existencias y no afectan al resultado hasta el momento de la venta de esas existencias. En cambio, las que se consideran gastos del período se contabilizan cuando tienen lugar, como disminución del resultado del ejercicio. La norma general de contabilizar en existencias solamente los costes de producto, no tiene, como sucede tan frecuentemente en contabilidad, una respuesta única. Por ejemplo:

La parte inferior del Cuadro 18 muestra la cuenta de resultados y la valoración de existencias en el caso de que se hubiera considerado la amortización del equipo como coste de producto, a razón de 0,5 $ por unidad, y que pueden compararse con las obtenidas anteriormente en la parte superior de dicho cuadro. (La cifra de 0,5 $ se basa en una estimación de futuro, la de que la maquinaria, cuyo coste fue de 1.200 $, va a fabricar 2.400 unidades; de igual modo que en la parte superior del cuadro, en la que la amortización se consideraba en función del paso del tiempo, se estimaron 3 años, equivalentes a una amortización anual uniforme de 400 $. En ninguno de los casos hay seguridad alguna de que las correspondientes estimaciones vayan a cumplirse.)

Fijándonos, por ejemplo, en la columna FIFO para comparar las dos hipótesis A y B, la diferencia entre los dos resultados de 910 y 935 [25 $] se debe a que en la hipótesis B hay una parte de la amortización que permanece activada en existencias; precisamente, como era de esperar, 50 unidades × 0,5 $ = 25 $.

El resultado medido en la hipótesis B es mayor, porque en nuestro ejemplo se ha fabricado un número de unidades (800) superior al de unidades fabricadas y vendidas (750). La amortización del equipo que disminuye el resultado a través del coste de las mercancías vendidas es solamente la correspondiente a estas 750 unidades (es decir, $750 \times 0,5 = 375$ $), en lugar de los 400 $ de amortización de la hipótesis A. En cambio, también por ejemplo, en la columna LIFO los resultados coinciden, porque coinciden las unidades fabricadas (800) y las fabricadas y vendidas (800). Finalmente, (y ya prescindiendo de nuestro ejemplo) si se hubieran vendido más unidades de las fabricadas (se hubieran reducido stocks), la hipótesis B hubiera medido un resultado inferior al de la hipótesis A, pues la amortización trasladada a la cuenta de pérdidas y ganancias a través del coste de las mercancías vendidas sería superior a la amortización anual, al incluir la contabilizada en la disminución de existencias.

CAPÍTULO VII

EL INMOVILIZADO MATERIAL Y SU AMORTIZACIÓN

EL PRINCIPIO DEL PRECIO DE ADQUISICIÓN

El principio correspondiente del PGC indica que los inmovilizados se contabilicen en el activo *a su precio de adquisición o su coste de producción* (salvo excepciones, que se comentan más adelante en este capítulo). Este precio incluye el coste (además del estrictamente correspondiente al inmovilizado) de aquellas actividades que deben realizarse hasta el momento de su puesta en funcionamiento, en que aquél comienza a prestar servicios útiles para la empresa. (Incluso se permite, bajo ciertas condiciones, incluir en ese coste, los intereses de recursos de terceros que contribuyen a la financiación del inmovilizado, pero solamente hasta el momento de su puesta en funcionamiento).

La mayoría de los inmovilizados son útiles para la empresa durante un número de ejercicios contables limitado: la llamada *vida útil.* Parece razonable que su coste de adquisición se reparta (se periodifique) de alguna forma entre los ejercicios contables que componen esa vida útil. (No parece razonable, en cambio, contabilizar ese coste como gasto del primer ejercicio, cuando los posteriores van a utilizar también los servicios del inmovilizado; ni tampoco mantener ese coste sin modificación en el activo, considerándolo como gasto del ejercicio en que ya deja de ser útil, cuando los precedentes también lo han utilizado).

El *procedimiento contable* que realiza ese reparto, convirtiendo gradualmente el coste de adquisición del inmovilizado en gastos de los sucesivos ejercicios, se denomina *amortización.*

(Si la vida útil de un cierto inmovilizado es ilimitada, no procede su amortización contable: el caso más frecuente es probablemente el de terrenos que no estén sometidos a restricciones en cuanto al tiempo de uso por parte de la empresa que los adquirió).

Aunque caben opiniones diferentes sobre la inclusión o no del coste de determinadas actividades a realizar para la puesta en servicio del inmovilizado, la contabilización de su precio de adquisición puede, generalmente, cuantificarse con razonable objetividad.

Mucho más discutible es la estimación de su vida útil. No basta con estimar su vida física, lo que ya puede ser difícil. Debe estimarse también su vida técnica (obsolescencia), pues el inmovilizado puede dejar de ser útil, aunque se encuentre en condiciones físicas adecuadas, por factores debidos al progreso tecnológico (por ejemplo, la aparición de otros equipos que prestan los mismos servicios pero con mucha mayor eficiencia, o la sustitución del producto en cuya fabricación interviene el inmovilizado por otro que ofrece mayores ventajas al cliente): mantener la competitividad puede suponer el fin de la vida útil. De aquí que el gasto de amortización contabilizado en un período contable lleve implícito un interrogante, de mayor o menor dimensión según las circunstancias del caso, especialmente en sectores en los que las innovaciones de proceso y de producto son más frecuentes.

Teóricamente, lo que se debe repartir no es el precio de adquisición, sino éste minorado en el valor residual del inmovilizado al final de su vida útil. Aunque generalmente se estima nulo, por razones de prudencia contable, ello no significa que no exista aquí un nuevo interrogante. (E incluso puede suponer un coste a amortizar, como sucede en el caso, extremo pero expresivo, del desmantelamiento de las centrales nucleares).

MÉTODOS DE REPARTO DEL COSTE DE ADQUISICIÓN

Existen diferentes métodos de amortización a lo largo de la vida útil. Los principales son los que se describen a continuación:

Uniforme o lineal: considera que el inmovilizado presta un servicio idéntico durante cada uno de los años de su vida útil por lo que los gastos de amortización deben también ser iguales. Por tanto, para una vida útil de cuatro años, por ejemplo, el coeficiente de amortización anual será igual al 25 %. En contabilidad, es el más frecuentemente utilizado.

Acelerada: estima que el inmovilizado es más útil en sus primeros años de vida y, por tanto, considera en estos primeros años unos gastos de amortización mayores.

Un método típico de esta clase es el llamado de los números dígitos que calcula los coeficientes de amortización cada año de la siguiente forma (para una vida útil de cuatro años, por ejemplo).

Año	Coeficiente anual
1	$\frac{4}{1+2+3+4} = \frac{4}{10} = 40\%$
2	$\frac{3}{1+2+3+4} = \frac{3}{10} = 30\%$
3	$\frac{2}{1+2+3+4} = \frac{2}{10} = 20\%$
4	$\frac{1}{1+2+3+4} = \frac{1}{10} = 10\%$

Un segundo método de amortización acelerada es el de los saldos decrecientes. En este método la amortización anual se calcula aplicando un coeficiente (que generalmente es el doble del que utilizaría una amortización uniforme) al valor contable del inmovilizado al comenzar el año, y no a su coste original.

El cuadro siguiente ilustra la aplicación de los tres métodos anteriores a un inmovilizado que costó 1.000 $, y que se desea amortizar en cinco años con valor residual nulo.

Año	Uniforme (20 %)		Saldo decreciente (40 %)		Números dígitos		
	valor contable 31-XII	amort. anual	valor contable 31-XII	amort. anual	coeficiente	valor contable 31-XII	amort. anual
0	1.000		1.000			1.000	
1	800	200	600	400	5/15	666	333
2	600	200	360	240	4/15	399	267
3	400	200	216	144	3/15	199	200
4	200	200	130	86	2/15	66	133
5	0	200	78	52	1/15	0	67
6	—	—	47	31	—	—	—
7	—	—	28*	19	—	—	—
		1.000		972*			1.000

* En el método del saldo decreciente, es frecuente pasar a amortización uniforme en los últimos años de vida del inmovilizado, para amortizar éste en un número de años predeterminado.

Los métodos reseñados establecen las cuotas de amortización en *función del tiempo.* La amortización se puede establecer *en función de los servicios* prestados a la empresa por el inmovilizado (horas trabajadas o unidades producidas; kilómetros recorridos por unos camiones, por ejemplo). Este método puede ser a su vez uniforme o acelerado, de manera análoga al caso descrito. Cualquiera de los dos procedimientos se basa en una previsión: número de años de vida útil en el primer caso; número de kilómetros durante los cuales los camiones estarán en condiciones útiles de trabajo, en el segundo.

En ocasiones se utiliza también un método mixto, en el que la cuota de amortización se establece como la resultante de dos sumandos: uno, función del tiempo; otro, función de los servicios prestados.

Hay también métodos de amortización decreciente, que amortizan menos en los primeros años de vida del inmovilizado, y más en los posteriores.

OBJETIVOS DE LA AMORTIZACIÓN

En primer lugar, prescindiremos de impuestos.

Supongamos el ejemplo simplificado de una empresa de transportes cuyo único inmovilizado estuviera constituido por cuatro camiones cuyo coste de adquisición fue de 200 $ cada uno. Su vida útil se estimó en 4 años, y nulo su valor residual. Y el balance en el primer día del año 1 fue:

Camiones: 800 $	Capital: 800 $

Durante ese año 1, la empresa no compró ni vendió camiones, ni modificó sus recursos permanentes. Y la cuenta de pérdidas y ganancias se presenta sintetizada como sigue (denominando RPO los Recursos Procedentes de las Operaciones ordinarias, y que suponemos iguales a 600 $):

$$\text{RPO} - \text{amortización} = \text{beneficio}$$

El beneficio así medido se califica con frecuencia de repartible o distribuible en dividendos. ¿Pero lo es realmente? El beneficio puede definirse como lo que uno (persona o empresa) puede gastarse sin empobrecerse. El gasto para la empresa es entonces el dividendo; y no empobrecerse significa mantener su capacidad operativa. En nuestro ejemplo, cuantificar la amortización de forma que garantice que no se reparten (en dividendos) recursos que van a ser necesarios para proceder a la reposición de los camiones actuales cuando dejen de ser útiles.

¿Sucede así cuando la amortización se plantea sobre la base del precio de adquisición? Suponiendo que se aplica el método uniforme o lineal, la ecuación resumida presentada anteriormente sería (amortización = 25 % 800 $):

beneficio = RPO – amortización = 600 $ – 200 $ = 400 $

¿Pueden repartirse en dividendos los 400 $ de beneficio? Dicho de otra forma: ¿es suficiente no repartir 200 $ de los 600 $ generados por las operaciones para mantener la capacidad operativa de la empresa, en nuestro ejemplo, su capacidad de transporte? A más largo plazo, y admitiendo que la estimación de 4 años de vida útil resulta acertada (lo que admitiremos también en el resto de la exposición), ¿serán suficientes los 4 × 200 $ = 800 $ para sustituir los camiones? Si no se ha modificado su precio a lo largo de estos 4 años, la respuesta es afirmativa, porque en este caso los costes de adquisición y de reposición son iguales. ¿Pero si son diferentes? Antes de seguir adelante, hacemos un breve paréntesis.

¿ES LA AMORTIZACIÓN UNA FUENTE DE FONDOS?

Aunque la respuesta ya se apuntó en el Capítulo II, nos parece conveniente en este momento insistir en la misma. Porque no es infrecuente decir que una empresa está en condiciones de acometer grandes inversiones porque ha realizado amortizaciones importantes de su inmovilizado durante los últimos ejercicios. Ello equivale a afirmar que una mayor amortización genera más recursos disponibles, lo que, prescindiendo de consideraciones fiscales como estamos haciendo en esta primera parte del capítulo, no es cierto.

Refiriéndonos al ejemplo que estamos utilizando, el balance de nuestra empresa de transporte al final del año 1 y antes de la aplicación del beneficio sería:

camiones (coste):	800 $	capital social:	800 $
(amort. acum.):	(200) $	beneficio año 1:	400 $
capital circulante:	600 $		
	1.200 $		1.200 $

Es decir, el fondo de maniobra habría aumentado en los 600 $ de los RPO (No se puede asegurar, sin más información, que estén disponibles en tesorería: pueden estar utilizados en otros circulantes, existencias de repuestos por ejemplo, y pueden haber aparecido otros pasivos circulantes, proveedores por ejemplo).

¿Cuál sería ese balance si la amortización del año 1 hubiera sido de 300 $ en lugar de 200 $? El que sigue:

camiones (coste):	800 $	capital social:	800 $
(amort. acum.):	(300) $	beneficio año 1:	300 $
capital circulante:	600 $		
	1.100 $		1.100 $

El fondo de maniobra, por consiguiente, habría aumentado en los mismos 600 $ de los RPO. Por haber amortizado más, no hubieran aumentado los recursos circulantes.

Es posible que la falsa percepción arriba mencionada se deba a una forma frecuente (pero que no es sino aritmética) de medir los RPO = beneficio + amortización, que parece sugerir que aumentando la amortización aumentan los RPO. Pero en realidad el beneficio disminuye en la misma cantidad en que se aumente la amortización como muestra más claramente la ecuación RPO − amortización = beneficio, que representa más adecuadamente la medida del beneficio.

Lo que sí es cierto es que aumentando la amortización disminuye el beneficio teóricamente repartible en dividendos, y muy probablemente la cuantía de estos últimos. Y, en consecuencia, la autofinanciación del ejercicio, representada por los RPO menos los dividendos, será posiblemente mayor.

Y si los RPO fueran inferiores a la amortización, o negativos, los fondos propios disminuirían en la pérdida contable resultante.

Finalmente, el Cuadro 1 (en el que los RPO se denominan fondos autogenerados, y se suponen iguales a 600 $ en cada uno de los 4 años de vida útil de los camiones) repasa simplificadamente la evolución histórica de la presentación en balance de la amortización contable.

Fondos autogenerados=600 *Política de amortización y dividendos*			*BALANCES RESUMIDOS* *inicial*	*fin año 1*	*fin año 2*	*fin año 3*	*fin año 4*	*inicio año 5*	
f autogenerados:	600	F. de maniobra							Para reponer los camiones, la empresa deberá obtener en el exterior los recursos necesarios.
amortización:	0	Camiones (coste)	800	800	800	800	800	0	
beneficio contable:	600								
a dividendos:	600	Capital	800	800	800	800	800	800	
a reservas:	0	Pérdida						−800	
f autogenerados:	600	F de maniobra		200	400	600	800	800	La empresa tiene en el fondo de maniobra las 800 mil pesetas necesarias para la compra de cuatro nuevos camiones (para poder pagarlos, las 800 mil pesetas habrán de estar además disponibles en caja).
amortización:	0	Camiones (coste)	800	800	800	800	800	–	
beneficio contable:	600								
a dividendos:	400	Capital	800	800	800	800	800	800	Este procedimiento tiene el inconveniente de considerar como reservas ganadas recursos que no son tales (Como se pone de manifiesto en el momento de inutilización de los camiones en que los recursos propios pasan de 1.600 a 800 mil pesetas).
a reservas:	200	Benef. retenidos		200	400	600	800		
f autogenerados:	600	F. de maniobra		200	400	600	800	800	Los balances así presentados miden unos recursos propios de 800 mil pesetas estables a lo largo de los años. Esto refleja mejor la realidad que la presentación precedente.
amortización:	200	Camiones (coste)	800	800	800	800	800	–	
beneficio contable:	400								
a dividendos:	400	Capital	800	800	800	800	800	800	
a reservas	0	Fondo amortización		200	400	600	800	–	
f autogenerados:	600	F. de maniobra		200	400	600	800	800	Los balances así presentados reflejan mejor que los anteriores la definición del balance como recursos totales clasificados por su origen (pasivo) y por su utilización (activo). La amortización es de hecho una disminución de recursos: por no haberla considerado así los balances precedentes presentaban una disminución brusca de los recursos totales de 1.600 a 800 mil pesetas.
amortización:	200	Camiones (coste)	800	800	800	800	800	–	
beneficio contable:	400	Amort. acumulada		−200	−400	−600	−800	–	
a dividendos:	400	Capital	800	800	800	800	800	800	
a reservas:	0	Benef. retenidos	–						

Se supone que la empresa durante los cuatro años no obtiene nuevos recursos permanentes en el exterior, ni tampoco adquiere nuevos camiones. Se admite que los camiones quedan inutilizados al fin del año 4, hecho que se refleja en el balance inicial del año 5.

AMORTIZACIÓN LINEAL Y AMORTIZACIÓN ACELERADA

El Cuadro 2 compara amortización uniforme y amortización acelerada (números dígitos), en el mismo ejemplo de los camiones utilizado anteriormente.

Obsérvese que en el primer ejemplo del Cuadro 2 (en el que se prescinde de consideraciones fiscales), los fondos autogenerados son siempre 600, cualquiera que sea el método de amortización que se utilice. Ello pone de manifiesto que la aceleración de amortizaciones por sí sola no supone un incremento de recursos financieros. Ahora bien, si la empresa repartiese en forma de dividendos todos sus beneficios, la adopción de la amortización acelerada —al reducir el beneficio contable y, por consiguiente, el reparto de dividendos— supondría un aumento del fondo de maniobra superior al obtenido por una amortización uniforme. Pero es importante advertir que este hecho se produciría por la conexión establecida entre el beneficio contable y la política de dividendos y no por el cambio en el método de amortización.

En el segundo ejemplo (con impuestos y suponiendo un tipo del 30 %), la amortización acelerada proporciona un mayor escudo fiscal durante los dos primeros años, lo que supone una ventaja desde el punto de vista financiero.

EL COSTE DE REPOSICIÓN

Al comentar más arriba una política de amortización basada en el precio de adquisición, se planteó la duda de hasta qué punto ello garantiza el mantenimiento de la capacidad operativa de la empresa. Y se apuntó una respuesta afirmativa en el caso de que los costes de adquisición y de reposición fueran iguales. ¿Y si no lo son?

Remitiéndonos al ejemplo que venimos utilizando, supóngase que el precio de mercado de cada camión en los años siguientes a la compra de los primeros fuera de 250 $, 300 $, 350 $ y 400 $.

El Cuadro 3 muestra esquemáticamente el planteamiento contable de una amortización de los camiones sobre su precio de coste original, y de una amorización sobre su valor de reposición.

Su parte superior (que prescinde de impuestos) indica en particular las diferencias en el beneficio repartible en dividendos, si se pretende que los RPO proporcionen los recursos necesarios para la reposición del inmovilizado. Atendiendo al conjunto de los 4 años, los 1.600 $ se reducen a 800 $.

Consideremos las consecuencias en balance de esta forma de proceder, al final del año 1, por ejemplo. Se indican con (r) las modificacio-

Cuadro 2
AMORTIZACIÓN UNIFORME Y AMORTIZACIÓN ACELERADA

prescindiendo de impuestos

	amortización uniforme					amortización acelerada				
	años					años				
	1	2	3	4	total	1	2	3	4	total
FONDOS AUTOGENERADOS	600	600	600	600	2.400	600	600	600	600	2.400
AMORTIZACIÓN	200	200	200	200	800	320	240	160	80	800
RESULTADO	400	400	400	400	1.600	280	360	440	520	1.600

La amortización uniforme es más sencilla de aplicación.

La amortización acelerada se justifica a veces por razones técnicas, argumentando que el inmovilizado es más útil durante los primeros años de su vida, y que durante éstos exige menores gastos de mantenimiento. Procura de esta forma mantener la suma (amortización + mantenimiento) aproximadamente constante a lo largo de los años de vida útil.

con impuestos

	amortización uniforme					amortización acelerada				
	años					años				
	1	2	3	4	total	1	2	3	4	total
FONDOS AUTOGENERADOS	600	600	600	600	2.400	600	600	600	600	2.400
AMORTIZACIÓN	200	200	200	200	800	320	240	160	80	800
RESULTADOS ANTES DE IMPUESTOS	400	400	400	400	1.600	280	360	440	520	1.600
IMPUESTOS (30 %)	120	120	120	120	480	84	108	132	156	480
RESULTADO NETO	280	280	280	280	1.120	196	252	308	364	1.120

La amortización acelerada no disminuye en principio la cuantía de los impuestos, pero retrasa el pago de los mismos.

Cuadro 3
AMORTIZACIÓN SOBRE PRECIO DE COSTE Y
AMORTIZACIÓN SOBRE VALOR DE REPOSICIÓN

	prescindiendo de impuestos									
	amortización sobre coste					amortización sobre reposición				
	años					años				
	1	2	3	4	total	1	2	3	4	total
FONDOS AUTOGENERADOS	600	600	600	600	2.400	600	600	600	600	2.400
AMORTIZACIÓN	200	200	200	200	800	250(a)	350(b)	450(c)	550(d)	1.600
RESULTADO	400	400	400	400	1.600	350	250	150	50	800

	amortización acumulada	*amortización anual*
(a) 25 % (4 camiones) = 25 % 4 × 250 =	*250*	*250*
(b) 50 % (4 camiones) = 50 % 4 × 300 =	*600*	*350*
(c) 75 % (4 camiones) = 75 % 4 × 350 =	*1.050*	*450*
(d) 100 % (4 camiones) = 100 % 4 × 400 =	*1.600*	*550*

	con impuestos									
	amortización fiscal igual a amortización sobre reposición					amortización fiscal igual a amortización sobre coste				
	años					años				
	1	2	3	4	total	1	2	3	4	total
BFOS. ANTES DE AMORT. E IMPTOS.	600	600	600	600	2.400	600	600	600	600	2.400
IMPUESTOS (30 %)	105	75	45	15	240	120	120	120	120	480
FONDOS AUTOGENERADOS	495	525	555	585	2.160	480	480	480	480	1.920
AMORTIZACIÓN FISCAL	250	350	450	550	1.600	200	200	200	200	800
AMORTIZACIÓN COMPLEMENTARIA	–	–	–	–	–	50	150	250	350	800
RESULTADO	245	175	105	35	560	230	130	30	70	320

NOTA: Se supone que los impuestos representan el 30 % de la base imponible.
En el año 1 del cuadro de la izquierda, ello representa impuestos iguales al 0,30 × (600 − 250) = 105
En el año 1 del cuadro de la derecha, ello representa impuestos iguales al 0,30 × (600 — − 200) = 120

nes a introducir en la contabilidad sobre coste de adquisición al emplear el de reposición, obtenidas a partir del Cuadro 3.

camiones:	800 + 200 (r)	reserva revalorización:	+ 200 (r)
(amort. ac):	− 200 − 50 (r)	beneficio año 1:	400 − 50 (r)

Lo que procede destacar, es que el sumando + 200 (r) no pasa por la cpyg contable, sino que se traslada directamente a una cuenta de fondos propios (reserva de revalorización).

En contabilidad financiera es quizá más frecuente el caso de que se proceda a la revalorización del inmovilizado, no sistemáticamente como indica el Cuadro 3, sino en un momento determinado (cuando se publique una disposición legal que lo permite).

Supongamos que esto tiene lugar al final del año 3. Y admitamos también que el valor de reposición o de mercado de los camiones en esa fecha es 350 $ (por hacerlo coincidir con 1.400 $ de coste revalorizado menos 1.050 $ de amortización acumulada sobre coste de reposición del Cuadro 3).

Los asientos contables (r) que reflejan esta decisión son:

camiones:	800	reserva revalorización:	+ 150 (r)
(amort. ac):	− 600	beneficio año 3:	400
camiones (neto)	200 + 150 (r)		

Es decir, la revalorización del valor contable del inmovilizado se refleja en su totalidad directamente en los fondos propios. Y la amortización contable del año 4 siguiente debe ser 200 + 150 = 350, para saldar a cero su valor en libros al final de su vida útil, 4 años. (Si faltaran 2 años de vida útil, la amortización anual de cada uno de ellos, tras esa revalorización puntual en el tiempo, sería 350 : 2 = 175). Es decir, estas revalorizaciones se traducen, en principio, en un aumento de los fondos propios en el momento de contabilizarlas, y en una disminución del resultado en ejercicios posteriores por las mayores dotaciones a amortización.

En nuestro ejemplo simplificado de los camiones, su valor de reposición era relativamente fácil de establecer. Pero, con mucha frecuencia, el valor de reposición de un inmovilizado es muy difícil de calcular: en ocasiones, porque incluso se ignora si será sustituido por otro parecido, o por otro totalmente diferente. Y la cuantificación contable en que se traduce refleja, exclusivamente o casi, el juicio de la dirección responsable de la empresa: muy útil, sin duda, pero también inevitablemente subjetivo. De aquí que la Contabilidad Financiera se resista a admitirlo como principio general por temor a perder el mínimo de objetividad necesario para la elaboración de su información.

Volviendo al Cuadro 3, su parte inferior tiene en cuenta el impuesto sobre sociedades. Si la amortización fiscal solamente permite la utilización del coste de adquisición, y la empresa la planteara sobre el de reposición, debería dotar una amortización complementaria contable (no fiscal). Esta no sería evidentemente necesaria si fiscalmente se permitiera el coste de reposición, pues amortización fiscal y contable coincidirían, como muestra el Cuadro 3.

Una diferencia a señalar entre las partes superior e inferior del cuadro es las diferencias entre los respectivos RPO. Ello se debe a que, de acuerdo con el PGC, el impuesto sobre sociedades se considera como un gasto (a cuantificar según las normas específicas fiscales, que pueden o no coincidir con las contables).

El coste actualizado o regularizado

Es otro planteamiento del problema de la cuantificación contable de los inmovilizados. Mantiene, en cierto modo, el principio del coste de adquisición. Pero estima que éste no debe mantenerse en las pesetas originales o nominales que en su día se invirtieron, sino actualizadas a su valor de hoy. Y para ello toma como referencia un índice externo a la empresa, y relacionado generalmente con la evolución de la inflación en el país: el IPC, por ejemplo. (En este caso, si la variación del IPC fuera nula, no procedería evidentemente la aplicación del método).

Consideremos el caso, hasta ahora, más frecuente en España. En un momento determinado (de nuevo la disposición legal), se permite la actualización del inmovilizado de acuerdo con determinados índices. Aunque en el procedimiento a seguir caben variantes y matizaciones (eventualmente especificadas en la mencionada disposición legal), fundamentalmente es el siguiente: Traducir a pesetas de hoy pesetas de años atrás.

Como ilustración, podemos de nuevo hacer uso del ejemplo de la empresa de transportes. A final del año 3, se permite la actualización del coste de sus camiones, comprados el 1 de enero del año 1. Esa actualización se realiza atendiendo al IPC, cuya variación fue, expresando entre paréntesis el año correspondiente:

(1) : 5 % ; (2) : 4 % ; (3) : 6 %

La traducción contable de los camiones al final del año 3 se representa como se indica a continuación en la primera columna, cuya actualización se realiza a continuación haciendo uso de los índices anteriores (cifras redondeadas):

camiones	:	800 \$ (0) × 1,05 × 1,04 × 1,06	= 926 \$ (3)
(amort. año 1)	:	– 200 \$ (1) × 1,04 × 1,06	= – 220 \$ (3)
(amort. año 2)	:	– 200 \$ (2) × 1,06	= – 212 \$ (3)
(amort. año 3)	:	– 200 \$ (3) × 1,00	= – 200 \$ (3)
camiones (neto)	:	200 \$	= 294 \$ (3)

Porque ¿hasta qué punto es correcto sumar, como se hace en la primera columna, $ que en realidad son heterogéneos, por su diferente poder adquisitivo? Esta hetereogeneidad desaparece en la última columna, en la medida en que la elección de los índices haya sido acertada.

El aumento del valor en libros de los camiones, 94 $, se traslada, como en el apartado anterior, directamente a reservas (que se han llamado de actualización o de regularización), sin pasar por la cpyg contable. Y la dotación a la amortización del año 4, como se comentó en el apartado precedente, será de 294 $.

El valor actualizado del inmovilizado no tiene por qué coincidir con su valor de reposición, ya que las variaciones de un índice genérico tal como IPC no tienen tampoco por qué coincidir con la de los factores que específicamente juegan en los inmovilizados concretos de la empresa. Y, desde luego, si el valor actualizado resultara superior al del mercado, el principio de prudencia llevará a disminuir aquél a este segundo nivel.

Comentarios finales

En la práctica, la revalorización y actualización de inmovilizados ha estado en España condicionada a su tratamiento fiscal. (Este puede ser de aplicación general, o para casos concretos, de fusión y absorción de empresas, por ejemplo). Es decir, a que no se exija (o se exija mínimamente en la contabilidad fiscal) su contabilización en la cpyg fiscal, sino que se permita incluirlos directamente en los fondos propios. (El PGC utiliza hoy una sola denominación, reservas de revalorización, que incluye por tanto las de actualización y regularización). Y amortización fiscal y contable no tienen por qué coincidir: por ejemplo, la vida útil estimada contable puede ser inferior a la fiscal; o se admite fiscalmente la amortización acelerada, en tanto que la contabilidad se inclina generalmente por la uniforme.

En el difícil equilibrio que la contabilidad debe buscar entre objetividad y utilidad, el coste de reposición es, al menos en teoría, el de mayor utilidad, pero también el de menor objetividad. El coste de adquisición ofrece una mayor objetividad, pero a costa de perder utilidad. Y el coste actualizado ocupa un lugar intermedio entre los dos anteriores.

En cualquier caso, la cuantificación de la dotación a la amortización de un ejercicio presenta siempre interrogantes. Que serán tanto mayores cuanto más difíciles sean las estimaciones de vida útil y valor residual, y cuanto mayor sea la variabilidad de los costes que se integran en el inmovilizado, en el caso en que éste se contemple en términos de su reposición. Estos interrogantes son una de las razones de la creciente atención que se presta a los RPO, por su mayor objetividad, aunque el resultado se sigue considerando, no obstante, como la cifra más significativa de la cuenta de pérdidas y ganancias.

En este capítulo se ha establecido una relación muy directa entre los RPO que se retienen en concepto de amortización y los inmovilizados correspondientes. Pero la empresa puede, desde luego, decidir financiar la reposición de éstos (y, con mayor razón, su ampliación) recurriendo a nuevos fondos propios o de terceros (generalmente a largo plazo).

Sólo hemos tratado de la posible revalorización del inmovilizado material, que es el caso más habitual. Pero el procedimiento puede extenderse al conjunto del balance, como se comenta en el último capítulo de esta primera parte del libro.

Finalmente, recordar que las actividades de mantenimiento del inmovilizado no deben activarse: son gastos del ejercicio. Y cuando existan dudas sobre si se ha «mejorado« el inmovilizado (en cuyo caso sí cabe la activación), o simplemente se ha «mantenido», la prudencia contable aconseja considerar esa actividad como gasto.

CAPÍTULO VIII

OTROS INMOVILIZADOS

GASTOS DE ESTABLECIMIENTO

En ellos figuran los de constitución, los de primer establecimiento (entre los que se enuncian, entre otros, las actividades previas de la puesta en marcha de la sociedad, la publicidad de lanzamiento, la captación y adiestramiento de personal); los de ampliaciones de capital.

Para su amortización, se elige convencionalmente un período máximo de cinco años. Y como norma de prudencia económica (ya que estas actividades se prestan especialmente a su activación injustificada, para no disminuir el resultado) se prohíbe el reparto de dividendos hasta que hayan sido totalmente amortizados, salvo que las reservas libres sean iguales o superiores a los citados gastos todavía no amortizados (definidas en el capítulo siguiente).

INMOVILIZACIONES INMATERIALES

Entre ellas figuran los gastos de investigación y desarrollo, las concesiones administrativas, el fondo de comercio, los derechos de traspaso y otros.

En los casos del fondo de comercio y de los derechos de traspaso, el PGC indica que solamente pueden figurar en el activo cuando su valor se ponga de manifiesto en virtud de una adquisición onerosa. Es decir, exige la aplicación estricta del principio del precio de adquisición. Su amortización se realizará a lo largo de su vida útil estimada, que se fija convencionalmente en un máximo de diez años, aunque se piden explicaciones justificativas ya en el caso de que supere los cinco años.

La activación de las actividades de investigación y desarrollo exige justificaciones concretas (proyectos individualizados, estimación fiable de costes). En cualquier caso, el período máximo de amortización se fija en cinco años a partir de la conclusión del proyecto, y se establecen las mismas limitaciones para el reparto de dividendos indicadas anteriormente en los gastos de establecimiento.

INMOVILIZACIONES FINANCIERAS PERMANENTES

(Si son temporales, o son inversiones con vencimiento inferior a un año, se contabilizan en el activo circulante).

En este apartado figuran principalmente las participaciones en el capital de otras empresas, las inversiones en valores de renta fija y los créditos a largo plazo concedidos a otras empresas.

El PGC clasifica con detalle dichas inversiones en capital o en préstamos, según se refieran o no a empresas vinculadas, de un grupo y/o asociadas. (Esta terminología es la utilizada también en la consolidación de estados financieros).

Capítulo IX

LOS RECURSOS PERMANENTES

Examinaremos brevemente en este capítulo distintas cuestiones relacionadas con los recursos permanentes (propios + terceros a largo plazo) de una empresa, tratando de presentarlas a través de un ejemplo simplificado. Aconsejamos al lector que trate de establecer su respuesta a cada uno de los casos que a continuación se exponen (modificando directamente en el texto el balance, por ejemplo), antes de consultar la solución que se propone. En general, utilizaremos la terminología del PGC, y nos referimos a sociedades anónimas.

Supóngase que el balance de una empresa al comienzo de un determinado ejercicio es el que se indica a continuación, en millones de pesetas.

Circulante	190	Acreedores a corto	140
Inmovilizado (neto)	220	Acreedores a largo	50
		Capital social	100
		Beneficios retenidos	120
Activo total	410	Pasivo total	410

El capital social está generalmente representado por títulos denominados *acciones* de un determinado *valor nominal* en pesetas, que es la cifra que en ellas figura. Si las acciones de la empresa son de 500 ptas. de valor nominal, por ejemplo, la propiedad de la compañía estará representada por un total de 100.000.000/500 = 200.000 acciones. El poseedor de una acción es, por consiguiente, propietario de 1/200.000 de la empresa. Una *obligación*, en cambio, es un título emitido por la empresa por el que ésta se compromete a pagar a su poseedor una determinada cantidad de dinero más unos intereses.

Se denomina *valor contable* (o valor teórico-contable) de la acción el que resulta de dividir la totalidad de los recursos propios de una empresa por el número de acciones. El valor contable de una acción de la empresa será, por consiguiente, 220.000.000 ptas. dividido por 200.000 acciones, igual, por tanto, a 1.100 pesetas.

El *valor bursátil* de una acción, en el caso de que se cotice en bolsa, es lo que el público está dispuesto a pagar por ella. Será una coincidencia, que en rarísimas ocasiones se dará, que este valor de mercado coincida con el valor contable o con el valor nominal. (En lo que sigue prescindimos de los gastos en los que se incurre para realizar las correspondientes operaciones, y que habitualmente corren a cargo de la empresa).

AMPLIACIONES DE CAPITAL A LA PAR

Supóngase a continuación que la empresa realiza una emisión de 20.000 acciones de 500 ptas. de valor nominal (10 millones de ptas. en total) equivalente a una ampliación de capital del 10 % (o de una acción nueva por cada 10 antiguas), vendiéndolas a un precio igual a su valor nominal. Este tipo de operación se denomina emisión *a la par.*

Supóngase también que la empresa no pide al comprador de cada acción el desembolso inmediato de las 500 ptas., sino únicamente del 80 % (es decir, 400 ptas.), reservándose el derecho a exigirle las 100 ptas restantes más adelante.

Los asientos que reflejan esta operación (1) se indican a continuación.

Accionistas por desembolsos no exigidos	+2(1)	Capital suscrito	100 + 10(1)*
Inmovilizado (neto)	220	Beneficios retenidos	120
Circulante	190 + 8(1)	Acreedores a largo	50
		Acreedores a corto	140
	420		420

* Representado por 220.000 acciones

Cuando la empresa pide a sus accionistas el desembolso pendiente, el PGC traslada el + 2 (1) indicado arriba a una cuenta del Circulante denominada *accionistas por desembolsos exigidos*, que irá a su vez transfiriéndose a *tesorería* a medida que se efectúen los desembolsos correspondientes. (En este momento, es frecuente utilizar la expresión *dividendo pasivo*, en contraste con el de *dividendo activo* o dividendo a secas).

En las ampliaciones de capital los antiguos accionistas tienen ordinariamente derecho preferente de suscripción de las nuevas acciones emitidas. En el caso que nos ocupa, el poseedor de una única acción antigua tendrá derecho a 1/10 de una acción nueva; este derecho está representado por un cupón unido a la acción antigua. Su propietario deberá elegir entre comprar otros 9 cupones (para poder adquirir una acción nueva), o vender el que posee. (Naturalmente, para realizar estas operaciones, debe encontrar un vendedor o un comprador de cupones, respectivamente).

AMPLIACIONES DE CAPITAL CON CARGO A RESERVAS

Las ampliaciones de capital pueden realizarse también a un tipo de emisión distinto del nominal.

En primer lugar, pueden emitirse acciones a un precio por debajo de su valor nominal. Las nuevas acciones pueden ofrecerse gratuitamente a los accionistas: la emisión se llama *totalmente liberada con cargo a reservas*, y su contabilización se comenta más abajo. O puede realizarse *parcialmente liberada con cargo a reservas*, ofreciéndolas a un precio inferior al nominal. Por ejemplo, si nuestra empresa realiza una ampliación de capital en proporción de 1 × 5, al tipo del 60 %, ello equivale a la emisión de 44.000 nuevas acciones (a sumar a las 220.000 antiguas), por las que recibe 44.000 × 300 ptas. = 13.200.000 ptas. (que supondremos totalmente desembolsadas). El resto hasta el nominal, es decir, 44.000 × 200 ptas. = 8.800.000 ptas., se cargará a reservas. Su contabilización en el balance del primer apartado de este capítulo anterior (suponiendo también que en éste ya se ha realizado el desembolso total de las acciones correspondientes a la ampliación a la par) será:

Inmovilizado (neto)	220	Capital suscrito	110 + 22(2)*
Circulante	200 + 13,2 (2)	Beneficios retenidos	120 − 8,8 (2)
		Acreedores a largo	50
		Acreedores a corto	140

* representado por 264.000 acciones.

Si la emisión hubiera sido *totalmente liberada con cargo a reservas,* no se habría exigido a los accionistas desembolso alguno. No existiría por tanto el aumento de 13,2 en el activo circulante y los beneficios retenidos disminuirían en − 13,2.

Recordando la definición de la cuenta de capital suscrito o social sus aumentos pueden realizarse aumentando el número de acciones, como en los ejemplos precedentes, o aumentando el valor nominal de las mismas.

AMPLIACIONES DE CAPITAL CON PRIMA DE EMISIÓN

Se utiliza este nombre cuando la cantidad que se pide por cada una de las nuevas acciones es superior al nominal de las mismas. La diferencia se denomina *prima de emisión.*

Volviendo a nuestro ejemplo, supongamos que cuando existe un capital de 110 + 22 = 132 M, representado por 264.000 acciones de 500 ptas. nominales, se realiza una ampliación de 1 × 40 (lo que equivale a emitir 6.600 acciones nuevas), ofreciendo éstas a 600 ptas. (lo que corresponde a una prima de emisión de 100 ptas., o, en, porcentaje, al tipo de 600 : 500 = 120 %). Esta operación genera un nuevo tipo de reservas por primas de emisión, diferente, en cuanto a su causa, de las generadas por la retención de beneficios. En nuestro caso, las cuentas que se modificarían serían:

Circulante	+ 3,96 (3)	Capital suscrito:	+ 3,3 (3)*
		Prima de emisión:	+ 0,66 (3)

* Representado por 264.000 + 6.600 = 270.600 acciones

ACTUALIZACIÓN Y REVALORIZACIÓN DE ACTIVOS

Aunque este tema se ha tratado ya en el capítulo VII lo comentamos aquí en lo que se refiere a sus consecuencias en los fondos propios de la empresa.

Una de las ventajas de la contabilidad reside en que, al traducir los activos en unidades monetarias, puede sumar elementos tan heterogéneos como, por ejemplo, la caja y un edificio. Pero puede suceder que el edificio se haya comprado cinco años atrás, y su coste de adquisición está expresado por tanto en pesetas de esa fecha. La caja, evidentemente, se expresa en pesetas de hoy. Y si a lo largo de estos cinco años, la peseta ha sufrido un cambio significativo en su poder de compra, ¿hasta qué punto es aritméticamente correcto sumar pesetas de esas dos diferentes fechas? ¿No sería más adecuado actualizar en pesetas de hoy las invertidas en el edificio hace cinco años? En ocasiones, la respuesta a esta pregunta es la de recurrir a la evolución (anual, por ejemplo) de un índice de carácter general relacionado con la inflación, habitualmente el IPC. A cada uno de los años pasados se le adjudica un coeficiente de conversión de las ptas. de ese año en ptas. de hoy. (Si la inflación hubiera sido nula, no procedería, evidentemente, realizar este tipo de ajuste). En el caso español, esta actualización, cuando se ha realizado, se ha aplicado a los inmovilizados material y financiero. (Ver mayor detalle en el Capítulo VII). Volviendo a nuestro ejemplo, supongamos que el inmovilizado (neto) de 220 M, equivaliera a 235 M, actualizados a fecha de hoy. El aumento en 15 M de su contabilización en el activo se refleja directamente (sin pasar por la cuenta de pérdidas y ganancias) en un aumento de 15 M en los fondos propios, con el nombre de reserva de actualización (o regularización) un nuevo tipo de reservas generadas por causas distintas a las dos anteriormente vistas (retención de beneficios y primas de emisión). En nuestro ejemplo, las cuentas afectadas serían:

Inmovilizado (neto)	220 + 15 (4)	Reservas de actualización	+ 15 (4)

Algo diferente es el caso en que los valores contables de los inmovilizados no se actualizan en función de unos coeficientes más o menos relacionados con índices como IPC, sino que se revalorizan en función de su precio de mercado. La mecánica contable es equivalente a la del caso precedente apareciendo, como parte de los fondos propios, una reserva de revalorización.

Desde el punto de vista de la normativa contable, el PGC, en su exposición del principio de adquisición, viene a decir que únicamente se admiten excepciones al mismo cuando así lo autoricen disposiciones legales. Es decir, las reservas de actualización y de revalorización (para las que, por otra parte, el balance del PGC emplea la única palabra de revalorización), aparecerán únicamente cuando la disposición legal lo permita y su cuantificación se llevará a cabo como en ella se indique (puesto que existen diferentes procedimientos para realizarla).

Esquema conceptual de los fondos propios

Si atendemos a la forma en que se han constituido aparecen las cuentas siguientes:

Capital Suscrito + Beneficios Retenidos +
+ Prima de Emisión + Reservas de Revalorización

(Es discutible si el Capital Suscrito debiera ser solamente el desembolsado; y en todo caso no parece correcto incluir en él los desembolsos pendientes no exigidos, es decir, sin ningún compromiso en cuanto a fecha de la aportación; en todo caso, los exigidos, que el PGC contabiliza en el activo circulante).

Esta clasificación originaria se modifica de ordinario posteriormente mediante traspasos entre diferentes cuentas. Estos traspasos pueden tener lugar entre cuentas del mismo bloque de fondos propios (una ampliación de capital liberada con cargo a reservas, por ejemplo), o con cuentas exteriores al mismo (un dividendo con cargo a reservas o una dotación de provisiones para riesgos, por ejemplo).

En la realización de estos traspasos entre cuentas, no todos los componentes de los fondos propios cuentan con el mismo grado de libertad contable. Unas son de *libre disposición*, o *libres*, y otras son más o menos *restringidas* en cuanto a su uso.

Y, siempre alimentándose de las reservas originarias mencionadas, aparecen, o pueden aparecer, otras cuentas de reservas.

Si la empresa contabiliza beneficios, siempre aparece la Reserva Legal, a la que debe destinarse el 10 % del beneficio, hasta alcanzar al menos el 20 % del capital social. (Este 20 % puede conseguirse también mediante traspasos de otras reservas).

Otras reservas pueden o no aparecer, en función de que se den o no determinadas circunstancias. Algunas de las que figuran en el PGC son: las Estatutarias (en el caso de que los estatutos así lo señalen); las Reservas para Acciones Propias (si existe autocartera, y se dan determinadas condiciones); las Especiales (si una disposición legal así lo exige).

Pero, conceptualmente, lo que es más importante es la clasificación que figura al comienzo de este apartado. En ella, las reservas procedentes de Beneficios Retenidos, una vez cubiertas las exigencias de la Reserva Legal, suelen denominarse Reservas Voluntarias.

Y volviendo a la distinción entre Reservas Libres y Restringidas, la característica que más las diferencia es que las primeras son Distribuibles en dividendos, y las segundas son No Distribuibles. Esta terminología se utiliza por ello con alguna frecuencia.

En la clasificación primaria, son libres las Reservas por Prima de Emisión y las Voluntarias. Y las Reservas de Revalorización son Restringidas en cuanto a su uso, en los términos que en cada caso indique la Ley que ha autorizado su contabilización.

Comentamos finalmente dos puntos de la presentación de los Fondos Propios en el PGC.

En primer lugar, las eventuales pérdidas de uno o más ejercicios aparecen con signo negativo disminiyendo el total de Fondos Propios. Estas pérdidas pueden cargarse a Reservas. Y consumidas éstas, puede ser preciso proceder a una reducción del Capital Social (disminuyendo el número de acciones o su valor nominal). En el extremo, éste puede reducirse a cero, y si se desea continuar la actividad de la empresa, aportar nuevo capital ("operación acordeón").

En segundo lugar, el PGC presenta los eventuales dividendos anticipados o a cuenta, disminuyendo los Fondos Propios, lo que es también más representativo de la situación patrimonial de la sociedad.

Conversión de deudas en fondos propios

El ejemplo más frecuente es el de obligaciones o bonos emitidos por la empresa y convertibles en acciones de la misma, pero el razonamiento es de carácter general.

Supongamos que entre los 50 M de acreedores a largo de nuestro ejemplo anterior figuran 15 M correspondientes a 30.000 obligaciones convertibles de 500 ptas. cada una. La cotización en bolsa de las acciones es de 1.800 ptas., y la empresa ofrece a sus bonistas la posibilidad de convertir 3 obligaciones (3 × 500 = 1.500 ptas. nominales) en una acción de 500 ptas. nominales. Si todos los bonistas acuden a la conversión (renunciando a unos intereses y a la devolución del principal a fecha determinada a cambio de convertirse en accionistas), ello significará la desaparición de una deuda de 15 M, a cambio de la emisión de 10.000 nuevas acciones de 500 ptas. (suponiendo, como es el caso más general, que no existan ya en autocartera, por ejemplo). Ello se traduce en un aumento de capital de 5 M. La diferencia 15 M–5 M serán fondos propios aportados equivalentes a reservas por prima de emisión. Los asientos contables en nuestro balance anterior serán:

Capital suscrito	+ 5(3)
Prima de emisión	+ 10(3)
Acreedores a largo	– 15(3)

Acreedores a largo plazo

Importa especialmente en este capítulo no limitarse a la información del balance. Esta debe completarse con la de la Memoria sobre plazos, intereses, garantías. (Cuando su vencimiento pasa a ser inferior a un año, las deudas a largo se trasladan a los acreedores a corto).

Gastos de emisión y a distribuir en varios ejercicios

Como se recordó al comienzo del capítulo, las operaciones anteriores suponen unos gastos de lanzamiento, que, según el PGC, pueden activarse como sigue.

Los gastos de constitución y de ampliación de capital pueden contabilizarse en la cuenta del PGC "gastos de establecimiento", y su amortización sistemática debe realizarse en un plazo no superior a cinco años.

Los gastos de formalización de deudas deben, en principio, afectarse al ejercicio a que correspondan. Excepcionalmente, cabe su contabilización en la cuenta de activo del PGC "gastos a distribuir en varios ejercicios" debiendo procederse a su amortización sistemática, que como máximo terminará cuando se devuelvan las deudas correspondientes.

Cuando la deuda se instrumenta de forma que el acreedor facilita un dinero hoy, a cambio de recibir una cantidad superior al cabo de un tiempo, los intereses diferidos cuantificados por la diferencia entre ambas cantidades se contabilizan en la misma cuenta "gastos a distribuir en varios ejercicios" amortizándose a lo largo de la vida de la deuda. (Los pagarés son un ejemplo de este tipo de deuda cuyo interés se denomina frecuentemente "implícito").

El PGC incluye la cuenta "gastos a distribuir en varios ejercicios" entre el activo inmovilizado y el circulante.

CAPÍTULO X

EL RECONOCIMIENTO CONTABLE DE LOS INGRESOS

LA PERIODIFICACIÓN DEL RESULTADO

Una de las funciones primordiales de la contabilidad es la periodificación del resultado. No cabe duda de que la tarea del contable se vería notablemente simplificada si todos los interesados en la marcha de la empresa estuviesen dispuestos a esperar hasta su disolución para conocer la cifra de beneficios obtenidos. Sn embargo, no hay prácticamente empresa alguna que acepte aguardar hasta ese momento para determinar la cuantía del resultado. Las razones son obvias: muchas empresas aspiran a seguir ejerciendo sus actividades de negocio por tiempo indefinido. Pero, aun en aquellos casos en que esta suposición no es válida, los interesados en la marcha de la empresa suelen querer obtener una respuesta periódica a la pregunta: ¿qué tal lo estamos haciendo? Por ello, todas las empresas de una cierta dimensión calculan cifras de beneficios en forma periódica.

Para periodificar el resultado es preciso disponer de algunos criterios orientadores. En un primer paso, el resultado de un período se determina por la diferencia entre los ingresos que corresponden a tal período y los gastos que en forma razonable pueden ser asociados con la obtención de esos ingresos; el coste de las mercancías vendidas es un ejemplo típico de esta categoría de gastos. Pero no todos los gastos presentan una relación directa con los ingresos obtenidos en un período determinado; los gastos de investigación y desarrollo son el ejemplo habitual en este caso. Tales gastos reciben la denominación técnica de *gastos del período* y aparecen asimismo en la cuenta de resultados del período en que se han incurrido puesto que no es posible asociarlos con los ingresos de períodos posteriores.

En definitiva, el resultado de un período se define como:

Ingresos del período	*menos*	*Gastos asociados con estos ingresos*	*menos*	*Gastos del período*

Para muchas empresas comerciales e industriales los gastos del primer tipo (también llamados *costes del producto*) suelen constituir la mayor parte de los gastos totales que se deducen de los ingresos. En no pocas ocasiones, la clasificación de una determinada actividad como coste del producto o gasto del período puede ser objeto de legítimas diferencias de opinión. Su contabilización de uno u otro modo puede alterar significativamente el resultado de un período particular.

Pero, en la mayoría de los casos, son los *ingresos del período* los que constituyen el determinante primordial del resultado del ejercicio que se contabiliza. Este capítulo presenta algunos conceptos que pueden servir de guía para decidir qué debe entenderse por ingresos del período y cuándo deben éstos ser reconocidos contablemente.

El momento de la venta

Los ingresos pueden ser definidos como todo incremento en los activos de la compañía que se obtiene en compensación de los bienes y servicios con los que la empresa satisface alguna necesidad de los consumidores. Puesto que tales incrementos pueden no darse en efectivo, la contabilidad distingue entre *ingresos* y *cobros*. Un cobro es un aumento real en caja y bancos. La cifra de ingresos trata de medir la retribución a las actividades de la empresa durante un período de tiempo determinado, aunque su traducción en efectivo haya de producirse en un período posterior.

Esta definición sugiere que los ingresos deberían ser contabilizados una vez que han finalizado las actividades básicas en la producción y comercialización de un bien o servicio. Pero, ¿qué actividades deben considerarse como "básicas"?. La respuesta a esta pregunta varía de un caso a otro y requiere, en última instancia, el ejercicio del sentido común. En términos generales, una empresa realiza las siguientes actividades en el proceso de satisfacer a sus clientes:

1) Compra de materia prima.
2) Transformación de la materia prima en producto acabado.
3) Inspección del producto acabado.
4) Almacenaje del producto acabado.
5) Recepción de una orden de compra de un cliente.

6) Expedición del producto y envío de la factura al cliente.
7) Inspección y aceptación del producto por el cliente.
8) Cobro del efectivo enviado por el cliente (con el que la empresa financia nuevas compras de materias primas).

El paso 6 *–envío del producto y facturación–* es el que se utiliza habitualmente como instante en que los ingresos son contabilizados; es el llamado "momento de la venta". Cabe preguntarse por qué los contables insisten en aguardar hasta ese instante para considerar el ingreso como ganado. En realidad, todas las actividades anteriores son igualmente indispensables para generar un beneficio y, por consiguiente, contribuir a la continuidad de la empresa.

El contable actúa de este modo porque está interesado en reflejar la actividad económica de la empresa de *un modo conservador.* Quiere medir la retribución otorgada por el mercado a las actividades productivas de la compañía, pero no antes de que pueda ser cifrada con cierto grado de precisión. En términos más concretos, el contable quiere contabilizar los ingresos en forma objetiva y veraz. Por esta razón suele confiar en las transacciones de mercado, a las que atribuye un alto grado de imparcialidad.

En síntesis, los ingresos deben contabilizarse tratando de satisfacer dos criterios diferentes:

a) Un criterio económico –o de *realización*–, según el cual los ingresos deben reconocerse como ganados una vez que la actividad básica de la empresa ha finalizado.

b) Un criterio *conservador de medida* –o de *certidumbre*–, según el cual los ingresos no deben contabilizarse antes de que el cobro final en efectivo pueda estimarse con pequeñas probabilidades de error.

Es importante advertir que estos dos criterios orientan al contable en términos diametralmente opuestos. El primero de ellos sugiere reconocer los ingresos relativamente pronto en el ciclo de actividades de la empresa, mientras que el segundo tiende a posponer su contabilización hacia el momento del cobro. Es misión del contable –y también del director general en no pocos casos– llegar a un compromiso aceptable entre ambos criterios para una empresa determinada.

Para un buen número de empresas comerciales e industriales, contabilizar los ingresos en el "momento de la venta" es la expresión de ese compromiso entre ambos criterios. Sin embargo, hay todo un mosaico de circunstancias en las que la aplicación de estos criterios puede conducir a una respuesta diferente. En lo que sigue, vamos a examinar brevemente algunas situaciones en las que para contabilizar los ingresos parece aconsejable otro momento que el de la venta.

EL MOMENTO DE LA PRODUCCIÓN COMPLETA

En circunstancias normales, tener los productos totalmente manufacturados y en el almacén no es razón suficiente para llevar los ingresos que vayan a obtenerse con ellos a la cuenta de resultados. La incertidumbre que la actividad de comercialización lleva consigo sugiere posponer la contabilización del ingreso hasta que la venta se haya realizado.

Pero en algunas empresas tal incertidumbre no existe. Es el caso de las compañías productoras que operan en un mercado que está siempre dispuesto a absorber su producción a un precio conocido. Estas empresas no tienen que desarrollar ninguna actividad "comercial" que merezca tal nombre. Por consiguiente, las "actividades básicas" de la empresa concluyen cuando el producto acabado está disponible. Además, la existencia de un precio determinado permite calcular con certeza el valor de los bienes producidos.

El beneficio es, pues, contabilizado –al cierre del ejercicio– para todos los productos cuya producción ha sido completada, con independencia de que se hayan vendido o no. Los ingresos se calculan multiplicando las unidades producidas por el precio que esté en vigor para el stock no vendido cuando se confeccionan los estados contables.

EL MOMENTO DE LA PRODUCCIÓN PARCIAL

En determinadas circunstancias nuestros dos criterios pueden aconsejar la contabilización del ingreso antes incluso de que el producto esté totalmente acabado. Esto es así para proyectos de gran envergadura cuya ejecución se extiende a lo largo de varios períodos contables.

En este tipo de proyectos a largo plazo la incertidumbre acerca del cobro final desaparece mediante su estipulación en un contrato, o en términos absolutos o fijando un margen de beneficios por encima del coste. Por otro lado, aguardar hasta el final del proyecto para contabilizar los ingresos puede producir fluctuaciones en la cifra de beneficios, que no se corresponderían con la regularidad de las operaciones de la compañía.

Normalmente los ingresos se asignan a cada período en proporción a la parte que se estima completada durante el mismo. Tal proporción puede medirse en función de determinadas unidades físicas: por ejemplo, número de kilómetros construidos en el tramo de autopista que se proyecta construir. Alternativamente, los ingresos pueden atribuirse a un período en función al porcentaje de costes incurridos en dicho período en relación al coste total estimado del proyecto. A continuación presentamos un ejemplo para ilustrar este segundo supuesto.

Una empresa recibe el encargo de construir un complejo industrial-inmobiliario por un precio global de 400 M de pesetas. El coste estimado del proyecto es de 300 M. La realización del proyecto ocupa tres períodos contables. En el primero de ellos se incurren unos costes de 60 M; en el segundo y tercero, los costes se elevan a 150 y 90 M, respectivamente. Si los ingresos se imputan a cada período en proporción a los costes incurridos, el resultado será el siguiente:

	Período 1	*Período 2*	*Período 3*	*Total*
Porcentaje completado del proyecto	$\frac{60}{300} = 20\%$	$\frac{150}{300} = 50\%$	$\frac{90}{300} = 30\%$	100%
Ingresos del período (% ×400 M)	80	200	120	400
Gastos de construcción	60	150	90	300
Beneficio bruto de explotación	20	50	30	100

Este ejemplo es extremadamente simplificado (entre otras cosas, supone que los gastos reales no exceden de la cifra presupuestada de gastos totales), pero puede ilustrar la función de esta técnica contable. Si la contabilización del ingreso se dilatase hasta la entrega final del complejo, esta empresa presentaría pérdidas sustanciales durante los dos primeros períodos (60 y 150 M, respectivamente) y un beneficio muy cuantioso (310 M) en el tercero. Contabilizando los ingresos en proporción a los costes incurridos se nivelan, en cierto modo, los beneficios obtenidos a lo largo de la ejecución del proyecto.

El momento del cobro

Retrasar la contabilización del ingreso hasta el momento del cobro no está en consonancia con nuestros dos principios orientadores, excepto en circunstancias muy peculiares. Estas se dan cuando no es posible estimar en forma razonable la cantidad final de efectivo que la venta de un bien o la prestación de un servicio va a proporcionar a la empresa. O bien, cuando las tareas de cobro y soporte financiero de los clientes forman parte de las actividades básicas de la empresa sin que sea posible hacer una cuantificación independientemente de los costes acarreados por las actividades de cobro y financiación.

Cuando una empresa realiza ventas a crédito, no puede evitar un cierto grado de incertidumbre respecto a su eventual cobro. En general, esta incertidumbre es mayor cuanto más largo es el plazo concedido al cliente para que liquide su deuda con la compañía. Sin embargo, esta incertidumbre no justifica posponer la contabilización de los ingresos hasta el momento del cobro, si es posible predecir con cierta precisión la cantidad final de efectivo que la empresa va a recibir en un período determinado. En muchos casos esta precisión es alta incluso aunque los plazos estipulados de cobro sean bastante largos. Más adelante estudiaremos algunas técnicas sencillas con las cuales la empresa puede estimar qué parte de las ventas puede no cobrarse y, por consiguiente, no debe contabilizarse como ingresos.

En un cierto número de países la Administración Fiscal permite a las empresas calcular los beneficios imponibles con criterios distintos a los utilizados para preparar los estados contables que aparecen en la memoria anual. En particular, las empresas que venden a plazos pueden posponer la contabilización de los ingresos hasta el momento del cobro, a efectos fiscales. Ello es así porque la Hacienda Pública pretende gravar el beneficio empresarial teniendo en cuenta *la capacidad* que la empresa tiene *de pagar* los impuestos. Pero para otros propósitos de la contabilidad financiera (informar a los observadores interesados sobre qué tal lo estamos haciendo) este criterio de liquidez es menos relevante y no justifica retrasar la contabilización de los ingresos más allá del momento de la venta.

Capítulo XI

EL CUADRO DE FINANCIACIÓN EN TÉRMINOS DE CAPITAL CIRCULANTE

El Cuadro de Financiación (el más reciente cronológicamente de los estados contables, del que se presentó una primera aproximación en el capítulo II) recibe distintos nombres: estado de origen y aplicación de recursos, cuadro de flujo de fondos,...

¿Qué se entiende por *fondos* a efectos de la preparación de este estado contable? Las alternativas más utilizadas son dos: *caja*, en el sentido que se comenta en el capítulo siguiente; y *capital circulante* (o fondo de maniobra) al que nos referimos a continuación, y que es el elegido por el PGC.

¿Qué conseguimos con esta definición? Sencillamente, condensar todos los cambios en las partidas de activo y pasivo circulantes en la variación neta del fondo de maniobra, durante el período considerado. Con ello se consigue destacar los cambios en los recursos permanentes y en el inmovilizado; es decir, se presta una mayor atención a las decisiones básicas de inversión, financiación y dividendos, tal como se simplifica en la página siguiente.

Es ésta una figura simplificada, porque, por ejemplo, las emisiones (netas) de deuda a largo, se pueden desglosar en nuevas emisiones (un origen), y devoluciones de deuda (una aplicación); y las inversiones en inmovilizado (netas) en nuevas inversiones (una aplicación) y desinversiones (un origen).

Por otra parte, si se registrara una disminución del fondo de maniobra, en lugar de un aumento, aquélla supondría un origen de fondos.

El cuadro trata de contestar a las dos preguntas siguientes: ¿Qué se hizo durante el pasado ejercicio? (aplicaciones); ¿Cómo se financió lo que se hizo? (orígenes). (Si se tratara de la elaboración de un presupuesto, las preguntas serían desde luego: ¿Qué se proyecta hacer? ¿Cómo se piensa financiar?).

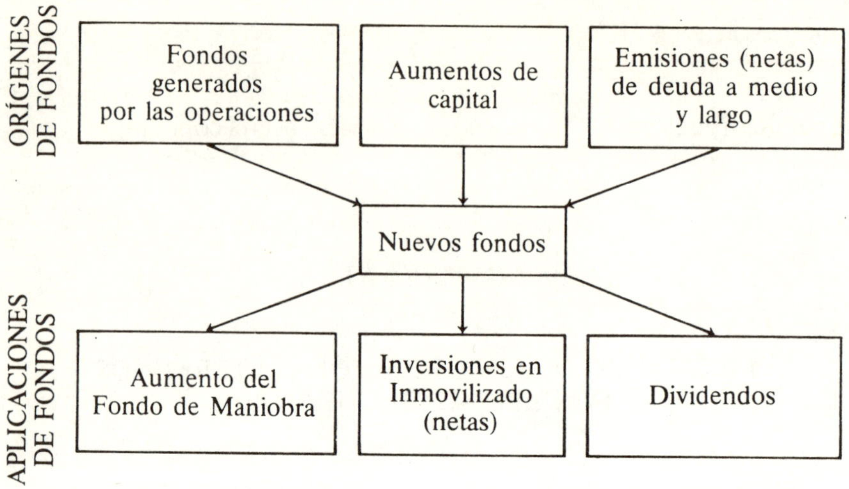

El cuadro se refiere por tanto a los fondos obtenidos y aplicados durante un periodo de tiempo, enmarcado por un balance inicial y un balance final, y de cuyos ingresos y gastos nos informa la cuenta de pérdidas y ganancias.

Vale la pena elaborarlo si nos proporciona información que no figura en los restantes estados contables, o que se puede encontrar en ellos, pero con dificultad. De otra forma obtendríamos un estado financiero contablemente correcto, pero que al limitarse a repetir información ya conocida, no tendría ninguna utilidad. Y adelantamos que para que esta utilidad exista, es condición necesaria que aparezcan explícitamente los Recursos Procedentes de las Operaciones ordinarias (RPO o FGO).

Si nuestro conocimiento de las actividades de la empresa es suficiente, es posible que podamos responder a las dos preguntas anteriores directamente, sin recurrir para ello a ninguna sistemática para su elaboración, como la que se presenta a continuación. De todas formas, la utilización de un método puede ser una ayuda eficaz para entender mejor el esquema de los estados contables y sus relaciones mutuas.

Nos remitimos al ejemplo utilizado en el capítulo IV, y nos planteamos la elaboración del cuadro de financiación de 1983. En dicho capítulo, el cuadro 16 presenta la cpyg de 1983, y el cuadro 17 los balances inicial y final del ejercicio. Supondremos además que incorporamos al cuadro 17 la aplicación del beneficio de 1983, 840 $, y que ésta fue: 440 $ a dividendos (que supondremos pagados) y 400 $ a reservas. El cuadro 1 del presente capítulo reproduce el cuadro 17 después de esa aplicación del beneficio.

Si entendemos por fondos las variaciones en capital circulante, parece lógico englobar en una cuenta única todas las que componen aquél: los activos circulantes y los acreedores a corto (o pasivos circulantes). Las actividades que aumenten el capital circulante serán orígenes de fondos y las que lo disminuyen, aplicaciones de fondos. El resto del plan de cuentas (pues de un plan de cuentas se trata) estará constituido por los activos no circulantes (inmovilizados), pasivos no circulantes (acreedores a largo y fondos propios) y cpyg de 1983 prolongada en la aplicación del resultado.

Cuadro 1
Balances al 31 de diciembre

	1983	*1982*
Caja y bancos	610	150
Clientes	4.200	1.100
Materiales	300	–
Productos en curso	0	–
Productos terminados	350	900
Activo circulante	5.460	2.150
Muebles (coste)	450	200
Amortización acumulada	0	–40
Equipo (coste)	1.200	–
Amortización acumulada	–400	–
Edificio (coste)	2.000	2.000
Amortización acumulada	–400	–200
Terreno	1.000	1.000
Activo inmovilizado (neto)	3.850	2.960
Activo total	9.310	5.110
Proveedores	900	300
Intereses a pagar	400	–
Suministrador de equipo	800	–
Acreedores a corto plazo	2.100	300
Préstamo a largo plazo	2.000	–
Capital social	4.000	4.000
Beneficios retenidos	1.210	810
Pasivo total	9.310	5.110

Cuadro 2
Cuadro de financiación 1983
Plan de cuentas

maquinaria	
(2) 1.200	

(am ac maq)	
	400 (13)

mobiliario	
(15) 450	200 (14)

(am ac mob)	
(14) 80	40 (13)

edificio	

(am ac edif)	
	200 (13)

terreno	

Orígenes ↑	Capital Circulante		↓ Aplicaciones	
(8) ventas	10.800	6.150	coste ventas	(8)
		2.700	g. admón. y com.	(11)
		400	g. financieros	(12)
(a) RPO ord	1.550			
(1) préstamo a largo	2.000	1.200	comprar maq.	(2)
(14) venta mobiliario	50	450	comprar muebles	(15)
		440	dividendos	(16)
	3.600	2.090		
		1.510	aumento cap. circulante	

préstamo a largo	
	2.000 (1)

capital suscrito	

benef. retenidos	
	400 (17)

CPYG 1983 (después de su aplicación)

coste ventas (8)	6.150	10.800	(8) ventas
g. adm. y com. (11)	2.700		
g. fin. (12)	400		
dot. a am mob. (13)	40	1.550	RPO (a)
dot. a am edif. (13)	200		
dot. a am maq. (13)	400		
res. extraord. (14)	200	80	(14)
		50	(14)
a dividendos (16)	440	840	benef. repartible
a reservas (17)	400		

El cuadro 2 presenta el plan de cuentas mencionado referido al ejemplo del capítulo IV. En él se ha reconstruido el ejercicio de 1983, conservando la misma numeración de referencia de los sucesos contables del año. Se ha prescindido en este cuadro 2 de los saldos inicial y final de las cuentas, que son evidentemente los del cuadro 1, para centrar la atención en los movimientos de 1983.

Dicho Cuadro 2 permite comprobar que operaciones tales como las (13), dotaciones a la amortización, y (17), incorporación a reservas de beneficios retenidos, no suponen alteración del capital circulante, y no aparecen por tanto en el cuadro de financiación.

Y operaciones extraordinarias como la (14) modifican el capital circulante en lo que se obtiene en la venta del inmovilizado, 50 $ en nuestro caso. Este no coincidirá con el resultado extraordinario contabilizado en la cpyg, que registra la comparación entre valor de venta y valor contable, – 70 $ en nuestro caso, excepto cuando valor de venta y valor en libros fueran los mismos, y dicho resultado extraordinario sería por tanto igual a 0.

Finalmente, en la cuenta de capital circulante se explicitan las RPO ordinarias, como saldo de los asientos que le preceden. (Mantenerlos significaría reduplicar la información que ya aparece en la cpyg 1983). Siguiendo el formato escogido por el PGC presentaremos la cuenta de capital circulante como sigue:

CUADRO DE FINANCIACIÓN DE 1983

aplicaciones		*orígenes*	
compra maquinaria	1.200	RPO	1.550
compra mobiliario	450	préstamo a largo	2.000
dividendos	440	venta mobiliario	50
aumento cap. circulante	1.510		
	3.600		3.600

Evidentemente, las operaciones que tienen lugar entre cuentas circulantes, no se reflejan en ningún asiento en el plan de cuentas del cuadro 2. Por citar algún ejemplo, y repitiendo algunas operaciones del capítulo IV, no modifican el saldo del capital circulante: la (3), compra a crédito a proveedores de materiales por 3.500 $; la (7), cobro de clientes de 7.700 $. Los asientos correspondientes se registran en el Mayor del cuadro 15 del capítulo IV, pero no en el Mayor del cuadro 2 de este capítulo.

El PGC completa este cuadro con una segunda parte que desglosa el movimiento del capital circulante, + 1.510 $, en las variaciones individuales de las partidas circulantes, y que sí se pueden deducir directamente del cuadro 1:

cuentas circulantes	aplicación	orígen
caja y bancos	460	
clientes	3.100	
materiales	300	
productos en curso	—	—
productos terminados		550
proveedores		600
intereses a pagar		400
suministrador equipo		800
	3.860	2.350
aumento cap. circulante		1.510

* * *

A continuación consideramos el registro en el cuadro de financiación de otras posibles operaciones.

(18) Una ampliación de capital de 1 × 20 (es decir, de 200 $), liberada en un 60 % con cargo a reservas. En el balance, los asientos serían, suponiendo que se hubiera desembolsado el total del 40 % de 200 $ = 80 $:

caja y bancos:	+ 80	capital:	+ 200
		reservas:	− 120

Pero la consecuencia en el capital circulante es exclusivamente un aumento de 80 $. Y al cuadro de financiación obtenido anteriormente se añadiría:

aplicaciones		*orígenes*	
aumento c. circulante:	+ 80	ampliación de capital:	+ 80

Si la ampliación hubiera sido totalmente liberada, no modificaría el cuadro de financiación, pues no generaría flujo de fondos. El balance, por supuesto, sí se modificaría.

Y si se hubiera realizado con una prima de emisión del 20 %, los asientos en balance serían:

activo circulante:	+ 240	capital social:	+ 200
		prima de emisión:	+ 40

Y, de nuevo, el cuadro de financiación registraría el capital, no por la variación de su nominal, sino por los fondos generados por la operación (incidentalmente, recordemos que estas operaciones "no ordinarias" no modifican los RPO, pues éstos se refieren a las operaciones "ordinarias"):

aplicaciones		*orígenes*	
aumento c. circulante:	+ 240	ampliación de capital:	+ 240

* * *

(19) Haciendo uso de una disposición legal, la empresa revaloriza al 31/12/83 su inmovilizado, que se traduce en resumen en un aumento del inmovilizado neto de 750 $. Ello se contabiliza en la aparición de una reserva de revalorización de 750 $. Estos asientos se realizan entre cuentas no circulantes. La revalorización no modifica por consiguiente el cuadro de financiación.

* * *

(20) Sin embargo, la norma aplicada en la operación (19) precedente no se utiliza en los casos que se estime más expresivo no seguirla. Así, por ejemplo, el PGC señala que si se ha realizado una conversión de deuda a largo plazo en fondos propios, y aunque esta operación se contabiliza entre cuentas no circulantes, debe no obstante indicarse en el cuadro de financiación. Como un origen (la ampliación de capital) y como una aplicación (la disminución de la deuda), cuantificadas ambas partidas en la misma cifra.

Y planteamientos parecidos pueden surgir en otros casos. Por ejemplo: venta de un inmovilizado a cobrar a largo plazo; o suscripción de acciones mediante aportaciones no dinerarias. Aunque se contabilizan entre cuentas no circulantes, puede estimarse adecuada su inclusión en el cuadro de financiación.

CAPÍTULO XII

EL CUADRO DE FINANCIACIÓN EN TÉRMINOS DE CAJA

En el capítulo precedente se elaboró el cuadro de financiación definiendo *fondos como variaciones en capital circulante*, criterio adoptado por el PGC, con alguna excepción comentada al final de dicho capítulo.

Otra alternativa utilizada con frecuencia (especialmente en la contabilidad anglosajona) es la de definir *fondos como variaciones en caja*. En este caso, se entiende por caja la tesorería en sentido estricto más otros posibles activos de liquidez inmediata menos pasivos a corto que sean fuentes de caja (la utilización de una póliza de crédito por ejemplo).

Una primera respuesta a este planteamiento es la de estudiar los cobros y pagos habidos en el periodo que se contemple.

Nos remitimos al ejercicio del capítulo anterior. Y lo completamos con la operación (18) (una ampliación de capital de 1 × 20, es decir de 200 $ nominales, liberada en un 60 % con cargo a reservas, lo que significa un desembolso del 40 % de 200 $ = 80 $, que suponemos cobrados). La cuenta de disponible de 1983 del cuadro 15 del capítulo IV hubiera sido la siguiente, reordenando los asientos siguiendo los criterios que se comentan a continuación:

TESORERÍA 1983

cobros				pagos
S. inicial		150		
clientes	(9)	7.700	2.400	(5) mod. y otros fabricación
			2.900	(10) proveedores
			2.700	(11) adm. y comerciales
			400	(2) maquinaria
mobiliario	(14)	50	450	(15) mobiliario
préstamo a largo	(1)	2.000	440	(16) dividendos
ampliación capital	(18)	80		
S. final		690		

La variación de la caja total es: 690 — 150 = + 540 $. Pero este resultado se puede descomponer en cobros y pagos de tres características diferentes:

La caja generada, o consumida, por operaciones habituales u ordinarias: + 7.700 — 2.400 — 2.900 — 2.700 = — 300 $

La caja generada, o consumida, por operaciones de inversión y desinversión en inmovilizados: + 50 — 400 — 450 = — 800 $

La caja generada, o consumida, por operaciones de financiación a largo (recursos de terceros a largo y fondos propios): + 2.000 + 80 — 440 = = + 1.640 $

La elaboración de un cuadro de financiación en términos de caja se realiza teniendo en cuenta la clasificación precedente, por un lado. Y, por otro, presentando el primer bloque de la caja generada o consumida por las operaciones ordinarias a partir de los RPO ordinarias. Esto puede hacerse a partir del detalle de la variación de las cuentas circulantes, obtenido tal como se indicó en el capítulo precedente, presentándolo en vertical. En esta presentación se excluyen las variaciones en caja y los pasivos monetarios a corto (que en nuestro ejemplo no existen). Y los circulantes directamente relacionados con los otros dos tipos de "caja" (en nuestro caso el suministrador de equipo). Estas exclusiones tienen el objeto de limitarnos a los circulantes "ordinarios" y explicitar la "caja". Esta primera parte del cuadro de financiación se prolonga con las otras dos mencionadas. El esquema, en el que naturalmente caben variaciones, es el Cuadro 1.

Establecer en términos de "caja" el cuadro de financiación puede ser más útil en tiempos económicamente agitados. Si, por ejemplo, aumenta la morosidad de los clientes o se acumulan existencias, los RPO, aunque sean positivos, pueden embalsarse en determinados circulantes sin llegar a la caja. El que las operaciones ordinarias "consuman" caja, en lugar de generarla, es una señal de alerta.

Y, también en tiempos de dificultades de tesorería, puede ser de utilidad tener a la vista la "calidad" de los diferentes orígenes y empleos de "caja".

En resumen, las ventajas y los inconvenientes de una y otra presentación residen, no tanto en su contenido, como en la forma de explicitarlo.

CUADRO 1

RPO ordinarias:		+ 1.550
± variaciones en circulantes "ordinarios":		
↑ clientes	– 3.100	
↑ materiales	– 300	
↓ terminados	+ 550	
↑ proveedores	+ 600	
↑ int. a pagar	+ 400	– 1.850
CAJA CONSUMIDA POR OP. ORDINARIAS		– 300
+ desinversiones en mobiliario	+ 50	
– inversiones en mobiliario	– 450	
– inversiones en maquinaria	– 400	
CAJA CONSUMIDA EN OP. DE INMOVILIZADO		– 800
+ préstamo a largo	+ 2.000	
+ ampliación capital	+ 80	
– dividendos	– 440	
CAJA GENERADA POR OP. DE FINAN. A LARGO		+ 1.640
CAJA GENERADA POR OPERACIONES TOTALES		+ 540
(*) CAJA INICIAL		150
(*) CAJA FINAL		+ 690

(*) Recordatorio: "caja" = tesorería + activos de liquidez inmediata – pasivos monetarios a corto.

CAPITULO XIII

LOS AJUSTES POR PROVISIONES

LAS PROVISIONES: DEPRECIACIONES REVERSIBLES

El principio de prudencia contable, en caso de contradicción con otros principios y normas, tiene carácter prioritario (salvo que su aplicación impidiera conseguir la imagen fiel, propósito último de la contabilidad financiera).

Este principio lleva a no contabilizar beneficios hasta que se realicen (lo que se comentó en el capítulo X). En cambio, las pérdidas y los riesgos deben contabilizarse en cuanto sean conocidos; y tanto si son ya realizados o irreversibles como si son potenciales o reversibles.

La contabilización de una pérdida irreversible se traduce generalmente en una disminución definitiva de la valoración en balance del activo afectado con cargo a resultados (ordinarios o extraordinarios, según las características de la operación), o a alguna cuenta de fondos propios, o a alguna cuenta de provisiones en caso de que ya exista.

Y precisamente de estas cuentas de provisiones nos ocupamos en el presente capítulo, clasificándolas en dos clases: no circulantes y circulantes. Ambas se constituyen cuando se ha incurrido en algún tipo de riesgo que se estima o sospecha, pero no se tiene seguridad, o certeza, de que desembocará en una pérdida contable. Estas dudas pueden referirse, tanto a la realización o no de un determinado suceso a contabilizar, más o menos definido, como a la cuantificación contable de un acontecimiento bien determinado, como a ambas cosas simultáneamente. Pero siempre debe existir algún tipo de duda (si no existiera, estaríamos en el caso de depreciaciones irreversibles), que se traduce en una estimación contable de futuro, reflejada en lo que se denomina *cuentas de provisiones.*

(Puede observarse el paralelismo existente entre lo dicho, y la estimación de la vida útil de un inmovilizado, reflejada en las cuentas de dotación a la amortización y de amortización acumulada).

PROVISIONES NO CIRCULANTES DE INMOVILIZADOS

Consideramos en primer lugar las que pueden originarse en los activos inmovilizados. Por ejemplo, si al comparar su valor en libros con el de mercado aquél resultara superior. (Comparación que con frecuencia no es fácil de realizar). Si se estima que esta diferencia negativa es reversible, se recoge en una cuenta de provisiones (con signo negativo y presentada en el balance inmediatamente debajo del inmovilizado de referencia, disminuyendo su valor contable neto, como la amortización acumulada). El cargo correspondiente generalmente (aunque no siempre: ya se han citado otras alternativas) es, según el PGC, a la cpyg, y como resultado extraordinario.

En el caso particular de los inmovilizados financieros en acciones de otras empresas, la referencia de mercado se puede realizar de dos formas. Su cotización en bolsa, cuando exista. Y cuando no exista, el valor teórico contable, corregido eventualmente en las plusvalías tácitas (cuya cuantificación objetiva puede ser desde luego muy difícil). No obstante, si las acciones corresponden a empresas del grupo (filiales o asociadas), se sigue el segundo criterio, aunque coticen en bolsa. Se razona posiblemente que la vinculación con estas sociedades es más estable que con otras ajenas al grupo, y menos dependiente de la evolución de su cotización bursátil. Como en el párrafo anterior, estas provisiones se cargan generalmente a la cpyg.

OTRAS PROVISIONES NO CIRCULANTES

Puede haber otras provisiones que no tengan relación, al menos en el momento de realizarlas, con los inmovilizados. En este caso, no procede su presentación en el activo, con signo negativo. Se contabilizan en el pasivo, entre los fondos propios y los fondos de terceros, hasta que se conozca el desenlace de la estimación realizada; y también cuando correspondan a estimaciones que deben realizarse habitualmente a lo largo del tiempo (caso de las provisiones para pensiones que se comenta más abajo). El PGC las engloba bajo el título de *provisiones para riesgos y gastos.*

Para el establecimiento de estas provisiones no circulantes es relativamente frecuente recurrir a las reservas (como se comentó en el capítulo IX), transferencia que no afecta a la cpyg del ejercicio (aunque sí a los fondos propios o patrimonio neto). No obstante, la norma general, aunque con excepciones frecuentes, es abonarlas con cargo al resultado del ejercicio.

Aquí caben provisiones de muy diferentes tipo. Algunos ejemplos.

"Para riesgos genéricos". Posiblemente, ésta se constituya cuando la empresa consigue beneficios holgados y/o disponga de reservas libres considerables. No obstante, el principio de prudencia indica que las depreciaciones y las provisiones deben establecerse con independencia del resultado.

"Para responsabilidades" procedentes de un contencioso, cuya decisión final se espera para dentro de tres años. Se estima la cuantificación de los posibles perjuicios, que puede provisionarse a lo largo de los 3 años.

"Para pensiones", cuando la empresa compromete con su personal determinadas jubilaciones. Hasta hace muy poco, en España estos compromisos se contabilizaban con criterio de caja: los gastos de jubilación eran los pagos efectuados durante el ejercicio. Actualmente, se opina que los métodos actuariales permiten cuantificar con suficiente objetividad los gastos devengados. Su provisión se abona con cargo a resultados y, especialmente en ciertos sectores económicos, también con cargo a reservas utilizables para tal fin: de otra forma, el paso del criterio de caja al de devengo significaría un deterioro significativo del resultado del ejercicio. Y esta provisión se carga con abono a tesorería cuando se realizan los pagos correspondientes.

Provisiones circulantes

Lógicamente los activos circulantes han de analizarse también por si su valoración en balance debe modificarse a causa de depreciaciones irreversibles o reversibles. Y, en este segundo caso, abrir la correspondiente cuenta de provisión.

Siempre que sea posible, y como se indicó en los párrafos precedentes, la provisión se presenta en balance con signo negativo, corrigiendo el valor contable neto del activo al que ajusta. Y así se procede con existencias, deudores e inversiones financieras temporales.

Si no existe tal relación con algún activo circulante, se abre en el pasivo la cuenta de provisiones para otras operaciones de tráfico, o, más genéricamente, para riesgos y gastos a corto plazo (tales como devoluciones de ventas o garantías de reparación).

El cargo correspondiente a la dotación de estas provisiones se contabiliza generalmente entre las actividades ordinarias de la cuenta de pérdidas y ganancias.

UN EJEMPLO DE CONTABILIZACIÓN DE PROVISIONES

Utilizaremos el de las provisiones para insolvencias de clientes. Pero el razonamiento empleado es sustancialmente válido para los restantes tipos de provisiones sustituyendo "clientes" por el activo, circulante o inmovilizado, que se analice.

Remitiéndonos de nuevo al ejemplo al que nos hemos referido ya en varias ocasiones, el saldo de clientes a 31 de diciembre de 1983 es 4.200 $ (cuadro 17 del capítulo IV).

Se decide proceder por vez primera al análisis de esta valoración. (Mantener el 4.200 $ equivale a estar seguros de su cobro). En principio, pueden utilizarse distintos procedimientos:

1) Examinar las cuentas deudoras una por una y decidir cuáles de ellas no van a ser probablemente cobradas. Este procedimiento es poco viable, en especial en empresas con cientos de clientes.
2) Fijar el gasto de incobrables en función de un porcentaje de las ventas del período. Este procedimiento requiere que las ventas al contado sean una parte sin importancia del total de ventas, pues los incobrables, como es obvio, están en función de las ventas a crédito.
3) Determinar el gasto de incobrables como porcentaje de las ventas a crédito.
4) Aplicar un porcentaje al saldo de deudores al final de período. En algunos casos puede conseguirse una mayor precisión aplicando porcentajes diferentes a grupos distintos de cuentas deudoras en función de su antigüedad.

Supongamos que se decide constituir una provisión cuantificada en el 5 % de los clientes al final de cada ejercicio, es decir, 210 $. El cargo correspondiente a la cpyg supondría evidentemente la modificación del beneficio: 840 − 210 = 630 $.

A continuación se presenta, utilizando cuentas en T, la contabilización de hechos contables que se supone tienen lugar en ejercicios sucesivos. (El doble subrayado corresponde a los saldos finales de las cuentas de balance, admitiendo que se sigue provisionando el 5 % de los clientes). Los asientos registrados corresponden a:

(a) A lo largo de 1984 se consideraron definitivamente incobrables clientes por 80 $.
(b) Dotación de 1984 necesaria para alcanzar el 5 % 3.200 $ = 160 $.
(c) Al cierre de 1985, se registra un exceso de la provisión existente de 50 $, que se abonan a la cpyg, ya que la necesaria es solamente de 5 % 2.200 $ = 110 $.

(d) Durante 1986 se consideraron definitivamente incobrables 130 $, superiores en 20 $ a la provisión.

	clientes		(provisión p. insolv.)		CPYG dotación a provisión	
al 31/12/83	4.200			210	210	
		80 (a)	(a) 80			
				30 (b)	(b) 30	
al 31/12/84	3.200			160		
			(c) 50			50 (c)
al 31/12/85	4.200			110		
		130 (d)	(d) 110		(d) 20	
				60 (e)	(e) 60	
al 31/12/86	1.200			60		

El PGC, en la cpyg, en lugar de la "dotación a la provisión para insolvencias" utiliza la cuenta "variación de provisiones y pérdidas de créditos incobrables". El asiento en la cpyg es el mismo. Por ejemplo, en 1984:

incobrables: 80
variación provisión: – 50 (160 – 210)

Y naturalmente, si se deseara que la cpyg mostrara los dos saldos por separado, se abrirían dos cuentas en lugar de la única de dotación a provisiones.

En las ocasiones en que un cliente considerado en su día como definitivamente insolvente pagara posteriormente su deuda, el cargo en tesorería puede, por ejemplo, abonarse a la provisión. Si la cantidad fuera significativa, cabría pensar en la posibilidad de considerarlo como resultados de otros ejercicios, dentro de las actividades extraordinarias registradas en la cpyg.

LAS PROVISIONES Y EL CUADRO DE FINANCIACIÓN

Como Cuadro 1 de este capítulo se reproduce un plan de cuentas análogo al del Cuadro 2 del capítulo XI, repitiendo únicamente las cifras que ahora interesan y ampliándolo con otras cuentas que faciliten los comentarios que siguen:

Provisiones no circulantes: En la medida en que su dotación se cargue a la cpyg del ejercicio disminuye el resultado del ejercicio pero los asientos correspondientes no afectan al capital circulante, y por consiguiente tampoco al cuadro de financiación.

Si la dotación se hace con cargo a reservas, los asientos correspondientes afectan únicamente a cuentas no circulantes, sin modificar por tanto el cuadro de financiación. (Naturalmente, este supuesto exige la existencia de reservas utilizables para este fin: las de libre disposición desde luego y las restringidas dependiendo de los condicionantes a que estén sometidas, como se comentó en el capítulo IX).

Tomemos como ejemplo la constitución al cierre de 1983 de una provisión para pensiones. Se decide dotarla en 150 $: 50 $ con cargo al resultado de 1983, y 100 $ con cargo a reservas utilizables para esta finalidad. Los asientos (20) del Cuadro 1 contabilizan esta decisión que como puede comprobarse, no modifica en nada el cuadro de financiación.

Pero supongamos que se pagan en concepto de pensiones 90 $, con cargo lógicamente a la provisión establecida. El abono correspondiente de 90 $ en caja, sí modifica el capital circulante y por consiguiente el cuadro de financiación, según los asientos (21).

Provisiones circulantes: Hay diferencias de opinión en cuanto a su representación en el cuadro de financiación.

Unos sostienen que, como nacen de una estimación de futuro, al igual que la amortización y las provisiones para gastos a largo, deben tratarse de idéntica manera. Ello llevaría en el Cuadro 1 a abrir nuevas cuentas para provisiones circulantes, al margen de la de capital circulante. En particular, los RPO del Cuadro 1, 1.550 $, no se modificaría, aunque sí, desde luego, el resultado.

Es más frecuente, no obstante, la opinión (con la que coincide el PGC) de considerar que las provisiones circulantes sí afectan el capital circulante (en el que se consideran los activos netos de provisiones) y, en particular, los RPO. (Se razona quizá que una estimación a corto ofrece mayores garantías de acierto que una a largo, y la prudencia contable aconseje tratarlas de manera distinta: en cualquiera de los dos casos, el resultado del ejercicio es el mismo).

Los asientos (22) corresponden en nuestro Cuadro 1 a la contabilización de los 210 $ de provisión para insolvencias de clientes utilizada en el ejercicio de aplicación que hemos empleado anteriormente en este mismo capítulo. Se ha supuesto que se mantienen los 440 $ de dividendos (16).

El aumento de capital circulante es de 1.210 $ en lugar de los 1.510 $ anteriores. La diferencia, 300 $, se debe a la dotación de una provisión circulante de 210 $ y a un pago de 90 $ con cargo a una provisión no circulante. En el análisis individualizado de las cuentas circulantes, ello se refleja en la valoración contable de los clientes: antes, 4.200 $; ahora, netos de provisiones, 4.200 − 210 = 3.990 $. La nueva tesorería, por su parte, disminuirá en 90 $.

Cuadro 1

Cuadro de financiación 1983

(basado en el cuadro 2 del capítulo XI)

Plan de cuentas

Cuentas de inmov. y amort. acumulada

Orígenes ↑	Capital Circulante		↓ Aplicaciones	
	1.500	210	dot. a. prov. circ.	(22)
(a) RPO	1.340			
(1) préstamo a largo	2.000	1.200	comprar maq.	(2)
(14) venta mobiliario	50	450	comprar muebles	(15)
		440	dividendos	(16)
		90	prov. pensiones	(21)
	3.390	2.180		
		1.210	aumento cap. circulante	

CPYG 1983 y su aplicación

(22) dot. a prov. circ.	210	1.550	
		1.340	RPO (a)
(13) dot. a am mob.	640		
(14) res. extraord.	70		
(20) dot. a prov. pens.	50		
(16) a dividendos	440	580	benef. repartible
(17) a reservas	400	0	

préstamo a largo

	2.000 (1)

prov. para pensiones

(21) 90	50 (20)
	100 (20)

capital suscrito

reservas

(20) 100	140 (17)

EL CÁLCULO ARITMÉTICO DE LOS RPO ORDINARIAS

La medida primaria del resultado:

resultado del ejercicio = resultado ordinario + resultado extraordinario

puede desglosarse como sigue, dado que puede haber dotaciones a provisiones no circulantes (que abreviamos en DPNC) que se consideren actividades ordinarias (por ejemplo, las de pensiones).

Rej = Rord (excepto DPNC) + Rextr (excepto DPNC) – DPNC
Rej = RPO – AMORTIZACIÓN + Rextr (excepto DPNC) – DPNC
RPO = Rej + AMORTIZACIÓN + DPNC – Rextr (excepto DPNC)

Esta es la ecuación que, de manera más o menos aproximada, se utiliza para cuantificar, de forma rápida, los RPO a partir de una cuenta de pérdidas y ganancias. Las DPNC pueden ser positivas en el caso de verificarse un exceso de provisión. Y los RPO asumen, como se comentó anteriormente, las eventuales dotaciones a provisiones circulantes.

CAPÍTULO XIV

MODELOS DE PRESENTACIÓN DE LOS ESTADOS CONTABLES

Los estados contables (que, junto con la Memoria), tienen como objetivo expresar "una imagen fiel" de la empresa son presentados en la práctica de distintas formas.

En términos generales, las variaciones en la presentación del *balance* no tienen especial relevancia. Se manifiestan sobre todo en los criterios seguidos en la ordenación de las cuentas de activo y de pasivo: de menor a mayor liquidez, o al contrario; de menor a mayor exigibilidad, o al contrario.

El *cuadro de financiación* suele presentarse en dos columnas de "aplicaciones" y "orígenes" (la escogida por el PGC) o bien en formato vertical, en términos de caja. (Ambas presentaciones pueden repasarse en los dos capítulos precedentes). En cualquier caso, es condición necesaria para que un cuadro de financiación aporte información significativa y suplementaria a la que proporcionan los otros estados contables, que muestre los recursos procedentes de las operaciones ordinarias. Los FGO pueden, desde luego, ser negativos, en cuyo caso supondrían una aplicación de fondos. Aunque frecuentemente no se explicita, se entiende que FGO son los generados por las operaciones "ordinarias", excluyendo las "no ordinarias": ampliaciones de capital, recursos de terceros a largo, inversiones y desinversiones en inmovilizado.

Revisten mayor importancia las diferencias que se observan en la práctica entre distintas presentaciones de la *cuenta de pérdidas y ganancias.*

Para comentar estas diferencias de presentación nos es suficiente pensar en una empresa que solamente desarrolle operaciones ordinarias, y cuyas actividades se agrupan en comerciales, administrativas, y, en su caso, la producción.

Supongamos en primer lugar que se trata de una empresa comercial. El *formato vertical* de la presentación (V) puede convertirse en el *formato horizontal* de la presentación (H), haciendo uso de la ecuación:

coste m. vendidas = existencias iniciales + compras − existencias finales y utilizando el esquema de una cuenta en T.

(V)		(H)	
	ventas		ventas
menos:	coste m. vendidas	ex. iniciales	ex. finales
menos:	gastos administración	compras	
menos:	gastos comerciales	g. administración	
		g. comerciales	
	resultado	*resultado*	

Si se trata de una empresa industrial, varía la ecuación que hemos utilizado anteriormente: aparecen los costes de transformación (o de producto, o de producción), de las primeras materias en productos terminados. Costes que se contabilizan en las diferentes cuentas de existencias, y que afectan a la cuenta de resultados a través de la ecuación:

existencias iniciales + compras + costes de producción −
− existencias finales

Esta ecuación no es sino una forma de medir el coste de producción de las mercancías vendidas. Las existencias incluyen las de primeras materias, productos en curso y terminados. Con ello, la presentación (H) pasa a ser (H_1) :

(H_1)

	ventas
ex. iniciales	ex. finales
compras	
costes producción	
gastos administración	
gastos comerciales	

El paso siguiente es clasificar los costes y gastos: en lugar de *por funciones* (producción, administración, comercial), *por naturaleza* (personal, servicios exteriores, amortizaciones, financieros....). Esta reclasificación lleva a una presentación en la línea que se indica en (H_2) (en la que suele agruparse las dos cifras de existencias iniciales y finales en una única que refleja su aumento o disminución):

H_2

ex. iniciales compras gastos de personal servicios exteriores dotaciones amortizaciones gastos financieros	ventas ex. finales

La diferencia entre ambas presentaciones no reside tanto en el formato (vertical u horizontal), como en la clasificación de costes y gastos: por funciones o por naturaleza.

El formato horizontal y la clasificación por naturaleza es el modelo elegido por el PGC. El formato vertical y la clasificación por funciones es el preferido por la contabilidad anglosajona. (El resultado medido en los dos modelos es, desde luego, el mismo).

* * *

A continuación, planteamos el siguiente ejercicio de contabilización siguiendo ambos modelos, centrándonos en la partida de sueldos y salarios.

La nómina total de personal de una cierta empresa industrial ascendió a 1.000 M (que supondremos pagados). De ellos, 400 M correspondían a personal administrativo y comercial, y 600 M a personal de fabricación. De estos 600 M, 100 M fueron empleados en la fabricación de maquinaria para la propia empresa, y 500 M en existencias de productos en curso y terminados. A continuación se indican los esquemas de contabilización correspondientes al modelo V/F (formato vertical, clasificación por funciones) y al modelo H/N (formato horizontal, clasificación por naturaleza). Se supone que la componente de sueldos en las existencias iniciales era 650 M y en las finales 700 M; resumiendo, el ejercicio registró un aumento de sueldos en existencias de 50 M.

	Balances		*Resultado*	
	disponible	−1.000	ventas	
Modelo	existencias	+50		
V/F	inmovilizaciones en curso	+100	coste de producción de las ventas	−450
			g. administrativos y comerciales	−400

Modelo H/N

disponible

	1.000 (1)

existencias (sueldos)

s. inicial 650	
(2) 500	450 (2)
s. final 700	

inmovilizado en curso (sueldos)

(3) 100	

	ventas
	aumento existencias 50 (2)
(1) gastos de personal 1.000	trabajos efectuados por la empresa para su inmovilizado 100 (3)

El modelo V/F presenta directamente los costes incurridos clasificados por funciones. Una clasificación de segundo orden nos permitiría conocer la naturaleza de los costes de cada función:

	Ventas	
menos:	costes de producción de las ventas	
	sueldos y salarios	–450
menos:	gastos de administración y comerciales	
	sueldos	–400

El modelo H/N presenta directamente los costes y gastos clasificados por naturaleza. Una clasificación de segundo orden mostraría las diferentes funciones desarrolladas. En nuestro ejemplo:

cpyg

Sueldos y salarios (total)			1.000	
administrativos y comerciales		400		
en propio inmovilizado		100 (*)		
en productos fabricados		500		
y vendidos	450			
y almacenados	50 (*)			

Como las actividades (*) no afectan al resultado, debe procederse a algún tipo de ajustes: lo más frecuente es indicarlos tal como se mostró en el esquema precedente, recurriendo a presentar en la cuenta de pérdidas y ganancias, las cuentas de existencias iniciales y finales (o solamente su variación), y la cuenta de trabajos efectuados por la empresa para su inmovilizado (está siempre en el haber).

(Si en las cuentas de resultados se conoce únicamente las clasificaciones de primer grado, que es la situación habitual de un observador externo, no es posible convertir un tipo de cuenta en otro. Por ejemplo, nos faltaría conocer los sueldos de producción, que aparecen englobados en la cuenta del coste de las mercancías vendidas; en un caso; y en el otro caso, en la cuenta de sueldos totales).

CAPÍTULO XV

LOS ESTADOS CONTABLES Y LA MEMORIA EN EL PGC

LOS ESTADOS CONTABLES

En las páginas siguientes se reproducen los modelos de Balance, de Cuenta de Pérdidas y Ganancias y de Cuadro de Financiación del PGC, que forman una unidad con la Memoria. (De hecho, el Cuadro de Financiación es una parte de la Memoria).

El objetivo de lograr una imagen fiel ("a true and fair view", en inglés) del patrimonio, de la situación financiera y de los resultados de la empresa trata de conseguirse no solamente con los Estados Contables en sentido estricto, sino con éstos unidos a la Memoria. Y el conjunto de esta información contable debe ser, en palabras del propio PGC, comprensible, relevante, fiable, comparable y oportuna.

El hecho de la obligatoriedad de presentar las Cuentas Anuales según los modelos del PGC (eventualmente en su forma abreviada), no excluye que "además" se presenten en otros modelos, que la empresa estime son más expresivas dadas sus circunstancias. Esto puede suceder especialmente en el caso de la Cuenta de Pérdidas y Ganancias. (El propio PGC presenta un posible modelo adicional que denomina "analítica").

El plan de cuentas se clasifica en siete grupos:

Grupo 1. Financiación básica.
Grupo 2. Inmovilizado.
Grupo 3. Existencias.
Grupo 4. Acreedores y deudores por operaciones de tráfico.
Grupo 5. Cuentas financieras.
Grupo 6. Compras y gastos.
Grupo 7. Ventas e ingresos.

II. MODELOS DE CUENTAS ANUALES

BALANCE

EJERCICIO ......

N.º CUENTAS	ACTIVO	EJER. N	EJER. N-1
190, 191, 192 193, 194, 195, 196	**A) Accionistas (socios) por desembolsos no exigidos**		
	B) Inmovilizado		
20	I. Gastos de establecimiento		
	II. Inmovilizaciones inmateriales		
210	1. Gastos de investigación y desarrollo		
211, 212	2. Concesiones, patentes, licencias, marcas y similares		
213	3. Fondo de comercio		
214	4. Derechos de traspaso		
215	5. Aplicaciones informáticas		
219	6. Anticipos		
(291)	7. Provisiones		
(281)	8. Amortizaciones		
	III. Inmovilizaciones materiales		
220, 221	1. Terrenos y construcciones		
222, 223	2. Instalaciones técnicas y maquinaria		
224, 225, 226	3. Otras instalaciones, utillaje y mobiliario		
23	4. Anticipos e inmovilizaciones materiales en curso		
227, 228, 229	5. Otro inmovilizado		
(292)	6. Provisiones		
(282)	7. Amortizaciones		
	IV. Inmovilizaciones financieras		
240	1. Participaciones en empresas del grupo		
242, 244, 246	2. Créditos a empresas del grupo		
241	3. Participaciones en empresas asociadas		
243, 245, 247	4. Créditos a empresas asociadas		
250, 251, 256	5. Cartera de valores a largo plazo		
252, 253, 254, 257, 258	6. Otros créditos		
260, 265	7. Depósitos y fianzas constituidos a largo plazo		
(293), (294), (295), (296) (297), (298)	8. Provisiones		
198	V. Acciones propias		
27	**C) Gastos a distribuir en varios ejercicios**		
	D) Activo circulante		
558	I. Accionistas por desembolsos exigidos		
	II. Existencias		
30	1. Comerciales		
31, 32	2. Materias Primas y otros aprovisionamientos		
33, 34	3. Productos en curso y semiterminados		
35	4. Productos terminados		
36	5. Subproductos, residuos y materiales recuperados		
407	6. Anticipos		
(39)	7. Provisiones		
	III. Deudores		
430, 431, 435, (436)	1. Clientes por ventas y prestaciones de servicios		
432, 551	2. Empresas del grupo, deudores		
433, 552	3. Empresas asociadas, deudores		
44, 553	4. Deudores varios		
460, 544	5. Personal		
470, 471, 472, 474	6. Administraciones Públicas		
(490), (493), (494)	7. Provisiones		
	IV. Inversiones financieras temporales		
530, (538)	1. Participaciones en empresas del grupo		
532, 534, 536	2. Créditos a empresas del grupo		
531, (539)	3. Participaciones en empresas asociadas		
533, 535, 537	4. Créditos a empresas asociadas		
540, 541, 546, (549)	5. Cartera de valores a corto plazo		
542, 543, 545, 547, 548	6. Otros créditos		
565, 566	7. Depósitos y fianzas constituidos a corto plazo		
(593), (594), (595), (596) (597), (598)	8. Provisiones		
—	V. Acciones propias a corto plazo		
57	VI. Tesorería		
480, 580	VII. Ajustes por periodificación		
	TOTAL GENERAL (A + B + C + D)		

N.º CUENTAS	PASIVO	EJER. N	EJER. N-1
	A) Fondos propios		
10	I. Capital suscrito		
110	II. Prima de emisión		
111	III. Reserva de revalorización		
	IV. Reservas		
112	1. Reserva legal		
115	2. Reservas para acciones propias		
114	3. Reservas para acciones de la sociedad dominante		
116	4. Reservas estatutarias		
113, 117, 118	5. Otras reservas		
	V. Resultados de ejercicios anteriores		
120	1. Remanente		
(121)	2. Resultados negativos de ejercicios anteriores		
122	3. Aportaciones de socios para compensación de pérdidas		
129	VI. Pérdidas y ganancias (Beneficio o pérdida)		
(557)	VII. Dividendo a cuenta entregado en el ejercicio		
	B) Ingresos a distribuir en varios ejercicios		
130, 131	1. Subvenciones de capital		
136	2. Diferencias positivas de cambio		
135	3. Otros ingresos a distribuir en varios ejercicios		
	C) Provisiones para riesgos y gastos		
140	1. Provisiones para pensiones y obligaciones similares		
141	2. Provisiones para impuestos		
142, 143	3. Otras provisiones		
144	4. Fondo de reversión		
	D) Acreedores a largo plazo		
	I. Emisiones de obligaciones y otros valores negociables		
150	1. Obligaciones no convertibles		
151	2. Obligaciones convertibles		
155	3. Otras deudas representadas en valores negociables		
170	II. Deudas con entidades de crédito		
	III. Deudas con empresas del grupo y asociadas		
160, 162, 164	1. Deudas con empresas del grupo		
161, 163, 165	IV. Otros acreedores		
174	1. Deudas representadas por efectos a pagar		
171, 172, 173	2. Otras deudas		
180, 185	3. Fianzas y depósitos recibidos a largo plazo		
	V. Desembolsos pendientes sobre acciones no exigidos		
248	1. De empresas del grupo		
249	2. De empresas asociadas		
259	3. De otras empresas		
	E) Acreedores a corto plazo		
	I. Emisiones de obligaciones y otros valores negociables		
500	1. Obligaciones no convertibles		
501	2. Obligaciones convertibles		
505	3. Otras deudas representadas en valores negociables		
506	4. Intereses de obligaciones y otros valores		
	II. Deudas con entidades de crédito		
520	1. Préstamos y otras deudas		
526	2. Deuda por intereses		
	III. Deudas con empresas del grupo y asociadas a corto plazo		
402, 510, 512, 514, 516 551	1. Deudas con empresas del grupo		
403, 511, 513, 515, 517 552	2. Deudas con empresas asociadas		
	IV. Acreedores comerciales		
437	1. Anticipos recibidos por pedidos		
400, (406), 410, 419	2. Deudas por compras o prestaciones de servicios		
401, 411	3. Deudas representadas por efectos a pagar		
	V. Otras deudas no comerciales		
475, 476, 477, 479	1. Administraciones Públicas		
524	2. Deudas representadas por efectos a pagar		
509, 521, 523, 525, 527 553, 555, 556	3. Otras deudas		
465	4. Remuneraciones pendientes de pago		
560, 561	5. Fianzas y depósitos recibidos a corto plazo		
499	VI. Provisiones para operaciones de tráfico		
485, 585	VII. Ajustes por periodificación		
	TOTAL GENERAL (A+B+C+D+E)		

CUENTA DE PERDIDAS Y GANANCIAS

EJERCICIO . . . . . .

N.º CUENTAS	DEBE	EJER. N	EJER. N-1	N.º CUENTAS	HABER	EJER. N	EJER. N-1
	A) GASTOS				B) INGRESOS		
71	1. Reducción de existencias de productos terminados y en curso de fabricación				1. Importe neto de la cifra de negocios		
	2. Aprovisionamientos:			700, 701, 702, 703, 704	*a*) Ventas		
600, (6080), (6000), 610*	*a*) Consumo de mercaderías			705	*b*) Prestaciones de servicios		
				(708), (709)	*c*) Devoluciones y «rappels» sobre ventas		
601, 602, (6081), (6082), (6091), (6092), 611*, 612*	*b*) Consumo de materias primas y otras materias consumibles			71	2. Aumento de existencias de productos terminados y en curso de fabricación		
607	*c*) Otros gastos externos			73	3. Trabajos efectuados por la empresa para el inmovilizado		
	3. Gastos de personal				4. Otros ingresos de explotación		
640, 641	*a*) Sueldos, salarios y asimilados			75	*a*) Ingresos accesorios y otros de gestión corriente		
642, 643, 649	*b*) Cargas sociales			74	*b*) Subvenciones		
68	4. Dotaciones para amortizaciones de inmovilizado			790	*c*) Exceso de provisiones de riesgos y gastos		
	5. Variación de las provisiones de tráfico						
693, (793)	*a*) Variación de provisiones de existencias						
650, 694, (794)	*b*) Variación de provisiones y pérdidas de créditos incobrables						
695, (795)	*c*) Variación de otras provisiones de tráfico						
	6. Otros gastos de explotación						
62	*a*) Servicios exteriores						
631, 634, (636), (639)	*b*) Tributos						
651, 659	*c*) Otros gastos de gestión corriente						
690	*d*) Dotación al fondo de reversión						
	I. BENEFICIOS DE EXPLOTACION (B1 + B2 + B3 + B4-A1-A2-A3-A4-A5-A6)				**I. PERDIDAS DE EXPLOTACION (A1 + A2 + A3 + A4 + A5 + A6-B1-B2-B3-B4)**		

* Con signo positivo o negativo según su saldo.

N.º CUENTAS	DEBE	EJER. N	EJER. N-1	N.º CUENTAS	HABER	EJER. N	EJER. N-1
	7. Gastos financieros y gastos asimilados				5. Ingresos de participaciones en capital		
6610, 6615, 6620, 6630, 6640, 6650	*a*) Por deudas con empresas del grupo			7600	*a*) En empresas del grupo		
6611, 6616, 6621, 6631, 6641, 6651	*b*) Por deudas con empresas asociadas			7601	*b*) En empresas asociadas		
6613, 6618, 6622, 6623, 6632, 6633, 6643, 6653, 669	*c*) Por deuda con terceros y gastos asimilados			7603	*c*) En empresas fuera del grupo		
					6. Ingresos de otros valores negociables y de créditos del activo inmovilizado		
666, 667	*d*) Pérdidas de inversiones financieras			7610, 7620	*a*) De empresas del grupo		
6963, 6965, 6966, 697, 698, 699, (7963), (7965), (7966), (797), (798), (799)	8. Variación de las provisiones de inversiones financieras			7611, 7621	*b*) De empresas asociadas		
				7613, 7623	*c*) De empresas fuera del grupo		
					7. Otros intereses e ingresos asimilados		
				7630, 7650	*a*) De empresas del grupo		
				7631, 7651	*b*) De empresas asociadas		
				7633, 7653, 769	*c*) Otros intereses		
				766	*d*) Beneficios en inversiones financieras		
668	9. Diferencias negativas de cambio			768	8. Diferencias positivas de cambio		
	II. RESULTADOS FINANCIEROS POSITIVOS (B5 + B6 + B7 + B8-A7-A8-A9)				**II. RESULTADOS FINANCIEROS NEGATIVOS (A7 + A8 + A9-B5-B6-B7-B8)**		
	III. BENEFICIOS DE LAS ACTIVIDADES ORDINARIAS (AI + AII-BI-BII)				**III. PERDIDAS DE LAS ACTIVIDADES ORDINARIAS (BI + BII-AI-AII)**		
691, 692, 6960, 6961, (791), (792), (7960), (7961)	10. Variación de las provisiones de inmovilizado inmaterial, material y cartera de control			770, 771, 772, 773	9. Beneficios en enajenación de inmovilizado inmaterial, material y cartera de control		
				774	10. Beneficios por operaciones con acciones y obligaciones propias		
670, 671, 672, 673	11. Pérdidas procedentes del inmovilizado inmaterial, material y cartera de control			775	11. Subvenciones de capital transferidas al resultado del ejercicio		
674	12. Pérdidas por operaciones con acciones y obligaciones propias			778	12. Ingresos extraordinarios		
678	13. Gastos extraordinarios			779	13. Ingresos y beneficios de otros ejercicios		
679	14. Gastos y pérdidas de otros ejercicios						
	IV. RESULTADOS EXTRAORDINARIOS POSITIVOS (B9 + B10 + B11 + B12 + B13-A10-A11-A12-A13-A14)				**IV. RESULTADOS EXTRAORDINARIOS NEGATIVOS (A10 + A11 + A12 + A13 + A14-B9-B10-B11-B12-B13)**		
	V. BENEFICIOS ANTES DE IMPUESTOS (AIII + AIV-BIII-BIV)				**V. PERDIDAS ANTES DE IMPUESTOS (BIII + BIV-AIII-AIV)**		
630*, 633, (638)	15. Impuesto sobre Sociedades						
—	16. Otros impuestos						
	VI. RESULTADO DEL EJERCICIO (BENEFICIOS) (AV-A15-A16)				**VI. RESULTADO DEL EJERCICIO (PERDIDAS) (BV + A15 + A16)**		

* Esta cuenta puede tener saldo acreedor y, por tanto, la partida A15 puede tener signo negativo.

La cuenta de pérdidas y ganancias se establece según el siguiente esquema:

\+ ingresos de explotación
− gastos de explotación

resultado de explotación
± resultados financieros

resultado ordinario
± resultados extraordinarios

resultado antes de impuestos
± impuesto sobre sociedades

resultado del ejercicio

Y el del balance (antes de la aplicación del resultado) es el siguiente:

(1) accionistas por desembolsos no exigidos (*)
(2) activo inmovilizado
(2) gastos a distribuir en varios ejercicios
activo circulante

total activo

(1) fondos propios
(1) ingresos a distribuir en varios ejercicios
(1) provisiones para riesgos y gastos
(1) acreedores a largo plazo
acreedores a corto plazo

total pasivo

(1) constituyen el grupo 1: financiación básica
(2) constituyen el grupo 2: inmovilizado

Como se observa en los modelos, se pide información sobre las relaciones con eventuales sociedades vinculadas: filiales (grupo) y asociadas.

(*) Hubiera sido probablemente preferible considerarlo como disminución de los fondos propios.

CUADRO DE FINANCIACIÓN EJERCICIO ......

APLICACIONES	Ejerc. N	Ejerc. N-1
1. Recursos aplicados en las operaciones		
2. Gastos de establecimiento y formalización de deudas		
3. Adquisiciones de inmovilizado		
a) Inmovilizaciones inmateriales		
b) Inmovilizaciones materiales		
c) Inmovilizaciones financieras		
c1) Empresas del grupo		
c2) Empresas asociadas		
c3) Otras inversiones financieras		
4. Adquisición de acciones propias		
5. Reducciones de capital		
6. Dividendos		
7. Cancelación o traspaso a corto plazo de deuda a largo plazo		
a) Empréstitos y otros pasivos análogos		
b) De empresas del grupo		
c) De empresas asociadas		
d) De otras deudas		
e) De proveedores de inmovilizado y otros		
8. Provisiones para riesgos y gastos		
TOTAL APLICACIONES		
EXCESO DE ORÍGENES SOBRE APLICACIONES (AUMENTO DE CAPITAL CIRCULANTE)		

ORÍGENES	Ejerc. N	Ejerc. N-1
1. Recursos procedentes de las operaciones		
2. Aportaciones de accionistas		
a) Ampliaciones de capital		
b) Compensación para pérdidas		
3. Subvenciones de capital		
4. Deudas a largo plazo		
a) Empréstitos y otros pasivos análogos		
b) De empresas del grupo		
c) De empresas asociadas		
d) De otras empresas		
e) De proveedores de inmovilizado y otros		
5. Enajenación de inmovilizado		
a) Inmovilizaciones inmateriales		
b) Inmovilizaciones materiales		
c) Inmovilizaciones financieras		
c1) Empresas del grupo		
c2) Empresas asociadas		
c3) Otras inversiones financieras		
6. Enajenación de acciones propias		
7. Cancelación anticipada o traspaso a corto plazo de inmovilizaciones financieras		
a) Empresas del grupo		
b) Empresas asociadas		
c) Otras inversiones financieras		
TOTAL ORÍGENES		
EXCESO DE APLICACIONES SOBRE ORÍGENES (DISMINUCIÓN DEL CAPITAL CIRCULANTE)		

VARIACIÓN DEL CAPITAL CIRCULANTE	EJERCICIO N		EJERCICIO N-1	
	Aumentos	Disminuciones	Aumentos	Disminuciones
1. Accionistas por desembolsos exigidos				
2. Existencias				
3. Deudores				
4. Acreedores				
5. Inversiones financieras temporales				
6. Acciones propias				
7. Tesorería				
8. Ajustes por periodificación				
TOTAL				
VARIACIÓN DEL CAPITAL CIRCULANTE				

LA ELABORACIÓN DEL CUADRO DE FINANCIACIÓN

Partimos, en primer lugar, de la definición de fondos como las operaciones que implican variación en el capital circulante (o fondo de maniobra). Consideramos activos y pasivos no circulantes los que no forman parte del capital circulante; y designaremos las palabras variación y provisión por las abreviaturas var. y prov. La elaboración del cuadro de financiación puede considerarse a partir de la medida de los recursos procedentes o aplicados en las operaciones ordinarias (abreviadamente, FGO) en la cuenta de pérdidas y ganancias, como muestra el esquema 1, que comentamos seguidamente.

Las dotaciones a provisiones de circulantes (o de tráfico) se consideran como un consumo de fondos, disminuyendo por tanto los FGO, lo que parece razonable, ya que, al tratarse del corto plazo, las estimaciones correspondientes ofrecen mayor fiabilidad. Ello implica que, en el cuadro de financiación, se presenten las cuentas de circulantes netas de provisiones. Si suponemos, por ejemplo, que (a) representa un aumento en la provisión por depreciación de existencias, el neto de esta cuenta disminuirá, así como el resultado, en esa cantidad; y si, por el contrario, (b) supone una disminución, resultado y existencias netas aumentarán.

ESQUEMA 1
(ELABORACIÓN DEL CUADRO DE FINANCIACIÓN)

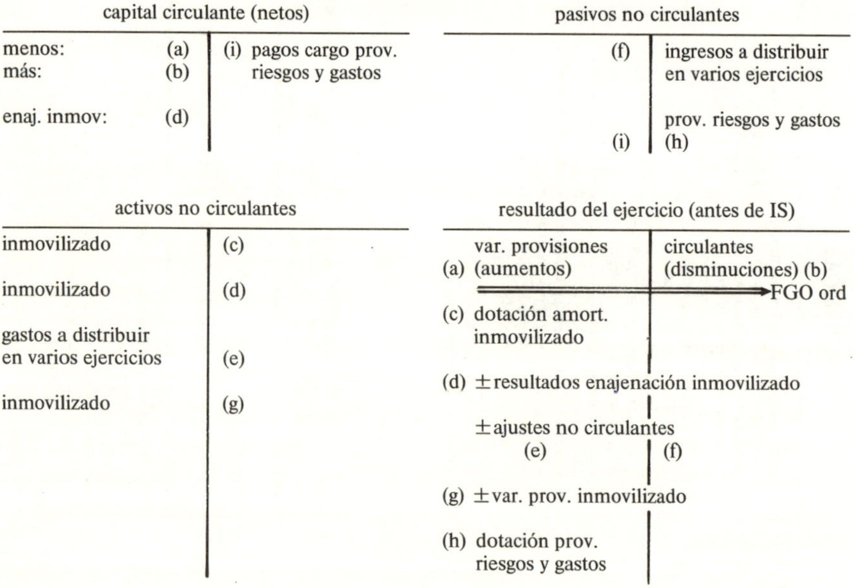

Los asientos que figuran por debajo de la flecha que simboliza los FGO se consideran como meros asientos contables, que no los modifican. (O bien, contemplando la cuenta de pérdidas y ganancias de abajo arriba, deben sumarse o restarse al resultado del ejercicio para medir aritméticamente los FGO). No los modifican porque, por sí mismos, no alteran el capital circulante, como recordamos a continuación.

(c) Las dotaciones a la amortización acumulada del inmovilizado se limitan a disminuir el neto de éste.

(d) Los beneficios o pérdidas extraordinarias consecuencia de enajenación de inmovilizados, no son sino la diferencia entre su valor contable y su valor de venta, siendo este último el único que modifica el capital circulante como indica el esquema 1.

(e) Los ajustes de gastos a distribuir en varios ejercicios (la amortización de gastos de formalización de deudas activados, por ejemplo), disminuyen el resultado, pero no afectan al capital circulante.

(f) Igual sucede con los ajustes de ingresos a distribuir en varios ejercicios (subvenciones de capital, por ejemplo), aunque aumenten el resultado.

(g) Las variaciones en las provisiones para depreciaciones de inmovilizados, afectan a éstos y al resultado, pero no al capital circulante.

(h) Las dotaciones a provisiones para riesgos y gastos se mueven entre la cuenta de resultados y los pasivos no circulantes. En cambio, sí suponen una modificación de circulante los pagos que se hagan (es decir, una aplicación) con cargo a esas provisiones (para pensiones, por ejemplo), como indica la operación (i).

El esquema 1 presenta el resultado antes del IS. Como los modelos del PGC se muestran después de dicho IS, debe introducirse en ese esquema la corrección debida. Dado que el PGC trabaja con resultados contables y no fiscales, los FGO hasta ahora considerados deben corregirse en la parte del IS que supone flujo de fondos, es decir, en la cuota efectiva. Es decir, FGO (medido según el esquema 1) menos cuota efectiva=FGO (cifra a mostrar en el cuadro de financiación).

Volviendo al modelo de cuadro de financiación del PGC, comentamos algunas de sus restantes partidas, que no aparecieron en el esquema 1 por no afectar al resultado del ejercicio.

Las ampliaciones de capital constituyen origen de fondos únicamente cuando hayan supuesto desembolso, o éste se haya exigido; o cuando se trate de aportaciones no dinerarias.

Los orígenes correspondientes a la enajenación de inmovilizados y de acciones propias son los correspondientes a los precios de venta: ver esquema 1, operación (d).

Las reducciones de capital constituyen aplicación cuando se realizan por amortización de acciones, y no, por ejemplo, por compensación de pérdidas.

Las provisiones para riesgos y gastos son aplicación de acuerdo con lo comentado en la operación (i) del esquema 1.

Las ampliaciones de capital realizadas mediante conversión de deudas a largo plazo figurarán simultáneamente como origen y como aplicación de fondos.

Las revalorizaciones realizadas al amparo de una ley no serán consideradas ni como origen ni como aplicación.

La Memoria

La Memoria completa, amplía y comenta la información contenida en el Balance y en la Cuenta de Pérdidas y Ganancias.

Gran parte de su contenido consiste en explicaciones más detalladas de la información que se encuentra en cuentas que figuran en los estados financieros reproducidos en las páginas precedentes, y en el desglose que de aquéllas se presenta en el llamado Cuadro de Cuentas (Plan de Cuentas). La información suplementaria exigida se refiere tanto a los saldos de cierre del ejercicio de dichas cuentas, como a los movimientos (más o menos detallados, según la importancia de la correspondiente cuenta) que explican el paso de su saldo inicial a su saldo final. Asimismo se indicarán los criterios contables aplicados en las diferentes partidas. En cualquier caso, dicho Cuadro de Cuentas es de aplicación facultativa, a diferencia de los Modelos de los Estados Contables, que son obligatorios.

A continuación, señalamos algunos de los puntos que no corresponden estrictamente a los que se han resumido en el párrafo anterior.

Dado que el objetivo prioritario de la información contable es presentar "una imagen fiel", resulta improcedente la aplicación de cualquier principio contable que eventualmente impida conseguirlo. Si fuera éste el caso, deben explicarse las razones (lógicamente excepcionales) que han motivado esta decisión, así como sus consecuencias en el patrimonio, la situación financiera y los resultados.

Información sobre número de acciones y su valor nominal, distinguiendo las clases de acciones y sus correspondientes derechos.

En su caso, la parte de capital que es poseída por otra sociedad, directa o indirectamente, si es igual o superior al 10%.

Información sobre los derechos incorporados a obligaciones convertibles y títulos similares.

Información sobre los créditos que venzan en cada uno de los cinco años siguientes, y en el resto hasta su cancelación; distinguiendo por empresas del grupo, asociadas y otros.

Información sobre las empresas del grupo y las asociadas. Entre otros datos, incluye: fracción del capital que se posee, directa o indirectamente; capital, reservas, resultado ordinario y extraordinario del último ejercicio; dividendos recibidos. (Esta información puede omitirse, justificándolo, si supusiera perjuicios graves).

Información sobre el número medio de personas empleadas en el ejercicio, distribuido por categorías.

Información sobre el importe de sueldos, dietas, anticipos, créditos y remuneraciones de cualquier clase devengadas en el ejercicio por los miembros del órgano de administración. Esta información puede darse globalmente, clasificada por conceptos.

Información sobre las garantías y sus características comprometidas con terceros, incluidas o no en balance. Y sobre las contingencias en general y su sistema de evaluación: de no poderse realizar ésta, deben explicarse las razones, tratando de aproximar los riesgos máximos y mínimos.

Información sobre la cifra de negocios correspondiente a las operaciones ordinarias de la sociedad, por actividades y por mercados geográficos. (Si se estima que esta información puede acarrear graves perjuicios a la empresa, debe justificarse su omisión).

Información sobre sucesos posteriores al cierre del ejercicio, afecten o no a las cuentas anuales en dicha fecha, cuyo conocimiento sea útil al usuario de los estados contables.

Información sobre la situación fiscal.

ALGUNOS EJERCICIOS Y COMENTARIOS

Terminamos este capítulo con algunos comentarios y ejercicios sobre las cuentas del PGC que no han aparecido a lo largo del texto precedente (que pueden identificarse en los modelos reproducidos) y que nos parecen significativas.

* * *

Los *anticipos a proveedores* en general realizados para la adquisición de inmovilizados o existencias se contabilizan dentro del bloque de cuentas correspondiente, incorporándose a los activos de referencia a la recepción de éstos.

Paralelamente, los *anticipos recibidos por pedidos* de clientes se contabilizan entre los acreedores a corto (comerciales), transfiriéndose a ingresos de la cpyg cuando se sirve el producto correspondiente. Ejemplo: un cliente anticipa el precio de un artículo, 9 M, que se sirvió posteriormente, siendo su coste de producción de 6 M. Los asientos correspondientes, en momentos sucesivos, serían:

tesorería:	+ 9 (1)	anticipos de clientes:	+ 9 (1) – 9 (2)
existencias:	– 6 (2)	ventas:	+ 9 (2)
		coste de ventas:	– 6 (2)

* * *

Los *ajustes por periodificación* incluyen los gastos pagados por anticipado (activo) y los ingresos cobrados por anticipado (pasivo) que no hayan encontrado acomodo en otras cuentas (como sucedía en el párrafo precedente, por ejemplo). El PGC menciona explícitamente los intereses (excepto, lógicamente, en el caso de instituciones financieras). Generalmente, son pagos o cobros anticipados cuyo devengo como gastos o ingresos tiene lugar a corto plazo. Su contabilización es equivalente a la de los anticipos de clientes del párrafo precedente.

* * *

La *autocartera* se contabiliza por el precio de compra de las acciones propias. En determinadas condiciones de cuantía y permanencia, se exige la creación de una reserva indisponible, de cuantía igual al precio activado, y que deja de exigirse si desaparece la autocartera.

Si la autocartera se vende, la diferencia entre los precios de compra y de venta se contabiliza en resultados extraordinarios.

Si se utiliza para amortizar (reducir) capital (mediante, en definitiva, la disminución del número de acciones), la diferencia, positiva o negativa, entre el precio de adquisición y el nominal de las acciones se carga o abona, respectivamente, a cuentas de reservas. (Recuérdese que el capital suscrito debe ser siempre igual al número de acciones por su nominal). Ejemplo: una empresa compra un millón de acciones propias de 500 ptas. de valor nominal, pagando por ellas 600 M. Posteriormente amortiza (inutiliza) dichas acciones. Los asientos sucesivos serían:

tesorería:	– 600 (1)	capital suscrito:	– 500 (2)
autocartera:	+ 600 (1) – 600 (2)	reservas:	– 100 (2)

* * *

El PGC sitúa entre los Fondos Propios y las Provisiones para riesgos y gastos la cuenta *Ingresos a distribuir en varios ejercicios.* (Su paralela en el activo, *Gastos a distribuir en varios ejercicios*, entre el inmovilizado y el circulante, se comentó en el capítulo IX).

Un ejemplo de esta cuenta son las *Subvenciones de capital.* Son las recibidas para el establecimiento o inversiones en inmovilizado de la empresa, no reintegrables. (Las recibidas como apoyo a la explotación se contabilizan directamente en la cpyg).

Su transferencia contable a la cpyg se realiza en función de la amortización de los inmovilizados en cuya financiación han participado. Ejemplo: una empresa recibe el 1 de enero una subvención de 100 M para la adquisición de un inmovilizado cuya vida útil se estimó en 5 años. Los asientos contables sucesivos al 1 de enero y al 31 de diciembre siguiente serían:

inmovilizado:	+ 100 (1)	subvenciones de capital:	+ 100 (1) – 20 (3)
menos: amort. ac:	– 20 (2)	dotación a amort (cpyg):	– 20 (2)
		subv transferida a cpyg:	+ 20 (3)

El resultado del ejercicio, por tanto, no se modificaría, aunque sí su reparto entre ordinario y extraordinario, puesto que las subvenciones transferidas a la cpyg se contabiliza en este último. Si el inmovilizado no fuera sujeto de amortización, no se realizaría ningún asiento, hasta que, eventualmente, se procediera a su enajenación.

* * *

Bajo el mismo epígrafe Ingresos a distribuir en varios ejercicios aparece la cuenta *Diferencias positivas de cambio* que comentamos algo más ampliamente utilizando un ejemplo.

Una empresa concierta un préstamo de un millón de dólares, el 1 de enero del año 1, en cuya fecha el cambio era de 110 ptas. por dólar, y que ha de devolverse en su totalidad el 31.XII del año 2. (Para los propósitos de nuestro ejemplo, prescindimos de intereses). Se pide contabilizar el préstamo al cierre del 31.XII del año 1.

Ningún problema existe si el tipo de cambio se mantiene a 110, o si se hubiera concertado un seguro de cambio. Pero sí lo hay si el cambio ha variado (como los hay siempre que varían los precios de los factores con los que trabaja la empresa, sean éstos las existencias, por ejemplo, en cuyo caso hay que elegir entre FIFO, LIFO, promedio; o, en nuestro caso, el dólar).

Tampoco habría problema si cerráramos el ejercicio contable cada dos años, pues conoceríamos ya el resultado de nuestra operación. (Este no es sino un caso más que se plantea en la contabilización de operaciones no terminadas al cierre del ejercicio: por ejemplo, ¿nos pagarán todos los clientes pendientes?, ¿provisionamos?; ¿cuánto?).

Supongamos que el 31.XII del año 1 el dólar se cotiza a 105 ptas. Nuestra deuda en ptas. habrá disminuido: 110–5 = 105 M. Pero el principio de prudencia contable lleva al PGC a no anticipar el beneficio de 5 M. Los mantiene en una cuenta de pasivo, denominada "diferencias positivas de cambio" dentro del apartado "ingresos a distribuir en varios ejercicios", hasta que finalice la operación al devolver el préstamo.

Supongamos, por el contrario, que la cotización del dólar ha aumentado a 120 ptas. Nuestra deuda en ptas. también habrá aumentado: 110 + 10 = 120 M. En este caso, la misma prudencia contable lleva al PGC a registrar los 10 M como pérdida, aunque ésta lo sea sólo en potencia, pues el resultado final no se conocerá hasta la devolución del préstamo. Y lo hace contabilizando los 10 M en una cuenta de gastos financieros, denominada "diferencias negativas de cambio".

Para los cálculos anteriores, se agruparán aquellas monedas que sean convertibles en España, y que tengan un comportamiento similar en el mercado. Y las diferencias positivas no realizadas pueden llevarse a resultados para aminorar (y, como máximo, anular) las diferencias de cambio negativas, en el marco del mismo grupo homogéneo de monedas.

Si se trata de financiaciones "específicas" de un determinado inmovilizado, y mientras éste no haya entrado en funcionamiento, las diferencias anteriores pueden incorporarse como mayor o menor coste del activo de referencia, si el plazo de financiación y el período de instalación son ambos superiores a un año.

Finalmente, si se trata de moneda extranjera disponible en tesorería, se aplica el tipo de cambio vigente en el momento de cierre, y las eventuales diferencias, tanto positivas como negativas, se llevan a resultados del ejercicio, como ingresos o gastos financieros.

* * *

La normativa contable incluye de entrada una excepción al principio de precio de adquisición: los *bienes adquiridos a título gratuito* deben contabilizarse a su valor venal, entendiéndose por tal el precio que se presume pagaría un eventual comprador.

Cuando existan operaciones no contempladas en los principios y normas de valoración del PGC, cuyo ulterior desarrollo está previsto (el párrafo precedente es un ejemplo de ello), podrán aplicarse otras emitidas por organizaciones profesionales nacionales o internacionales.

El arrendamiento financiero (leasing)

En el *arrendamiento financiero (leasing)* ha sido práctica frecuente que el arrendatario contabilizara únicamente las sucesivas cuotas de alquiler. Los estados contables no informan en este caso sobre la existencia de operaciones de leasing, incluyéndose eventualmente esta información solamente en la memoria.

El PGC indica, por el contrario, que los estados financieros informen sobre estas operaciones. Y distingue dos casos distintos.

(1) Cuando no existen dudas razonables de que se va a ejercitar la opción de compra al término del contrato de arrendamiento.

Para mostrar que la empresa arrendataria dispone de la "capacidad" de servicio del inmovilizado, pero no de su "propiedad" (lo que sucederá al ejercitar la opción de compra) lo contabiliza en el inmovilizado inmaterial, cuantificándolo por su "valor al contado", que se amortiza en función de su vida útil.

Como acreedores por esta operación contabiliza el total de las cuotas más la opción de compra.

La diferencia entre ambos importes (la deuda así reconocida menos el valor al contado del bien arrendado) constituye los gastos financieros de la operación, que se activan en "gastos a distribuir en varios ejercicios", y se cargan a resultados a lo largo de la duración del contrato de arrendamiento.

Cuando se ejercita la opción de compra, el bien arrendado se da de baja en el inmovilizado inmaterial traspasándolo al material (para indicar que la empresa ha pasado a ser su propietaria). En ese momento su valoración contable neta será su valor al contado inicial menos la amortización acumulada hasta entonces, a la que se añadirán las futuras dotaciones de ejercicios posteriores; y, también cuando se ejercita la opción de compra, los gastos financieros inicialmente activados han debido cargarse en su totalidad a la cpyg.

(2) Cuando se vende un inmovilizado, y esta venta está inmediatamente relacionada con su posterior arrendamiento financiero *(lease-back)*, la operación es de hecho un método de financiación. Y el PGC indica que en los estados contables se muestre como tal.

La tesorería aumentará en lo cobrado por la venta del inmovilizado.

Este inmovilizado se traspasa del material al inmaterial, pero por el "valor contable" que figure en libros en ese momento (en lugar del "valor al contado" utilizado en el caso (1) anterior), para mostrar el cambio de propiedad, por el mismo razonamiento expuesto en (1). Se trata de una reclasificación de cuentas de inmovilizado, sin consecuencias en otras ajenas al mismo. El bien de referencia se sigue amortizando en función de su vida útil.

La deuda registrada al realizar el inmediato arrendamiento financiero se cuantifica, como en (1), en las cuotas totales más la opción de compra.

La diferencia entre este exigible (originado por el arrendamiento) y lo recibido en tesorería (originado por la venta) se activa en "gastos a distribuir en varios ejercicios", que se tratan contablemente como se expuso en (1).

CAPÍTULO XVI

LA CONTABILIDAD FINANCIERA: UN RESUMEN

EL RESULTADO: UNA CIFRA DISCUTIBLE

Si se tratara de expresar con la mayor brevedad posible, y con los riesgos que toda simplificación entraña, en qué consiste el problema central de la contabilidad financiera, la respuesta sería: en medir el resultado de un período contable, R_p, como diferencia entre los ingresos y los gastos de dicho período, $I_p - G_p$. Lo deseable es, además, que mida el *resultado distribuible o repartible.*

Cabe plantearse entonces la siguiente pregunta: ¿de qué dependerá la posibilidad de que dos contables distintos midan el mismo resultado al tratar de representar la historia de una misma organización durante un mismo período de tiempo? Dicho de otra forma: ¿de qué factores depende la objetividad informativa de la contabilidad financiera? Dichos factores pueden resumirse como sigue, teniendo en cuenta que no son independientes entre sí, sino mutuamente relacionados:

1. La *duración del período* cuyo resultado contable se trata de medir. Estrictamente hablando, el resultado económico de una empresa no puede medirse con exactitud hasta el final de su vida, y calculando entonces la diferencia entre la totalidad de los recursos aportados y la totalidad de los retirados, se medirá el resultado con la máxima objetividad. Pero para alcanzar un mínimo de utilidad, la contabilidad financiera se ve obligada a dividir la vida de la empresa (que, por otra parte, el *principio contable de empresa en funcionamiento* considera "prácticamente ilimitada") en períodos de tiempo más o menos artificialmente determinado: un mes, un semestre, un año. No obstante, el resultado medido correspondiente a un cierto período tendrá tanto menos objetividad o fiabilidad cuanto menor sea la duración del período en cuestión. La medida

del resultado contable de un día o de un mes es menos objetiva que la de un año, y ésta menos que la de un quinquenio, por ejemplo. Es decir, las opiniones personales de los dos contables (por ejemplo, lo que cada uno de ellos considere como costes de producto y gastos del período) afectarán a la medida de R_p en tanto mayor grado cuanto menor sea la duración de p.

2. El *grado de independencia* de los sucesos contables correspondientes al período que se considera respecto de los correspondientes al período anterior o posterior. Por ejemplo, las ventas a crédito realizadas hoy son ventas reales únicamente en la medida en que los clientes paguen después su deuda: tiene un mayor grado de objetividad el resultado medido por la contabilidad de una empresa que vende al contado que el medido por la de una segunda empresa que venda a crédito; si los dos contables tratan de estimar los incobrables de los créditos concedidos a clientes y pendientes de cobro en una fecha determinada, es muy probable que lleguen a cifras diferentes (y, por consiguiente, a resultados contables distintos), ya que se trata de adivinar el futuro. Si se prescindiera de esta estimación de incobrables, la información sería más objetiva (los dos contables hallarían la misma cifra de clientes), pero sería menos útil. Y esta misma reflexión es aplicable a los ajustes para provisiones en general: discutibles cuando se realizan al cierre del ejercicio, sólo el transcurso del tiempo dirá si han sido acertados o no, y en qué grado.
3. La *importancia de los activos inmovilizados.* Estimar la parte del coste de un inmovilizado que debe considerarse como gasto de un determinado período contable (la amortización, en definitiva, es un tipo de ajuste específico) es cosa muy difícil y siempre discutible, pues también entraña estimaciones de futuro. Es más objetivo, por ello, el resultado medido por la contabilidad de una empresa que carece de inmovilizados que el medido por el de una segunda empresa con un inmovilizado importante. Esta es una de las razones –especialmente si además está presente un elevado índice de inflación como se comenta en el punto siguiente– de que se haya dado una creciente importancia informativa a los fondos generados por las operaciones (recuérdese que el resultado es igual, en una primera aproximación, a los fondos generados por las operaciones menos las amortizaciones). Podría decirse que la cifra del resultado es más útil, pero menos objetiva, que la cifra de fondos generados por las operaciones (cifra que prescinde de las amortizaciones).
4. La *estabilidad de los precios (de los específicos que afectan a la empresa y/o generales).* El hecho de que no se mantenga en el tiem-

po la misma unidad monetaria real deteriora la utilidad de la contabilidad como instrumento de información. Y si los dos contables tratan de mejorar la utilidad de esta información contable teniendo en cuenta en la misma las consecuencias de la inflación, ello supondrá inevitablemente un deterioro de la objetividad: las opiniones personales de ambos influirán en la información contable así corregida en tanto mayor grado cuanto mayor sea el índice de inflación. (Hemos visto, por ejemplo, cómo la utilización del FIFO, del LIFO o del promedio conduce, cuando los precios varían, a medir resultados distintos).

Se sigue de aquí que una comparación detallada de los estados contables de dos empresas es difícil. Indudablemente, pueden realizarse algunas comparaciones útiles, pero no pasarán de ser aproximaciones.

De aquí también que se hable de "medir" el resultado, y no de "calcularlo". Una cifra "calculada" parece implicar una precisión que no se da en contabilidad, mientras una cifra "medida" apunta a una influencia del instrumento de medida (en este caso, los criterios contables) que se ha utilizado.

Por ello cabe decir, sin alejarse excesivamente de la verdad, que puede conseguirse (dentro de ciertos límites, desde luego, pero de límites relativamente amplios) que el resultado contable de un período puede ser el que uno desee, aun cumpliendo escrupulosamente las normas contables. Y también por ello interesa insistir en lo que anteriormente se indicó: en contabilidad, más que hacer una cosa u otra, importa saber lo que se hace (o lo que ha hecho una tercera persona, en el caso en que examinemos una información contable por ella preparada). Y cuanto más pesen los cuatro factores arriba mencionados, más importante será conocer los criterios utilizados en la preparación de los estados contables para formular un juicio sobre la situación financiera de una organización.

Estas limitaciones deben tenerse en cuenta cuando se trata de interpretar un conjunto de estados contables. Pero la realidad de estas limitaciones no significa que haya que rechazar la contabilidad como un instrumento eficaz para el conocimiento de una empresa. Después de todo, la contabilidad proporciona un procedimiento para resumir una numerosa serie de acontecimientos complicados y heterogéneos en el balance, la cuenta de pérdidas y ganancias y el cuadro de financiación. Esto es ya un notable éxito, aunque el resumen así conseguido no sea perfecto. (Para perfeccionar la información contenida en estos estados contables se añaden a los mismos, en número creciente dada la complejidad de muchas organizaciones, explicaciones que se consideran parte integrante e inseparable de aquéllos en el documento llamado Memoria, y que constituye una unidad con los estados financieros).

La custodia de los recursos

El activo circulante y el pasivo circulante (cuya diferencia constituye el fondo de maniobra) muestran los recursos que circulan en la empresa con una cierta rapidez. Esquemáticamente, limitándonos a las partidas más directamente relacionadas con las operaciones del negocio:

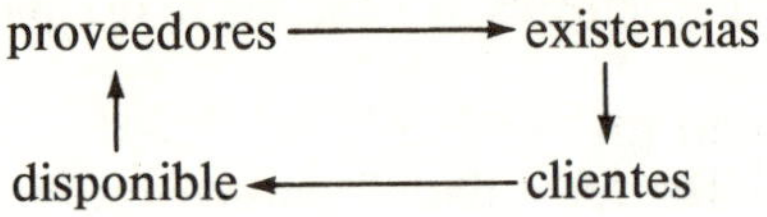

Las partidas circulantes se distinguen del activo inmovilizado y de los recursos permanentes en que la dirección tiene que tomar decisiones sobre ellas con mayor frecuencia que sobre las segundas. Y también en que estas decisiones son generalmente más fácilmente rectificables, en caso necesario, que si se tratara de decisiones que afectan al activo inmovilizado o a los recursos permanentes: "comprometen" menos a la empresa. Es más fácil, por ejemplo, rectificar el volumen de los créditos a corto plazo que una emisión de obligaciones, una vez que ésta se ha realizado.

Los activos circulantes se miden de dos maneras distintas. Un grupo está constituido por la caja (y las partidas a ella asimilables) y por las cuentas de clientes, que se miden a precio de mercado. (Esto supone que se puede realizar para la cuenta de clientes una estimación suficientemente precisa de los incobrables futuros).

Un segundo grupo está constituido por las existencias y otras partidas (gastos pagados por anticipado, por ejemplo), que se miden por lo general a precios de coste, aunque ello no supone que dos contables distintos lleguen necesariamente a cifras idénticas: depende, por ejemplo, de la clasificación que establezcan entre costes de producto y gastos de período. (Cuando se estima que las existencias valoradas al coste muestran una cifra superior a la valoración a precio de mercado, el principio de prudencia llevará a utilizar esta segunda cifra).

Los activos inmovilizados se registran en el momento de su adquisición al precio de coste. Los inmovilizados netos miden los costes de los inmovilizados que todavía no han sido cargados a los resultados. Ordinariamente, las cantidades correspondientes no tienen relación alguna con los respectivos precios de mercado, y resulta imposible obtener este último valor basándose únicamente en la información proporcionada por el balance.

La inclusión de una partida en el activo circulante o en el activo inmovilizado es función, no de lo que es, sino de la intención que la empresa persiga con su posesión. Un paquete de acciones de una segunda empresa, por ejemplo, será circulante si obedece a una utilización temporal de un exceso de tesorería y será inmovilizado si obedece al deseo de estar presente de modo permanente en la empresa en cuestión. Análogamente, unos camiones formarán parte del inmovilizado de una empresa de transportes y del circulante de una empresa de venta de camiones.

En la interpretación de las partidas del pasivo exigible hay que tener en cuenta que las mismas no registran necesariamente todos los compromisos a los que la compañía debe hacer frente. Por ejemplo, si la empresa compra una máquina por valor de 400M y se compromete a pagarla en cuatro plazos anuales de 100M, la máquina aparecerá en el activo del balance, y en el pasivo aparecerá la deuda que la empresa ha contraído. Pero si la empresa alquila esa máquina comprometiéndose a pagar un alquiler de 100M anuales durante cuatro años, en el balance no aparecerá indicación alguna de este compromiso. (Aunque sí se debe informar sobre su existencia en la Memoria).

La traducción en unidades monetarias de los recursos de terceros es generalmente más exacta que la de las restantes partidas del balance (excepto, naturalmente, el disponible). La cantidad que aparece como debida a los distintos acreedores es la que se les debe. Incluso cuando es preciso hacer alguna estimación (como la de impuestos a pagar), ésta se puede realizar normalmente con bastante aproximación. Estas afirmaciones deben, no obstante, matizarse: no es lo mismo un préstamo de 100 M a 5 años y al 15%, que otro préstamo, también de 100 M, pero a 3 años y al 20%. (Informaciones que también deben figurar en la Memoria).

Los recursos propios aportados pueden también medirse con precisión: normalmente son los aportados por los propietarios en forma de capital y de primas de emisión, completados eventualmente con las actualizaciones realizadas.

Si hemos sido capaces de inventariar (y traducir en unidades monetarias de la forma arriba indicada) la totalidad de los activos, por un lado, y la de los recursos ajenos y de los recursos propios aportados, por otro, la diferencia entre ambos, complementada en su caso con los dividendos repartidos, será igual a los recursos ganados (o perdidos) por la empresa en el desarrollo de sus actividades.

Pero estos recursos ganados (o perdidos) se pueden medir también mediante la cuenta de pérdidas y ganancias. De esta manera, calculando independientemente cada una de las partidas del balance, ha de llegarse a la igualdad del activo total por un lado y del pasivo total por otro. La comprobación de que se cumple esta igualdad garantiza en cierta forma que los recursos de los que la empresa dispone (inventariados en el pasivo) están realmente utilizados (según el inventario de los mismos reflejado en el activo). Esta función de la contabilidad es la que con frecuencia se denomina de *custodia de los recursos* y que se cumple cuando "las cuentas cuadran". En ocasiones, conseguir que las cuentas cuadren llega a convertirse en verdadera obsesión, que lleva a olvidar los demás fines de la contabilidad, pudiendo ocurrir entonces que, igual que a veces los árboles no dejan ver el bosque, las cuentas no dejen ver la contabilidad.

VALOR CONTABLE Y VALOR REAL DE UNA EMPRESA

Una de las realidades que a veces resulta difícil de aceptar en la práctica es el hecho de que el balance sirve para muy poco en el momento de realizar la valoración de una empresa. Ello es consecuencia de los procedimientos de medida utilizados por la contabilidad financiera (los principios contables generalmente aceptados). Podría entonces parecer mucho más razonable que el contable informara sobre el valor de los activos y no simplemente sobre lo que han costado. Una tal argumentación olvidaría la importancia que tiene la objetividad en la elaboración de la información contable para terceros. Indudablemente un balance que mostrara el valor real de los activos sería más útil para su lector que un balance basado en costes, pero la realidad es que no hay normalmente forma objetiva y práctica de determinar los valores reales de los activos y, cuando existe, como en el caso del disponible, el contable la utiliza. Una estimación de estas características sólo podría realizarla la dirección, pero la contabilidad financiera tiene como finalidad informar sobre la actuación de esa misma dirección. Basarla, por consiguiente, en el juicio y en las estimaciones de la dirección supondría hacer que ésta desempeñara simultáneamente los papeles de jugador y árbitro, lo que no parece razonable. El contable registra la adquisición y la desaparición de los activos en términos de coste, lo que puede realizar con aceptable objetividad: no pretende adivinar las fluctuaciones de sus valores reales.

Quizá sea conveniente recordar que los coeficientes de actualización no pretenden en absoluto que el balance muestre el valor de una empresa: tratan únicamente de expresar los costes de las distintas partidas en unidades monetarias de una misma fecha.

Por otro lado, la contabilidad parte generalmente de la hipótesis de que la empresa tendrá una vida ilimitada y, dado que los activos inmovilizados no se tienen para venderlos, no hay razón para esforzarse en calcular el precio de mercado actual de los mismos, como recuerda el *principio de empresa en funcionamiento.* Un balance de liquidación, o de enajenación, es diferente, y con frecuencia muy diferente, de un balance contable.

(Recuérdese que valor contable es un término equivalente a recursos propios, fondos propios, patrimonio neto, neto patrimonial, no exigible, teórico-contable).

EN RESUMEN

A lo largo del tiempo, la Contabilidad Financiera ha realizado, y seguirá realizando en el futuro, progresos que aumentan su eficacia como instrumento de información a terceros. Sin embargo, hay una limitación intrínseca a la naturaleza misma de la contabilidad y que por consiguiente existirá siempre: la información contable se expresa necesariamente en unidades monetarias.

Puede suceder, y de hecho sucede con frecuencia, que los acontecimientos más importantes de un período de la vida de una empresa no sean traducibles en pesetas y entonces la contabilidad, por definición, los ignora. En una empresa, el hecho más importante de un determinado año puede haber sido la despedida de su director comercial, y sin embargo, la contabilidad no lo registrará (aunque sí puede registrar más tarde sus consecuencias si disminuyeran las ventas posteriores, por ejemplo).

Para tratar de paliar en lo posible las inevitables limitaciones informativas de los estados contables, el PGC indica que éstos constituyen una unidad con la Memoria.

Y el conjunto de toda esta información pretende un objetivo: *una imagen fiel* del patrimonio, de la situación financiera y de los resultados de la empresa. Si para conseguirla, fuera necesario renunciar a alguno de los principios contables generalmente aceptados, el PGC indica que así se haga, explicando las razones en la Memoria.

(*Una* imagen fiel parece expresión más acertada que *la* imagen fiel, puesto que, como repetidamente hemos visto, criterios contables diferentes, pero igualmente aceptables, desembocan en estados financieros distintos).

Ya el principio de importancia relativa nos recuerda que no vale la pena complicarse excesivamente la vida contable: los estados financieros, a poco compleja que sea una organización, no son sino una opinión; que, eso sí, debe estar sólidamente argumentada y razonada.

CAPÍTULO XVII

UN SEGUNDO EJERCICIO DE REPASO

(Para quien desee revisar lo leído en los capítulos precedentes)

A partir del estado de tesorería de 1989, del balance después de la aplicación del beneficio al 1 de enero de 1989, y del balance de comprobación al 31 de diciembre de 1989, de una empresa comercial, que figuran a continuación, expresados en M ptas., se pide:

Reconstruir los asientos registrados en 1989 en las cuentas del Mayor con el máximo detalle que permita la información disponible.

Preparar la cuenta de pérdidas y ganancias de 1989 y el cuadro de financiación de 1989.

Notas: Para facilitar la presentación, los fondos de amortización y la provisión para insolvencias figuran como cuentas de pasivo, en contra de lo que es habitual.

Los asientos de cierre de las cuentas temporales de resultados a la de pérdidas y ganancias se indican con letras, en lugar de números. La cuenta de pérdidas y ganancias se presenta después de la aplicación del beneficio.

Se recomienda al lector prepare su propia respuesta (para lo que se facilita una hoja de trabajo), antes de compararla con la propuesta en el texto.

TESORERÍA DE 1989

cobros		*pagos*	
saldo inicial	200	sueldos	230
ventas al contado	170	proveedores	450
cobros de clientes	600	intereses	20
préstamo a largo	100	seguros pagados por anticipado el 31/12/89	5
venta de inmovilizados (1/1/89)	10	compra de inmovilizados (2/1/89), pagados en parte en acciones)	25
	1.080	dividendos	30
			760

	BALANCE AL 1-ENERO-1989		BALANCE DE COMPROBACION AL 31-DICIEMBRE-1989	
	debe	*haber*	*total cargos*	*total abonos*
caja y bancos	200		1.080	760
clientes	30		656	604
existencias	160		635	480
gastos pagados por anticipado	–	–	5	–
inmovilizado material	180		225	15
proveedores		30	450	505
préstamo a largo	–	–	–	100
provisión para insolvencias		5	4	16
fondos de amortización		10	2	22
capital social		400	–	440
reservas		125	20	135
	570	570	3.077	3.077

HOJA DE TRABAJO

CUENTAS Y ASIENTOS DEL MAYOR 1989

disponible

s.i. 200	
1.080	760

clientes

s.i. 30	
656	604

existencias

s.i. 160	
635	480

gastos pagados por anticipado

5	

inmovilizado (coste)

s.i. 180	
225	15

proveedores

	30 s.i.
450	505

préstamo a largo

	100 (4)

provisión para insolvencias

	5 s.i.
4	16

fondos de amortización

	10 s.i.
2	22

capital social

	400 s.i.
	440

reservas

	125 s.i.
20	135

ingresos ventas

coste de las ventas

gastos sueldos

gastos intereses

gastos amortización

resultados extraordinarios

pérdidas y ganancias

CUENTAS Y ASIENTOS DEL MAYOR 1989

disponible

s.i.	200	230	(6)
(1)	170	450	(7)
(3)	600	20	(8)
(4)	100	25	(9)
(5)	10	5	(10)
		30	(19)
	1.080	760	

clientes

s.i.	30	600	(3)
(2)	600	4	(12)
(11)	26		
	656	604	

existencias

s.i.	160	480	(13)
(14)	475		
	635	480	

gastos pagados por anticipado

(10)	5		

inmovilizado (coste)

s.i.	180	15	(5)
(9)	25		
(15)	20		
	225	15	

proveedores

(7)	450	30	s.i.
		475	(14)
	450	505	

préstamo a largo

		100	(4)

provisión para insolvencias

(12)	4	5	s.i.
		11	(18)
	4	16	

fondos de amortización

(5)	2	10	s.i.
		12	(16)
	2	22	

capital social

		400	s.i.
		20	(15)
		20	(17)
		440	

reservas

(17)	20	125	s.i.
		10	(20)
	20	135	

ingresos ventas

		170	(1)
		600	(2)
		26	(11)
(a)	796	796	

coste de las ventas

(13)	480	480	(b)

gastos sueldos

(6)	230	230	(c)

gastos intereses

(8)	20	20	(d)

gastos amortización

(16)	12	12	(e)

resultados extraordinarios

(5)	3	3	(f)

pérdidas y ganancias

(b)	480	796	(a)
(c)	230		
(d)	20		
(e)	12		
(f)	3		
(18)	11		
(19)	30		
(20)	10		
	796	796	

Resumiendo las cuentas de ingresos y de gastos del Mayor, obtenemos:

CUENTA DE PÉRDIDAS Y GANANCIAS 1989

ventas:	796
coste de las ventas:	−480
sueldos:	−230
intereses:	−20
dotación a provisiones:	−11
amortizaciones:	−12
beneficio ordinario:	43
pérdida extraordinaria:	−3
beneficio neto:	40
a dividendos:	30
a reservas:	10

FONDOS GENERADOS POR LAS OPERACIONES ORDINARIAS EN 1989

Consideremos, en primer lugar, la dotación a la provisión para insolvencias, no como un mero ajuste contable (como el de amortización, por ejemplo), sino como un consumo de fondos (como el gasto de sueldos, por ejemplo). Este criterio no modifica ni el balance ni la cuenta de pérdidas y ganancias, pero presenta un cuadro de financiación, al medir unos FGO menores, más conservador. Supone trabajar con "clientes netos de provisiones", cuyos saldos inicial y final son los siguientes:

s.i.:	30−5=25
s.f.:	52−12=40
aumento de clientes netos en 1989	=15

Atendiendo a la cuenta de pérdidas y ganancias podemos medir los FGO ordinarias:

$$FGO = +796 - 480 - 230 - 20 - 11 = 55$$

O bien, *aritméticamente*, recordando que FGO − amortizaciones + + resultado extraordinario = resultado neto, FGO = 40 + 3 + 12 = 55.

En esta hipótesis de trabajo, obtenemos un cuadro de financiación como el siguiente:

CUADRO DE FINANCIACIÓN DE 1989

Aplicaciones de Fondos		*Orígenes de Fondos*	
inversión en inmovilizado	45	FGO ordinarias	55
reparto de dividendos	30	préstamo a largo	100
		ampliación de capital	(a)20
		venta inmovilizado	10
total aplicaciones	75	total orígenes	185
aumento de f. de maniobra	110 (*)		

(*) Variación del capital circulante (o fondo de maniobra)

aumento de disponible	120	disminución de existencias	5
aumento de clientes netos	15	aumento de proveedores	25
aumento de seguros anticipados	5		
	140		30

(a) Esta ampliación de capital se realizó a cambio de la aportación de inmovilizado (asientos (15) del Mayor). No entraría por tanto en la definición de fondos como variaciones del fondo de maniobra, ya que no supone modificación ninguna del mismo. Pero es claro que una operación como ésta debe aparecer en el cuadro de financiación. En estas situaciones debe por consiguiente ampliarse la definición de fondos.

La ampliación de capital liberada con cargo o reservas (asientos (17) del Mayor) no supone ningún flujo de fondos, por lo que no aparece en el cuadro

* * *

En ocasiones se prefiere una presentación diferente. Por una parte, se reordenan las mismas partidas y cifras del cuadro precedente en un formato vertical, en lugar de dos columnas. En segundo lugar, se explicita una nueva partida, que no aparece en la presentación anterior: la caja generada por las operaciones ordinarias. En nuestro caso, la presentación sería la que sigue:

OTRA PRESENTACIÓN DEL CUADRO DE FLUJO DE FONDOS DE 1989

FGO (o caja potencial generada por las operaciones ordinarias)			55
menos:	aumento de clientes netos:	−15	
	seguros pagados por anticipado:	−5	
más:	disminución de existencias:	+5	
	aumento de proveedores:	+25	+10
CGO (CAJA GENERADA POR LAS OPERACIONES ORDINARIAS)			(a)65
OTRAS FUENTES DE FONDOS(b)			
	préstamo a largo:	+100	
	ampliación de capital:	+ 20	
	venta inmovilizado:	+ 10	+130
OTRAS APLICACIONES DE FONDOS(b)			
	compra inmovilizado:	−45	
	reparto de dividendos:	−30	−75
CAJA GENERADA POR LAS OPERACIONES TOTALES			+120
	caja al 1/1/89		200
	caja al 31/12/89		320

(a) Evidentemente, esta cifra debe coincidir con la que se puede calcular mediante los cobros y los pagos del texto del ejercicio que se estimen ordinarios. En nuestro caso:

cobros ordinarios: 170 + 600	= 770
pagos ordinarios: 230 + 45 + 20 + 5	= 705
caja generada por las operaciones ordinarias	= 65

(b) Al decir "otras" se quiere significar que no corresponden a operaciones "ordinarias" de la empresa.

* * *

En lo que precede, hemos trabajado con "clientes netos de provisiones" (una sola cuenta). Si consideráramos la dotación a provisiones como un mero ajuste contable, tendríamos que trabajar con dos cuentas, que reproducimos del Mayor.

clientes

s.i.	30		
(2)	600	600	(3)
(11)	26	4	(12)
s.f.	52		

provisión para insolvencias

(12)	4	5	s.i.
		11	(18)
		12	s.f.

En esta hipótesis, la provisión para insolvencias se segrega del fondo de maniobra (se considera equivalente a la amortización acumulada, por ejemplo), del que anteriormente formaba parte al estar incluida en clientes netos. Los movimientos que en ella hayan habido durante 1989 pueden por tanto modificar el fondo de maniobra y representar entonces un flujo de fondos. Concretamente: la operación (12) es una disminución de 4 M del fondo de maniobra por determinados clientes declarados definitivamente incobrables; la operación (18), en cambio, no afecta al fondo de maniobra, pues el cargo correspondiente afecta a la cuenta de pérdidas y ganancias.

Por otra parte, los FGO deben excluir los 11 M de dotación a provisiones, mero ajuste contable en esta hipótesis. Es decir:

$$FGO = +796 - 480 - 230 - 20 = 66$$

Lo anterior se traduce en las siguientes modificaciones en el cuadro de financiación:

	aplicaciones		*orígenes*	
antes:	aumento de clientes netos	15	FGO ordinarias	55
ahora:	aumentos de clientes	22	FGO ordinarias	66
	incobrables definitivos	4		

CAPÍTULO XVIII

NORMAS CONTABLES Y NORMAS FISCALES

EL IMPUESTO SOBRE SOCIEDADES (IS)

La traducción contable en pesetas y la traducción fiscal en pesetas de un mismo suceso pueden coincidir o no coincidir. Coincidirán si las normas contables y las fiscales aplicables en el caso son las mismas; y no coincidirán si son diferentes. De otra forma, para un ejercicio determinado, y antes del IS:

ingresos contables	– gastos contables	= resultado contable
ingresos fiscales	– gastos fiscales	= resultado fiscal (o base imponible)

El resultado contable y las base imponible serán distintos si existen ingresos y/o gastos contables y fiscales distintos.

[El IS, impuesto "directo", se calcula multiplicando la base imponible por el tipo impositivo, que en lo que sigue supondremos del 35 %, obteniéndose la "cuota íntegra", de la que se restan bonificaciones y deducciones, en caso de que existan, para calcular la "cuota efectiva"].

El PGC es un texto "netamente contable", libre de posibles interferencias de orden fiscal. Ello se refleja en que en la cuenta de pérdidas y ganancias el IS es un gasto más (medido, por así decir, en un libro aparte, aplicando las normas fiscales). El resultado contable del ejercicio se entiende, por tanto, "después de IS".

En la memoria debe ponerse de manifiesto la relación entre resultado contable (en este caso, antes del IS) y la base imponible, explicando las causas de su eventual diferencia. Comentaremos esta conciliación de ambos resultados mediante un ejemplo.

(1) En primer lugar, supongamos que el "único" suceso con tratamientos contable y fiscal distintos es un fondo de comercio que una empresa activó el 1 de enero del año 1 en los 40 M que pagó por él.

Contablemente, debe amortizarse, y la empresa decidió hacerlo en 2 años. Por el contrario, el actual Reglamento del IS español no permite su amortización. Suponiendo que el resultado antes de la operación mencionada y del IS fuera + 620 M en cada uno de los 2 años, los estados correspondientes serían:

	estados fiscales *año 1*	*año 2*	*estados contables* *año 1*	*año 2*
beneficio antes de (1)	+ 620	+ 620	+ 620	+ 620
amortización f de c	0	0	− 20	− 20
beneficio antes de IS	+ 620	+ 620	+ 600	+ 600
IS (al 35 %)	− 217	− 217	− 217	− 217
beneficio del ejercicio	+ 403	+ 403	+ 383	+ 383

Atendiendo, por ejemplo, al año 1, la diferencia entre el beneficio contable antes del IS, + 600 M , y la base imponible, + 620 M, se explica porque un mismo suceso, la amortización del fondo de comercio, tiene traducciones distintas: contable, − 20 M; fiscal, 0 M.

Y esta diferencia de 20 M se mantendrá en el futuro. Es decir, si agrupáramos los resultados contables y fiscales de no importan cuántos ejercicios sucesivos, una de las componentes de la diferencia entre las dos cifras correspondientes será siempre los 20 M. De ahí el nombre de *diferencias permanentes* que se aplica a las originadas por causas de este tipo.

(2) Consideramos en segundo lugar el caso de otra empresa que el 1 de enero del año 1 compró maquinaria por 200 M. Contablemente, se decidió su amortización lineal en 2 años de vida útil estimada. En esa misma fecha, la Administración concedió libertad de amortización para ese tipo de equipos, a la que la empresa decidió acogerse amortizando los 200 M en el año 1. En los mismos supuestos de (1), los estados correspondientes serán los siguientes.

	estados fiscales *año 1*	*año 2*	*estados contables* *año 1*	*año 2*
IS a pagar (deuda)	+ 147 (a)	+ 217 (b)	+ 147 (a)	+ 217 (b)
beneficio antes de (2)	+ 620	+ 620	+ 620	+ 620
amortización maq.	− 200	0	− 100	− 100
beneficio antes de IS	+ 420	+ 620	+ 520	+ 520
IS (al 35 %)	+ 147 (a)	− 217 (b)	− 147 (a)	− 217 (b)
beneficio del ejercicio	+ 273	+ 403	+ 373	+ 303

Este caso (2) presenta una diferencia respecto al caso (1) precedente. Si dejamos transcurrir un periodo de tiempo suficientemente largo (en nuestro supuesto los 2 años, a los que afecta la aceleración de amortizaciones, que, en principio, no modifica los IS totales, aunque sí retrasa su pago), los beneficios contable y fiscal son iguales.

$$+ 273 + 403 = + 373 + 303 = 676 \text{ M}$$

Es decir, la diferencia en el año 1 entre el beneficio contable antes de IS, 520 M, y la base imponible, 420 M, desaparece al considerar el conjunto de los ejercicios año 1 + año 2. Por ello recibe el nombre de *diferencia temporal*, en lugar del calificativo permanente empleado en (1).

El esquema anterior trabajó con IS a pagar (del que se puede desde luego haber anticipado una parte). Pero el PGC prefiere considerar además los impuestos diferidos originados por las diferencias temporales (diferidos en nuestro ejemplo, pues en otros supuestos pueden ser anticipados). Y lo hace presentando en los estados contables del esquema precedente el:

$$\text{IS devengado} = \text{IS a pagar} + \text{IS diferido}$$

(En el caso de diferencias permanentes, coinciden el IS devengado y el IS a pagar)

	estados contables	
	año 1	*año 2*
IS diferido	+ 35 (c)	− 35 (d)
IS a pagar (deuda)	+ 147 (c)	+ 217 (d)
beneficio antes de (2)	+ 620	+ 620
amortización maq.	− 100	− 100
beneficio antes de IS	+ 520	+ 520
IS (0,35 × benef. contable)	− 182 (c)	− 182 (d)
beneficio del ejercicio	+ 338	+ 338

El IS de (año 1 + año 2) es igual al obtenido anteriormente: + 147 + + 217 = + 182 + 182 = 364 M. Y el beneficio también: + 373 + 303 = 338 + 338 = 676 M. Pero periodifica el IS entre cada uno de los dos años, no atendiendo al criterio de caja, sino al devengo.

[(c) y (d) = 35 % 520 = 182. En balance, al 31 de diciembre del año 2 y atendiendo a los exigibles por IS: se habrá pagado generalmente los 147 M iniciales, siendo el saldo final 127 M; y en el IS diferido, el saldo final, "en principio", serán los + 35 M iniciales − 35 M devengados durante el año 2 = 0 M].

(3) Consideremos finalmente una tercera empresa en la que se diesen simultáneamente los supuestos (1) y (2). Agrupando los comentarios anteriores en uno solo, obtenemos el esquema (3).

ESQUEMA 3

	estados fiscales		*estados contables*	
	año 1	*año 2*	*año 1*	*año 2*
IS diferido	*	*	+ 35 (c)	− 35 (d)
IS a pagar (deuda)	+ 147 (a)	+ 217 (b)	+ 147 (c)	+ 217 (d)
beneficio antes de (1) y (2)	+ 620	+ 620	+ 620	+ 620
amortización f. de c.	0	0	− 20	− 20
amort. maquinaria	− 200	+ 0	− 100	− 100
beneficio antes de IS	+ 420	+ 620	+ 500	+ 500
IS (al 35 %)	− 147 (a)	− 217 (b)	− 182 (c)	− 182 (d)
beneficio del ejercicio	+ 273	+ 403	+ 318	+ 318

(c) y (d) calculados sobre 620 − 100 = 520 × 0,35 = 182 M, ya que son únicamente las diferencias temporales las que modifican el IS devengado respecto del IS a pagar.

Si atendemos al período de 2 años:

El IS es el mismo:

$$+ 147 + 217 = + 182 + 182 = 364 \text{ M}$$

El beneficio presenta una diferencia de 40 M (+ 273 + 403 frente a + 318 + 318) debido a las amortizaciones contables del fondo de comercio, que "nunca" tendrán reflejo fiscal.

Y la conciliación entre el resultado contable antes de IS y la base imponible se presenta, con variantes, según las líneas generales siguientes:

	año 1	*año 2*
beneficio contable a de IS	+ 500	+ 500
diferencias permanentes	+ 20	+ 20
diferencias temporales	− 100	+ 100
base imponible	+ 420	+ 620

IMPUESTO SOBRE EL VALOR AÑADIDO (IVA)

En una empresa, la diferencia entre las ventas "al exterior" y los bienes y servicios adquiridos "del exterior" contabilizados en la cpyg de un ejercicio se denomina, en una primera aproximación, "valor añadido", al que se aplica el impuesto, excepto en ciertos sectores excluidos del mismo. En la práctica, esta aplicación se efectúa separadamente para el minuendo (las ventas) y para el sustraendo (los bienes y servicios exteriores). La nómina de personal propio, por ejemplo, no está sometida a IVA, por ser "interna" a la empresa. (Y el consumidor final se limita a "soportar" el IVA).

Lo que importa señalar a nuestros efectos es que el IVA, impuesto "indirecto", es "neutral", en términos generales, respecto a la cpyg. (A diferencia del IS, impuesto "directo", que sí aparece como un gasto en la cpyg). El IVA, a cobrar o a pagar, se mueve entre las cuentas acreedoras o deudoras del balance, siendo su protagonista la Hacienda Pública.

Supongamos un IVA del 15 %. Por un lado, las adquisiciones de bienes y servicios externos están gravadas en un 15 %, que la empresa "soporta" de sus proveedores. Por otro lado, las facturas que emite la empresa están aumentadas en un 15 %, que "repercute" a sus clientes.

A continuación, utilizamos un ejemplo simplificado para concretar lo anterior. Nos referiremos a un trimestre, periodo de tiempo habitual en las liquidaciones del IVA.

La empresa vende (supongamos a crédito) mercancías por 100 M, sobre los que "repercute" 15 M por IVA. Los asientos en el Mayor serían:

Clientes:	+ 115	HP acreedora por IVA:	+ 15
		cpyg (ventas)	+ 100

Y la empresa compra (también a crédito) bienes y servicios exteriores por 60 M, por los que "soporta" un IVA de 9 M.

compras:	+ 60	proveedores:	+ 69
HP deudora por IVA:	+ 9		

En cualquiera de los dos casos, el IVA no afecta a la cpyg. Y al final del trimestre, HP es acreedora neta por $15 - 9 = 6$ M.

Si la totalidad de las compras de 60 M se contabilizaran en la cpyg del trimestre, por ser gastos de periodo o por corresponder al coste de las mercancías vendidas durante el mismo, el "valor añadido" sería: $+ 100 - 60 = 40$ M. Y el IVA: 15 % $40 = 6$ M, que coincide con la cifra calculada arriba aplicando el 15 % al minuendo y al sustraendo por separado. Pero esta coincidencia no siempre, o pocas veces, se da.

El IVA, cuya neutralidad respecto a la cpyg ya se comentó, sí puede afectar a la situación de tesorería o de liquidez. Ello es debido sobre todo a los distintos modos de realizarse cobros y pagos de IVA, según sea éste soportado o repercutido (en definitiva, según sea la situación neta de HP al respecto).

CAPÍTULO XIX

CONSOLIDACIÓN DE ESTADOS CONTABLES

FUSIÓN POR ABSORCIÓN

Una empresa AB compra e inmediatamente absorbe una segunda empresa XY (fusión por absorción). A partir de este momento, XY deja de existir (sus activos y exigibles se han integrado en AB). Permanece una única empresa, AB, y unos únicos estados contables: los de AB.

El 31 de diciembre de 1991, los balances resumidos de las dos empresas, AB y XY, eran los siguientes, en M ptas.

	AB	XY
circulante	2.100	320
inmovilizado material (neto)	3.900	380
	6.000	700
deudas	1.200	250
capital social	3.000	300
reservas	1.800	150
	6.000	700

No existían relaciones contables, financieras ni comerciales entre las dos empresas. En esa misma fecha, y como la última operación del ejercicio 1991, la empresa AB absorbió la XY, pagando a los accionistas de ésta 550 M al contado.

El balance de AB inmediatamente después de la absorción (XY habría dejado de existir) sería como sigue.

circulante	2.100	+	320	–	550	=	1.870
inmov. mat. (neto)	3.900	+	380			=	4.280
fondo de comercio				+	100	=	100
							6.250
deudas	1.200	+	250			=	1.450
capital social	3.000					=	3.000
reservas	1.800					=	1.800
							6.250

La aritmética anterior refleja en definitiva el pago por AB de 550 M a cambio de la incorporación de unos activos y de la asunción de unas deudas. La eventual diferencia entre este neto patrimonial y el desembolso realizado se traduce en la aparición de un fondo de comercio en el balance de AB, a amortizar generalmente en un máximo de 5 años.

No es raro que en estas operaciones se revaloricen activos, y eventualmente se actualicen deudas, lo que supone la modificación de la cuantificación del fondo de comercio medido a partir de los valores contables originales, como se ha hecho en el ejemplo. Esta revalorización es frecuente cuando se consiguen exenciones fiscales, es decir, cuando su resultado se incorpora directamente a los recursos propios de la absorbente, sin pasar (en su totalidad o en proporción significativa) por la cuenta de pérdidas y ganancias fiscal. En ocasiones, el tratamiento fiscal es tan importante, que la operación de fusión se subordina a conseguirlo en condiciones satisfactorias.

(En todo caso, no procede hablar de consolidación de estados contables en este tipo de operaciones, aunque proceda eventualmente realizar ajustes para eliminar créditos y débitos recíprocos entre las dos empresas, por ejemplo).

Fusión de dos empresas para la creación de una tercera

En este caso, las dos empresas AB y XY desaparecen, integrándose en una tercera, hasta entonces inexistente. Se canjean las antiguas acciones de las dos empresas fusionadas por acciones de la tercera, en proporción a los respectivos valores convenidos en el proceso de negociación. A partir de ese momento, solamente hay unos estados contables: los de la nueva empresa.

Si no existen relaciones contables entre ambas empresas, el activo y el exigible de la empresa será la suma de los activos y de los exigibles de las dos empresas fusionadas. Las eventuales, y habituales, revalorizaciones de activos constituirán las reservas por las plusvalías de fusión, proceso en el que ordinariamente desempeñan un papel clave las exenciones fiscales, como en la fusión por absorción.

(Tampoco juegan aquí las técnicas contables de consolidación ya que la operación desemboca en una única nueva empresa).

CONSOLIDACIÓN (O INTEGRACIÓN) GLOBAL

La realidad del grupo de sociedades como unidad económica es una característica del entorno empresarial actual. Aun a riesgo de simplificar, un Grupo existe cuando hay unidad de dirección y mando sobre dos o más empresas. Más en concreto, cuando una sociedad, llamada Dominante (o Matriz), manda y dirige la gestión de otra u otras sociedades, denominadas Dependientes (o Filiales). Simplificando de nuevo, cuando la Dominante posee la mayoría absoluta de los derechos de voto de las Dependientes.

Dominante y Dependientes siguen elaborando sus estados contables (y memorias) individuales. Pero si éstos se complementan con los estados consolidados (y su memoria), se obtiene una imagen contable más ilustrativa de la unidad económica que constituye el Grupo.

Las "Normas para la formulación de las Cuentas Anuales consolidadas" se aprobaron en España por el Real Decreto 1815/1991, aplicando la Séptima Directiva de la CEE.

El planteamiento adoptado (que no es, por supuesto, el único procedimiento posible) contempla los estados contables consolidados del Grupo como un desarrollo o prolongación de los de la Dominante, en lo que se denomina consolidación o integración global. Este criterio se aplica, en sus líneas generales, como sigue.

EN LA FECHA DE LA PRIMERA CONSOLIDACIÓN GLOBAL

Supongamos, en primer lugar, que la Dominante posee el 100 % del capital de una única Dependiente.

La expresión contable de la relación de mando existente en el Grupo es un inmovilizado financiero (si la inversión tuviera carácter temporal, contabilizado en el circulante, no procedería consolidación alguna) en el balance de la Dominante, cuantificado gneralmente a su coste de adquisición (y corregido, si procede, por provisiones para depreciación).

El primer paso de la consolidación es sustituir, en el balance de la Dominante, el inmovilizado mencionado por los activos y los exigibles de la Dependiente, cuya gestión es, de hecho, responsabilidad de aquélla. Si consideramos válidos los valores de esos activos y exigibles tal como figuran en el balance individual de la Dependiente, la comparación entre su diferencia (neto patrimonial) y el inmovilizado financiero sustituido, en este primer paso de la consolidación, dará lugar ordinariamente a una diferencia, positiva o negativa. Si es positiva se contabiliza como "fondo de comercio de consolidación" en el activo consolidado; si es negativa, se contabiliza como "diferencia negativa de consolidación" en el pasivo consolidado (En la situación que consideramos, el neto patrimonial de la Dependiente es evidentemente igual a sus fondos propios) El Cuadro 1 trata de sintetizar lo que se acaba de exponer (CONS: Consolidado; DOM: Dominante; DEP: Dependiente; INFI: Inmovilizado financiero de DOM que representa su inversión en DEP; FCC: fondo de comercio de consolidación, suponiendo que es positivo).

CUADRO 1

EN LA FECHA (a) DE LA PRIMERA CONSOLIDACIÓN

activos CONS (a)	= activos DOM	– INFI (2)	+ activos DEP (a) (2) – ajustes (3)
f. de c de CONS	=		+ FCC (1) (2)
exigibles CONS (a)	= exigibles DOM (a)		+ exigibles DEP(a) (2) – ajustes (3)
f. propios CONS (a)	= f. propios DOM (a)		

(1) cuantificado en: + INFI – activos DEP + exigibles DEP (o, de otra forma: – fondos propios DEP); es decir, el saldo de los asientos (2) es cero

(3) si existen débitos y créditos recíprocos

(a) fecha de la primera consolidación

Nos podemos ahora plantear tres preguntas.

Primera: ¿Deben cuantificarse los activos y los exigibles de DEP que se incorporan al grupo DOM por su valor contable en el balance de DEP? La respuesta es que, a los solos efectos de consolidación, y en la medida de lo posible, la diferencia de consolidación se impute directamente a los activos y exigibles de DEP, mediante su revalorización o actualización. Este razonamiento se basa en que, para el Grupo, su coste es el que DOM ha satisfecho por ellos, siendo indiferente, a estos efectos, el que originalmente supuso para DEP. La aplicación de este procedimiento supone evidentemente la modificación de la diferencia de consolidación obtenida a partir de los valores contables de DEP.

Segunda: ¿Es correcto medir los activos CONS y los exigibles CONS mediante la simple agregación de los de DOM y de DEP? Lo es, si no existen créditos y deudas recíprocos entre DOM y DEP. Si existen, la agregación mencionada debe ajustarse disminuyendo en la misma cantidad los activos agregados y los exigibles agregados. Es una operación que comienza y termina en el interior del Grupo, y que para éste carece de significación, aunque la tenga desde luego para los balances individuales de DOM y de DEP. Son los ajustes (3) del Cuadro 1.

Tercera: ¿Qué hacer con las diferencias, positivas o negativas, de consolidación? Si es positiva, se denomina fondo de comercio de consolidación, y debe aplicarse la norma habitual de de amortizarlo en un máximo de 5 años y, excepcionalmente, de 10 años. (En ocasiones, parece justificado amortizarlo en su totalidad con cargo a las reservas consolidadas en el momento de la primera consolidación).

La diferencia negativa de consolidación se registra como una cuenta del pasivo consolidado. Se puede llevar a la cuenta de pérdidas y ganancias consolidada, únicamente en dos casos: el de una evolución desfavorable de los resultados de la dependiente (lo que equivale a haberla considerado como una provisión para riesgos y gastos); y el de la enajenación (de un activo o de la totalidad) de la dependiente, cargando la diferencia de consolidación por el valor contable en el balance consolidado de lo vendido, con abono al resultado consolidado. (Lo que equivaldría a haberla considerado como una cuenta de ingresos diferidos).

* * *

Supuesto I

En los Supuestos que siguen prescindiremos de emplear alguna de las sistemáticas existentes para la elaboración de la consolidación, muy útiles para su aplicación práctica, pero innecesarias si se trata solamente de atender a las ideas de base. Con este mismo objetivo, prescindiremos de consideraciones fiscales, y consideraremos que los fondos propios coinciden con sus valores contables (sin revalorizaciones ni actualizaciones), y que una acción equivale a un voto.

También con el propósito de reducir al mínimo los números a

utilizar, prescindiremos de la amortización (obligatoria) del fondo de comercio de consolidación, que supondría la disminución de su valor contable neto y del resultado consolidado del ejercicio.

Los mismos dos balances que hemos utilizado anteriormente en la fusión por absorción corresponden a dos Sociedades que denominaremos, en lugar de AB y XY, DOM (inante) y DEP (endiente), respectivamente. DOM compra el 31.XII.91 el 100 % de las acciones de DEP pagando por ellas 550 M, pero manteniendo cada empresa su personalidad jurídica.

El balance de DOM inmediatamente después de la operación indicada sería:

circulante	2.100	− 550	=	1.550
inmov. mat. (neto)	3.900		=	3.900
inmov. financiero		+ 550	=	550
				6.000
deudas	1.200		=	1.200
capital social	3.000		=	3.000
reservas	1.800		=	1.800
				6.000

Por su parte, el balance de DEP no experimentaría modificación alguna (únicamente cambia la propiedad de las acciones representativas de su capital social).

Si se piensa, como es lo habitual, que la información contable de DOM mejora añadiendo a los dos balances de DOM y de DEP el del grupo DOM consolidado, procederemos de la siguiente forma, suponiendo que no existen entre ambas empresas relaciones financieras ni comerciales, salvo la inversión de DOM en acciones de DEP.

El balance que se consolida es siempre, tanto en este Supuesto I como en los siguientes, el de la sociedad dominante, modificado en los ajustes de consolidación en el interior del grupo DOM, que incluye a DEP.

En nuestro caso, la única operación a eliminar es la inversión financiera de DOM en DEP, cuantificada en 550 M. Para hacerlo, esta cifra se compara con el neto patrimonial, o fondos propios, de DEP y la diferencia se denomina fondo de comercio de consolidación (positivo o negativo). Los activos y las deudas de DEP se suman a los correspondientes de DOM.

	DOM	ajustes			grupo DOM
circulante	1.550	+ 320		=	1.870
inmov. mat. (neto)	3.900	+ 380		=	4.280
inmov. financiero	550		− 550	=	0
f de c de consolidación	–		+ 100	=	100
	6.000			=	6.250
deudas	1.200	+ 250		=	1.450
capital social	3.000	+ 300 − 300		=	3.000
reservas	1.800	+ 150 − 150		=	1.800
	6.000			=	6.250

Puede observarse que el balance obtenido es el mismo que el resultante de la fusión por absorción, con la diferencia de que el fondo de comercio se califica de consolidación para señalar que las sociedades integradas en el grupo DOM mantienen sus respectivas personalidades jurídicas.

* * *

DESPUÉS DE LA PRIMERA CONSOLIDACIÓN GLOBAL

Con una periodicidad determinada (anualmente, como mínimo; trimestralmente, en ocasiones), se considera conveniente elaborar la información contable del Grupo consolidado.

Para ello se utilizan las cuentas de pérdidas y ganancias (cpyg en lo sucesivo), del ejercicio de cada una de las empresas que forman el Grupo (y, en su caso, la aplicación de sus resultados), los respectivos balances en la fecha de cierre del ejercicio, y el último balance consolidado (en nuestro caso, el Cuadro 1).

Para elaborar la cpyg consolidada, se comienza por agregar las cifras de las diferentes partidas en que se desglosen las cpyg individuales. Esta simple agregación debe a continuación ajustarse para eliminar todos los ingresos y gastos generados por operaciones que comienzan y terminan en el interior del Grupo, y que no deben afectar por tanto a sus estados consolidados. En particular, deben eliminarse:

Todas las partidas de ingresos y gastos intersocietarios, como son las derivadas de ventas, compras, alquileres, cánones, intereses, dividendos. (Ver Supuestos II y III siguientes).

Todos los beneficios y pérdidas intersocietarios (incluidos, en su caso, en activos del Grupo), puesto que una entidad no puede generar un beneficio, por ejemplo, en una transacción realizada consigo misma. El resultado contable derivado de la compraventa de activos entre empresas del Grupo debe eliminarse. Para ello, se ajustarán el resultado consolidado, por un lado, y el valor contable de los activos, por otro. (Ver Supuesto IV siguiente).

Finalmente, en la cpyg consolidada, aparecerá, si procede, la amortización del fondo de comercio de consolidación correspondiente al ejercicio.

Medido de esta forma el resultado consolidado, y suponiendo que sea positivo, para calcular el beneficio consolidado retenido, han de restarse de aquél los dividendos repartidos, si los hay, de cada una de las sociedades del Grupo. Pero únicamente los distribuidos al exterior del mismo, pues los puramente internos carecen de significación para el Grupo.

El Cuadro 2 presenta el esquema de balance en la fecha de esta segunda consolidación. Los activos y los exigibles de DOM y de DEP serán desde luego distintos de los del Cuadro 1, ya que se refieren a fechas distintas, y deben ajustarse para eliminar débitos y créditos recíprocos, si existen, como se comentó en el apartado de la primera consolidación. El fondo de comercio aparecerá neto de amortización. Los fondos propios de DOM que aparecen en el Cuadro 2 coincidirán

CUADRO 2

EN LA FECHA (b) DE LA SEGUNDA CONSOLIDACIÓN

activos CONS (b)	= activos DOM (b)	+ activos DEP (b) – ajustes (4)
f de c de CONS (neto)		
exigibles CONS (b)	= exigibles DOM (b)	+ exigibles DEP (b) – ajustes (4)
f. propios CONS (b) (5)	= f. propios DOM (a)	+ beneficios CONS retenidos

(4) si existen débitos y créditos recíprocos.

(5) en el supuesto de que la modificación de f. propios se deba exclusivamente a la retención de beneficios; más adelante se comentan otras hipótesis.

(a) fecha de la primera consolidación.

(b) fecha de la nueva consolidación.

con los del Cuadro 1, salvo que hubiera habido durante el ejercicio operaciones tales como ampliaciones de capital con aportación dineraria o no, y las reservas consolidadas generadas por la retención de beneficios figuran precisamente en esta partida de fondos propios de DOM.

* * *

Supuesto II

Los resultados de 1992, y su aplicación, de DOM y de DEP se presentan en las tres primeras líneas de las dos primeras columnas del cuadro que sigue (admitiremos que los dividendos han sido pagados), indicándose en líneas inferiores las consecuencias en cada uno de los balances al 31 de diciembre de 1992:

	DOM	DEP	grupo DOM	
resultado	+ 400	+ 100	+ 500 − 70	= + 430
a dividendos	− 100	− 70	− 170 + 70	= − 100
a reservas	− 300	− 30	− 330	= − 330
activo circulante	− 100 + 70	− 70		= − 100
reservas	+ 300	+ 30		= + 300
reservas en DEP	−	−		= + 30

En este Supuesto II hay una segunda operación a eliminar en la consolidación : el reparto y pago de dividendos de 70 M que nace en la caja de DEP y termina en la de DOM, es decir, en el interior del Grupo, cuyo disponible es la suma de las dos cajas. Los dividendos repartidos al exterior del grupo serán solamente los 100 M de DOM, y como el resultado de 400 M de DOM incluye los 70 M de dividendos de DEP (en concepto de ingresos financieros), el resultado consolidado exige la eliminación de éstos:

resultado consolidado = + 400 - 70 + 100 = + 430

En cuanto a la variación de las reservas del grupo, 330 M, la normativa española pide su desglose en las específicas de DOM, 300 M, y las de DOM en DEP, 30 M.

* * *

Supuesto III

Han existido relaciones comerciales entre ambas empresas durante 1992. Las cpyg resumidas de 1992 fueron:

	DOM	DEP
ventas	+ 1.700	+ 500
coste de ventas	– 950	– 250
otros gastos e ingresos	– 350	– 150
resultado	+ 400	+ 100

Y DEP vendió a DOM mercancías por 275 M (incluidas por tanto en los 500 M), cuyo coste fue de 140 M (incluidas en los 250 M). DOM vendió al exterior durante 1992 la totalidad de estas mercancías por 425 M (incluidas, por tanto, en los 1.700 M).

Para el Grupo no hubo dos operaciones de venta, sino una sola: la que va desde DEP al exterior, cuyo margen fue de 425 - 140 = 285 M. En la consolidación de las dos cpyg habremos de realizar por tanto los ajustes que eliminan la venta de DEP a DOM interna al grupo (275 M en las ventas de DEP y 275 M en el coste de ventas de DOM), como se indica a continuación:

ventas	+ 1.700		+ 500	– 275	= + 1.925
coste de ventas	– 950	+ 275	– 250		= – 925
otros gastos e ingresos	– 350		– 150		= – 500
resultado					+ 500

En este Supuesto III, el resultado consolidado, 500 M, coincide con la agregación de los individuales, 400 M + 100 M, porque los ajustes se anulan mutuamente (Sí es diferente la composición de las partidas de la cpyg consolidada respecto de la simple agregación de las correspondientes a las cpyg individuales, como puede comprobarse en el cuadro anterior).

* * *

Supuesto IV

DOM no ha revendido al exterior las compras realizadas a DEP. Por tanto, los 275 M (de coste 140 M), permanecían, al cierre de 1992, en existencias de DOM. Para el Grupo, esa venta no existió, pues se originó y terminó en su interior. El ajuste para medir las ventas consolidadas (o al exterior, si se prefiere) será pues:

$$+ 1.700 + 500 - 275 = + 1.925 \text{ M}$$

Y el coste de ventas habrá también que ajustarlo, pero en los 140 M de DEP no vendidos (trasladados simplemente de un almacén a otro del Grupo):

$$- 950 - 250 + 140 = - 1.060 \text{ M}$$

El margen consolidado será por tanto:

$$+ 1.925 - 1.060 = 865 \text{ M}$$

Frente al medido en el Supuesto III de:

$$+ 1925 - 925 = 1.000 \text{ M}$$

Si el resultado consolidado disminuye en 1.000 – 865 = 135 M respecto del hallado en el Supuesto III, esta variación debe reflejarse en alguna otra cuenta. Concretamente, en las existencias consolidadas, pues el cambio de almacén antes mencionado no debe suponer cambio de valoración, lo que nos lleva a eliminar la diferencia entre la valoración en DEP, 140 M, y en DOM, 275 M, que es 135 M. Su razón estriba en que las operaciones internas del Grupo no pueden generar beneficios.

Es decir, comparando los Supuestos III y IV, la cuenta de existencias consolidadas será:

Supuesto III:	exist DOM	+ exist DEP
Supuesto IV:	exist DOM	+ exist DEP – 135

y en resultados:

resultado IV = resultado III – 135

(Lo aquí comentado es generalizable a la compra-venta interna de cualquier tipo de activos: para el Grupo estas operaciones no existen, ni, por tanto, sus resultados contables, beneficios o pérdidas).

* * *

Supuesto V

DEP concede a DOM un préstamo a corto de 75 M el 31 de diciembre de 1992. (Dada esta fecha, no existirán intereses devengados al cierre del ejercicio).

En el balance de DOM, el activo circulante y las deudas a corto aumentarán en 75 M.

En el de DEP, se modificarán cuentas del activo circulante: el disponible disminuirá en 75 M y los deudores a corto aumentarán en 75 M.

Pero para el Grupo esta operación financiera no existe por ser interna al mismo: el balance consolidado debe presentar las deudas y créditos exteriores al Grupo; por consiguiente, la simple suma de partidas de balance de DOM y DEP al 31 de diciembre de 1992 debe ser ajustada para eliminarla. Es decir, suponiendo que es la única relación financiera entre las dos empresas:

disponible consolidado = disponible DOM + disponible DEP

deudores a corto consolidados = deudores DOM + deudores DEP − 75

deudas a corto consolidadas = deudas DOM − 75 + deudas DEP

(Si existieran intereses devengados, pagados o no, los ajustes de consolidación serían equivalentes a los comentados en el Supuesto II para los dividendos internos).

* * *

SOCIEDADES DEPENDIENTES PARTICIPADAS EN PROPORCIÓN SUPERIOR AL 50 %, PERO INFERIOR AL 100 %

Supongamos que la inversión de DOM en DEP (INFI en el Cuadro 1) compró solamente el 80 % del capital de esta última, en lugar del 100 % que habíamos supuesto hasta ahora.

DOM sigue dirigiendo y mandando en DEP (aunque quizá no con la comodidad que anteriormente). Procede por tanto aplicar la consolidación global. Por ello, lo expuesto hasta ahora sigue siendo válido, introduciendo en el planteamiento la existencia de unos accionistas minoritarios propietarios del 20 % del capital de DEP, que la normativa española denomina "socios externos". En los balances consolidados, figuran en una cuenta específica del pasivo "socios externos", considerados, en el Grupo, como acreedores.

En el Cuadro 1, aparecería entre exigibles CONS y f propios CONS. Su cuantificación sería el 20 % de los fondos propios de DEP en la fecha de esa primera consolidación. Por otra parte, el f de c de CONS sería:

+ INFI – 80 % (activos DEP – exigibles DEP)

Refiriéndonos a la elaboración de la cpyg consolidada, comentada en el apartado precedente, después de medir el resultado consolidado, se tiene en cuenta que el 20 % del resultado de DEP corresponde a los socios externos. Se presenta como sigue:

	beneficio consolidado del ejercicio
menos:	beneficio atribuido a socios externos
	beneficio del ejercicio atribuido a DOM

En el Cuadro 2, ello nos lleva a:

Introducir en el pasivo la cuenta de "socios externos" cuantificado en:

20 %	f. propios de DEP en la fecha (a) del Cuadro 1
+ 20 %	resultado de DEP del ejercicio (disminuido, en su caso, en los dividendos repartidos a los accionistas minoritarios).

Los ajustes de los que se ha hecho mención en el apartado anterior (participación del 100 %) siguen siendo los mismos en el caso actual de participación del 80 %. Se razona que, dado que DOM sigue "mandando" en DEP, tales ajustes no deben afectar a la cuantificación de los fondos propios y de los resultados de los minoritarios de DEP, sino a los atribuidos a DOM.

* * *

Supuesto VI

Remitiéndonos al Supuesto I, la inversión de 550 M de DOM en DEP compró el 80 % de sus acciones (y no el 100 % como en el Supuesto I).

Aunque DOM sigue mandando en DEP por tener la mayoría absoluta, y por ello procede la consolidación global, existen socios externos al Grupo, propietarios del 20 % del capital de DEP.

Para los balances individuales de DOM y de DEP siguen siendo válidos los comentarios del Supuesto I.

Pero el balance del Grupo consolidado debe registrar la existencia de estos socios externos (asimilados a un tipo de acreedores), cuantificados en el 20 % de los fondos propios de DEP en el momento de la consolidación:

Socios externos = 20 % (300 + 150) = 90 M

Por otra parte, el fondo de comercio de consolidación será la diferencia entre la inversión y el 80 % de los fondos propios de DEP:

550 − 80 % (300 + 150) = 550 − 360 = 190 M

El balance consolidado hallado en el Supuesto I se modificará por tanto como sigue:

a circulante	1.870
inmov. material (neto)	4.280
f de c de consolidación	100 + 90
	6.340
deudas	1.450
socios externos	+ 90
capital social	3.000
reservas	1.800
	6.340

* * *

Supuesto VII

Remitiéndonos al Supuesto II, el dividendo puramente interno a eliminar (porque sale de la caja de DEP y entra en la de DOM sin modificar por consiguiente la total del Grupo) es solamente el 80 % 70 M = 56 M; los restantes 20 % 70 M = 14 M, sí salen del Grupo.

El resultado consolidado de 1992 del Supuesto II se modificará como sigue, desglosando las partidas correspondientes a los socios externos, y teniendo en cuenta que los ingresos financieros de DOM a eliminar son 56 M.

beneficio consolidado: 500 – 56	=	444
benef. atribuido a s. externos, [20 % 100]	=	– 20
benef. atribuido a DOM	=	424
a dividendos de DOM	=	– 100
a reservas	=	– 300
a reservas de DOM en DEP	=	– 24

[Las reservas de DOM en DEP son el 80 % de los beneficios retenidos por DEP en 1992, es decir: 80 % (100 – 70) = 24 M].

Y las partidas del balance consolidado al 31.XII.92, después de la anterior aplicación del resultado, y señalando en el consolidado del Supuesto VI precedente las cuentas afectadas por ajustes de consolidación:

a. circulante	:		– 100	(a)	– 14	(b)
socios externos	:	90	+ 20	(a)	– 14	(b)
capital social	:	3.000				
reservas de DOM	:	1.800	+ 300	(a)		
reservas de DOM en DEP	:		+ 24	(a)		
benef. consolidado 92	:		– 444	(a)		

Los asientos (a) proceden de la aplicación de los 444 M de beneficio consolidado, y los (b) reflejan el pago de 14 M de dividendos de DEP a los socios externos.

Otra forma de presentar la aplicación del beneficio consolidado podría haber sido:

beneficio consolidado		444
a	dividendos s. externos	– 14
a	socios externos (consolidados)	– 6
a	dividendos de DOM	– 100
a	reservas de DOM (específicas)	– 300
a	reservas de DOM en DEP	– 24

* * *

Supuesto VIII

Remitiéndonos al Supuesto III, en el que existen ventas de DEP a DOM, revendiendo DOM al exterior la totalidad de lo comprado a DEP, no se producen modificaciones en el balance consolidado (ni en el resultado consolidado) del Supuesto VII precedente, por las razones expuestas en el mencionado Supuesto III.

* * *

Supuesto IX

Remitiéndonos al Supuesto IV, DOM mantiene en sus existencias una parte de las compras realizadas a DEP. La corrección de la valoración de existencias en DEP (disminución de 135 M, para que reflejen el coste para el Grupo, y no para DOM) se refleja en una disminución equivalente de los resultados consolidados de DOM. Los ajustes de consolidación son, por tanto, los mismos del Supuesto IV.

Cabría argumentar que estos resultados debieran disminuir solamente en el 80 % 135 M, cargando el 20 % restante a los socios externos. Pero la normativa española no lo hace así, porque quien tiene la responsabilidad de gestionar los activos de DEP es, en último término, DOM. Y se estima por ello más representativo que las cuentas de socios externos no se vean afectadas por las consecuencias de estas operaciones internas del Grupo.

* * *

Supuesto X

Remitiéndonos al Supuesto V, DEP concede a DOM un préstamo de 75 el 31.XII.92. Procede realizar ajustes de consolidación que eliminen esta operación puramente interna al Grupo, y que coincide con el realizado en el mencionado Supuesto V, puesto que se estima, por las mismas razones que se expusieron en el Supuesto IX para las existencias compradas por DOM a DEP pero no revendidas al exterior, que la cuenta de socios externos no debe resultar afectada.

* * *

Supuesto XI

Los fondos propios de DEP pueden variar también, por supuesto, por operaciones contables que no pasen por la cpyg. Supongamos, por ejemplo, que en 1992, DEP realiza una ampliación de capital a la par en proporción de 1 × 10, que significa una aportación dineraria de 32 M. El 80 % 32 = 25,6 M es suscrito por DOM y el 20 % 32 = 6,4 M por los accionistas minoritarios de DEP. La primera aportación comienza y termina en el interior del Grupo, por lo que no modifica los estados consolidados. La segunda sí representa una aportación del exterior (aumento de 6,4 M de la tesorería consolidada) procedente de los accionistas minoritarios (aumento de 6,4 M de los socios externos en el pasivo consolidado) .

(Si la participación de DOM fuera del 100 %, la ampliación de capital no tendría ninguna consecuencia en el Grupo consolidado).

Se puede considerar que, al mantenerse igual el porcentaje de DOM en DEP, nada se modifica en la que se refiere a la expresión consolidada del dominio de DOM sobre activos y exigibles de DEP.

Si se modificara dicho porcentaje, también se modificaría el mencionado dominio, y estaríamos en una situación análoga a la de la primera consolidación. Si, por ejemplo, la inversión de DOM significara la compra del 100 % de la ampliación de capital de DEP, aparecería un inmovilizado financiero en DOM, que en el consolidado debe eliminarse comparándolo con el saldo de socios externos, que no han acudido a la ampliación. Esta comparación dará lugar a una diferencia, positiva o negativa, de consolidación, como en el momento en que ésta se realizó por primera vez.

Si se modificaran los fondos propios de DEP por aportaciones no dinerarias (a través de un inmovilizado, por ejemplo), aumentarían simultáneamente el activo consolidado correspondiente por un lado, y, por otro, las cuentas de socios externos y de reservas consolidadas de DOM en DEP en función de su participación en la aportación mencionada.

* * *

SÍNTESIS DEL PROCEDIMIENTO DE CONSOLIDACIÓN GLOBAL

Para repasar sintéticamente este procedimiento, se presenta el Cuadro 5, que responde a las siguientes hipótesis (los Cuadros 5 y 6 figuran al final del capítulo):

(1) Se reproducen los balances individuales de DOM y de DEP al 31.XII.91 (entre los cuales no hay en esta fecha relación ninguna salvo la inversión de 550 M) después de la aplicación del resultado de 1991. La situación es la del Supuesto VI: los 550 M compraron el 80 % de las acciones de DEP, y los ajustes de consolidación (1) (tercera columna del Cuadro) son los mismos de dicho Supuesto VI. La finalidad de estos ajustes es sustituir los 550 M por la agregación al balance de DOM de los

activos y pasivos exigibles de DEP, cuya diferencia es el neto patrimonial de DEP, reconociendo en el balance consolidado que el 20 % de este patrimonio neto pertenece a los accionistas minoritarios de DEP, o socios externos. Admitiendo que, en este caso, no procede realizar, a efectos de la consolidación, revalorizaciones ni actualizaciones de activos y exigibles de DEP, su neto patrimonial (320 + 380 – 250 = 450 M) coincidirá con los fondos propios que leemos en el balance de DEP (300 + 150 = 450 M), registrando el 20 % 450 M = 90 M como acreedores del Grupo. La diferencia entre el neto patrimonial adquirido, 450 M, menos los socios externos reconocidos, 90 M, por un lado, y la inversión realizada, 550 M, por otro, es decir, 550 – (450 – 90) = 190 M, constituye el fondo de comercio de consolidación.

La cuarta columna del Cuadro 5 presenta el balance del grupo DOM consolidado al 31.XII.91 y que es asimismo el correspondiente a la primera consolidación. Las dos columnas siguientes muestran los balances de DOM y de DEP al 31.XII.92 (que no se habían utilizado en los Supuestos precedentes), y de las cpyg de 1992.

La primera columna del Cuadro 6 expresa, a partir de la primera consolidación al 31.XII.91 del Cuadro 5, que DOM, a través de sus fondos propios de 4.800 M, es la responsable de unos activos agregados de DOM y de DEP que suman un total de 6.600 M, de unos recursos de terceros, 1.100 M + 110 M, de los accionistas minoritarios de DEP, 90 M, y de la aplicación de los resultados de 1.992, 400 M + 100 M. Estas simples agregaciones deben ajustarse para eliminar las eventuales operaciones realizadas durante 1992 que comiencen y terminen en el interior del grupo DOM consolidado (que puede simbolizarse en DOM + 80 % DEP). El mismo razonamiento es aplicable para la elaboración de la cpyg consolidada. Las operaciones internas del Grupo fueron las que siguen. (Puesto que utilizamos la referencia (1) para la primera consolidación del Cuadro 5 comenzaremos por la (2)).

(2) Los 500 M de ventas de DEP incluyen 260 M (cuyo coste fue de 145 M) vendidos a DOM, que a su vez los revendió en su totalidad por 425 M. (Caso análogo al Supuesto VIII). Los ajustes (2) afectan únicamente a la cpyg 1992, en sus partidas de ventas al exterior de DEP y de coste de ventas de DOM, en cantidades iguales, 260 M, y de signos contrarios. El Grupo ha realizado una sola operación de venta al exterior, 425 M, y cuyo coste fue 145 M. El resultado consolidado no varía, y no se precisan ajustes en el balance del Grupo.

(3) Las ventas de DEP incluyen también 95 M (cuyo coste fue 45 M) vendidos a DOM, pero que ésta mantiene en sus existencias al 31.XII.92. (Caso análogo al Supuesto IX). Esta operación no existe para el Grupo: procede la eliminación de 95 M en las ventas de DEP y de 45 M en el coste de ventas también de DEP. El resultado consolidado disminuye

por tanto en 50 M. Los ajustes en balance, que en lo sucesivo identificaremos con la inicial b, serán esa disminución, 50 M, del resultado pendiente de aplicación, y una disminución equivalente de existencias (en el activo circulante), ya que éstas no deben valorarse al coste para DOM, 95 M, sino para el Grupo, 45 M: es un simple cambio de localización geográfica de existencias en el interior del Grupo, que no realiza beneficios en sus operaciones internas.

(4) Se decidió la amortización del fondo de comercio de consolidación, 190 M, en 5 años, equivalente a 38 M anuales, cifra en la que se ajustan el resultado consolidado de 1992 y el fondo de comercio activado.

(5) DEP concede a DOM un préstamo de 75 M el 31.XII.92. (Caso análogo al Supuesto X). Por la fecha de la operación, no existen intereses devengados al cierre del balance. Los ajustes de consolidación (5b) afectan por ello únicamente al balance: disminuyen en 75 M los deudores a corto (activo circulante) de DEP y las deudas de DOM. (Si existieran intereses devengados, que serían puramente internos, se ajustarían como los dividendos internos del párrafo siguiente).

(6) Como figura en la parte inferior del Cuadro 5, DEP repartió 70 M de dividendos, que suponemos pagados. (Caso análogo al del Supuesto II). El 80 %, 56 M, correspondieron a DOM: operación que debe eliminarse, pues la tesorería del Grupo no sufre ninguna modificación. En la cpyg 1992, los otros ingresos de DOM disminuirán en 56 M, e igualmente, el resultado consolidado: son los ajustes (6). Y en el balance del Grupo, se incorporan 56 M de resultados a las reservas de DOM: ajustes (6b).

(7) La cpyg consolidada de 1992 aparece, incorporando a la agregación inicial de las de DOM y de DEP los sucesivos ajustes precedentes, en la última columna de la parte inferior del Cuadro 6, que desemboca en un resultado consolidado de 356 M. Una parte de esta cifra corresponde a los socios externos: concretamente el 20 % de los beneficios específicos de DEP (100 M en el Cuadro 5). Los ajustes (7) y (7b) reflejan esta atribución. Tras esta correción, resultan 336 M atribuidos a DOM, que se aplican como señalan los puntos que siguen.

(8) Los 100 M de dividendos de DOM (Cuadro 5) entregados al exterior del Grupo, por lo que disminuye su disponible, como lo registran los ajustes (8b).

(9) El resultado incorporado a reservas del Grupo es de 236 M, que se desglosan, siguiendo la normativa española, en 80 % 30 = 24 M (Cuadro 5), que son reservas del grupo DOM en DEP, y que registran los ajustes (9b), y

(10) 212 M a reservas del Grupo en DOM, registrado en los ajustes (10b).

(11) Finalmente, los ajustes (11 b) registran los dividendos de 20 % 70 = 14 M entregados a los accionistas minoritarios de DEP, lo que disminuye el disponible del Grupo y la cuenta de socios externos.

* * *

Objetivo de la consolidación global

En resumen, su propósito es ofrecer una imagen fiel del Grupo, dirigido por la sociedad dominante. Lo trata de conseguir, como cada una de las empresas individuales, a través de los estados contables consolidados (aunque la normativa española no obliga a presentar el cuadro de financiación) y la memoria, cuyo contenido es sustancialmente equivalente al exigido por el PGC. Estos estados contables, junto con la memoria y el informe de gestión consolidado, han de someterse a la aprobación de la Junta General de Accionistas de la dominante, acompañados del informe de los auditores.

Los estados contables presentan los activos, de cuya gestión la empresa dominante es la principal reponsable, y los recursos de terceros (incluidos los socios externos), que suponen también en primer lugar, compromisos de la dominante. De estos activos y de estos exigibles se han eliminado todos los que hubieran podido originarse por operaciones puramente internas, que comienzan y terminan en el interior del Grupo, y que por tanto no tienen consecuencias contables cuando se considera el referido Grupo como una sola unidad económica.

Las conclusiones a las que se llegue mediante el estudio económico-financiero de esta información consolidada (realizado de igual manera que el de una empresa individual) constituyen otros tantos elementos de juicio a añadir a los obtenidos de la información contable de cada una de las empresas que constituyen el Grupo. Y de particular significación, ya que presentan todos los recursos cuya gestión es responsabilidad de la dirección de la sociedad dominante: cómo se han invertido, cómo están financiados, y qué resultados se han conseguido.

Exenciones a la obligación de consolidar

No será obligatoria la consolidación global cuando, durante dos ejercicios consecutivos, el conjunto de las sociedades del Grupo no sobrepase dos de los límites siguientes:

total activo consolidado, no superior a 2.300 M
importe neto consolidado de la cifra anual de negocios, inferior a 4.800 M
número medio de trabajadores, no superior a 500

Para cuantificar los dos primeros límites, puede considerarse simplemente la suma de los valores nominales de todas las sociedades del Grupo (es decir, sin ajustes de consolidación). En este caso, las dos cifras correspondientes deben incrementarse en un 20 %.

Tampoco existe obligación cuando la sociedad dominante sea al mismo tiempo dependiente de otra que se rija por la legislación de cualquier Estado miembro de la CEE, salvo que socios minoritarios que detenten el 10 % de las participaciones sociales soliciten la consolidación.

Finalmente, puede no aplicarse la consolidación global cuando la dependiente presente un interés poco significativo con respecto a la imagen fiel del Grupo; cuando existan restricciones importantes y permanentes que dificulten sustancialmente la gestión de la dependiente por la dominante; cuando la obtención de la información necesaria implique gastos o retrasos desproporcionados; cuando la dependiente realice actividades significativamente diferentes de las de la dominante (exención esta última que tiende a admitirse en la actualidad con criterio particularmente restrictivo). En todo caso, se exige habitualmente la puesta en equivalencia (que se comenta a continuación) de las dependientes que se han estimado exentas de la integración global.

PUESTA EN EQUIVALENCIA

Este sistema no es estrictamente un método de consolidación, sino más bien un procedimiento de valoración de inversiones financieras permanentes.

Es aplicable cuando la empresa dominante (y/o sus dependientes) no cuenta con la mayoría absoluta (más del 50 % de los votos), pero sí ejerce una influencia notable en su gestión.

Se presume que existe esta influencia notable cuando una o varias sociedades del Grupo posean una participación en el capital de la empresa (que se denomina "asociada") de, al menos, el 20 %, o el 3 % si cotiza en bolsa.

En la primera puesta en equivalencia se sustituye el valor contable del inmovilizado financiero que representa en el balance de una sociedad del Grupo su inversión en la asociada, por el porcentaje que de los fondos propios de esta última le corresponda. La diferencia, positiva o negativa, resultante de dicha comparación entre inversión y porcentaje de fondos propios, se denomina diferencia de consolidación, y se contabiliza y amortiza siguiendo idénticos criterios a los empleados en la consolidación global. La normativa española pide su inscripción en una cuenta específica, distinta de las diferencias de consolidación procedentes de la integración global de las sociedades dependientes.

(Se permite la actualización y revalorización de activos y exigibles de la asociada, como se comentó en la integración global, a los solos efectos de la consolidación).

Los ajustes (1) para realizar la primera puesta en equivalencia son los siguientes, utilizando la terminología de la normativa española. (Abreviamos P en EQ: puesta en equivalencia; ASO: empresa asociada. Consideramos que la inversora posee el 40 % de ASO y que la diferencia de consolidación es positiva, denominándola f de c de CONS). Los ajustes (1) modifican el activo consolidado, y, en concreto, la partida de inmovilizaciones financieras con la aparición de una nueva partida de f de c (la agregación de los ajustes (1) arroja, por definición, un saldo 0), y se indican en el Cuadro 3.

CUADRO 3

inmovilizaciones financieras
inversión en ASO – inversión en ASO (1)
+ participación P en EQ (1) [=40 % f. propios ASO]

+ f de c de CONS de sociedades P en EQ (1)

[nota: saldo de los asientos (1) = 0]

Suponiendo que la segunda puesta en equivalencia se realiza un año más tarde, que no han existido operaciones internas, y que ASO ha obtenido un beneficio sin repartir dividendos, se realizan los ajustes (2) y (3) del Cuadro 4. Estos tipos de ajustes son los únicos que hace falta tomar en cuenta cuando se utilice únicamente la puesta en equivalencia, sin consolidación global. (Si ASO reparte dividendos, éstos se abonan a la valoración de las participaciones P en EQ del activo, que se ajustan así con los beneficios retenidos solamente, con cargo a la aplicación del resultado).

El ajuste (4) se debe a que la normativa española (que obliga a la puesta en equivalencia solamente si procede consolidación global del Grupo) exige que se explicite en las reservas consolidadas de la dominante la parte específica que se genera en las asociadas (al igual que sucedía en las dependientes, como se comentó en la consolidación

CUADRO 4

activo consolidado	pasivo consolidado
participaciones P en EQ = 40 % f propios iniciales ASO + 40 % beneficio ASO (2)	reservas de la dominante: (4) en sociedades P en EQ
f de c CONS (neto (3))	

CPYG consolidada Año 1
y su aplicación

. . . .	. . . .
amortización f de c de CONS (3)	participación (40 %) en beneficios de sociedades P en EQ (2)
. . . .	. . . .
	BENEFICIO ATRIBUIDO A LA SOCIEDAD DOMINANTE
APLICACIÓN DEL BENEFICIO	
. . . .	
a reservas de la dominante en sociedades P en EQ (4)	
. . . .	

[Notas: Las participaciones puestas en equivalencia del activo son siempre iguales a los f. propios de la ASO en la fecha del balance.
Las reservas de la dominante en sociedades P en EQ del pasivo son el acumulado de los asientos anuales tipo (4)]

global). De no mediar esta exigencia, los ajustes (4) desaparecerían, integrándose en las reservas atribuídas a la dominante, sin más desgloses.

En el Cuadro 4 se ha supuesto que ASO no reparte dividendos. Si lo hiciera, disminuiría en la misma cifra la cuantificación de las participaciones P en EQ, que deben siempre ser iguales a los fondos propios de ASO, lo que significa, en nuestro caso, sumar, no el beneficio de ASO del ejercicio, sino solamente el retenido. E igualmente disminuiría la cifra que se incorpora en el ejercicio a las reservas de la Dominante.

Lo expuesto hasta aquí representa lo más significativo de la puesta en equivalencia. Porque, aunque en teoría es deseable la eliminación de las transacciones contables que se realicen entre la asociada y el resto de las sociedades del Grupo, en la práctica es frecuente no realizarla. Por la dificultad de llevarla a cabo (la normativa española dice: "en la medida en que se pueda obtener la información necesaria") y porque su omisión no altera generalmente de manera significativa la imagen fiel del Grupo consolidado. De realizarse los ajustes de eliminación, se seguirían los mismos procedimientos empleados en la consolidación global, aunque exclusivamente en el porcentaje que de la asociada posee el Grupo (40 % en nuestro caso).

Como ya se ha dicho, la normativa española exige la puesta en equivalencia de las asociadas, únicamente si existen sociedades dependientes. Sin embargo, no es raro que, aunque no sea obligatoria, sí se estima conveniente, considerándose especialmente significativa la cpyg.

La razón estriba en el argumento general de que en la información contable es preferible seguir el principio del devengo que el de caja. Y si la sociedad inversora contabiliza al coste su inmovilizado financiero en ASO, la cpyg de aquella varía en función de los dividendos de ASO; si la pone en equivalencia, en función del resultado (beneficio o pérdida) de ASO. Y, por otro lado, esta información facilita juzgar sobre la posibilidad de que la inversora haga uso de su influencia notable en la asociada para "forzar", en un sentido u otro, la política de dividendos de esta última. En cualquier caso, la puesta en equivalencia se justifica, como ya se mencionó, si la inversora ejerce una influencia notable en la asociada. Los índices cuantitativos utilizados (participación superior al 20 % o al 3 % si cotiza en bolsa) no pasan de ser meramente indicativos, mucho menos fiables que el exigido para la consolidación global (mayoría absoluta). Cabe imaginar fácilmente situaciones en las que una participación de un 25 % es decisiva: si el resto del accionariado está muy atomizado, por ejemplo; y que en cambio, es muy poco significativa, si el 75 % restante está en manos de uno o muy pocos accionistas. Por ello cabe pensar que la inversora tenderá (con independencia de los índices cuantitativos orientativos) a invocar una influencia notable sobre una asociada cuyos resultados económicos sean satisfactorios, para ponerla en equivalencia; y a negarla, si son insatisfactorios, para no hacerlo.

(Las provisiones para la depreciación del inmovilizado financiero exigidas por el PGC español, corrigen parcialmente las diferencias entre los dos tratamientos mencionados; pero sólo en parte, ya que la posibilidad, lógica por otro lado, de tener en cuenta las reservas tácitas de la asociada, dificulta la cuantificación objetiva de aquellas provisiones).

INTEGRACIÓN PROPORCIONAL

Es de aplicación a las sociedades denominadas, a los solos efectos de la consolidación, "multigrupo". Estas son sociedades, participadas en su capital por una o más empresas del Grupo, y que son gestionadas conjuntamente (según acuerdos estatutarios) con otra u otras empresas ajenas al mismo.

Se aplican las mismas reglas de la consolidación global, con una sola diferencia que resulta de realizar las agregaciones y las eventuales eliminaciones por operaciones internas en función del porcentaje de participación del Grupo en el capital de la multigrupo. No aparece por tanto ninguna partida correspondiente a socios externos.

Este método es en la mayoría de los casos poco significativo, y la normativa española lo indica como potestativo, pudiéndose utilizar en su lugar la puesta en equivalencia. Esto es razonable, ya que la sociedad inversora no es quien decide en la gestión: se limita a tener una influencia notable en ella, juntamente con otras empresas ajenas al Grupo.

GRUPO DE SOCIEDADES

Es el formado, a los únicos efectos de la consolidación de cuentas, por la sociedad dominante y por una o varias sociedades dependientes.

CONJUNTO CONSOLIDABLE

Es el formado por las sociedades a las que efectivamente se aplique el método de integración global o el proporcional (es decir, que no se hayan considerado incluidas en las exenciones mencionadas anteriormente).

PERÍMETRO DE LA CONSOLIDACIÓN

Está formado por las sociedades que forman el conjunto consolidable y por las sociedades a las que sea de aplicación la puesta en equivalencia. Este último debe aplicarse a las asociadas; las dependientes que se hayan considerado exenciones a la integración global; las multigrupo a las que no se aplique la integración proporcional. En cualquier caso, podrá prescindirse de las sociedades que no tengan un interés significativo para la expresión de la imagen fiel del Grupo consolidado.

HOMOGENEIZACIONES PREVIAS A LA CONSOLIDACIÓN

La temporal exige referir toda la información a la fecha de cierre contable utilizada por la sociedad dominante.

La valorativa exige uniformar los criterios contables empleados en la formulación de los estados financieros a consolidar.

La de la clasificación contable utilizada para la preparación de las cuentas anuales individuales.

Dado que la normativa española considera las cuentas consolidadas como una extensión de las de la sociedad dominante, lo anterior significa, de hecho, ajustar las de las restantes sociedades a las praxis adoptadas por aquella.

Y la existencia de diversos métodos de consolidación (la VII Directiva es solamente uno de ellos, y la normativa española es solamente una de las posibles aplicaciones de aquella) nos recuerda de nuevo la imposibilidad práctica de conseguir "la" imagen fiel, en este caso del Grupo. Procedimientos distintos reflejan "una" imagen fiel del Grupo diferente.

Nota: Al final del capítulo se reproducen los modelos contables consolidados según la normativa española, *subrayando* las cuentas específicas de la consolidación. Las cuentas de *diferencias de conversión* (en los fondos propios) y de *resultados, positivos o negativos, de conversión,* (en la cpyg) aparecen si existen sociedades consolidadas en el extranjero; y como consecuencia de la conversión de sus estados contables nominados en moneda extranjera a pesetas, si ha habido modificaciones en el tipo de cambio.

	BALANCES AL 31.XII.91 después de la aplicación del resultado				BALANCES AL 31.XII.92 antes de la aplic. del resultado	
	DOM	DEP	ajustes	GRUPO	DOM	DEP
activo circulante	1.500	+ 320		= 1.870	1.700	340
inmov. material (neto)	3.900	+ 380		= 4.280	4.050	320
inmov. financiero	550	*	− 550 (1)	= 0	550	
f. de c. de consolidación	*	*	+ 190 (1)	= 190	*	
	6.000	+ 700		= 6.340	6.300	660
deudas	1.200	+ 250		= 1.450	1.100	110
socios externos	*	*	+ 90 (1)	= 90	*	
capital social	3.000	+ 300	− 300 (1)	= 3.000	3.000	300
reservas	1.800	+ 150	− 150 (1)	= 1.800	1.800	150
resultado 1992	*	*		*	400	100
	6.000	+ 700		= 6.340	6.300	660

CPYG DE 1992 Y APLICACIÓN DEL RESULTADO

	DOM	DEP
ventas	1.700	500
coste de ventas	− 950	− 250
otros gastos e ingresos	− 350	− 150
resultado 1992	400	100
a dividendos	− 100	− 70
a reservas	− 300	− 30

CUADRO 6

PROCESO DE CONSOLIDACIÓN DEL BALANCE DEL GRUPO AL 31.XII.92 DESPUÉS DE LA APLICACIÓN DEL RESULTADO

activo circulante	1.700	+ 340	– 50 (3b)		– 75 (5b)			– 100 (8b)			– 14 (11b)	=	1.801
inmov. material (neto)	4.050	+ 320		– 38 (4b)								=	4.370
f de c de consolidación (neto)		190										=	152
	6.600												6.323
deudas	1.100	+ 110			– 75 (5b)							=	1.135
socios externos		90					+ 20 (7b)				– 14 (11b)	=	96
capital social		3.000										=	3.000
reservas de DOM		1.800				+ 56 (6b)				+ 212 (10b)		=	2.068
reservas de DOM en DEP		–							+ 24 (9b)			=	24
resultado 1992	400	+ 100	– 50 (3b)	– 38 (4b)		– 56 (6b)	– 20 (7b)	– 100 (8b)	– 24 (9b)	– 212 (10b)		=	0
	6.600												6.323

CPYG CONSOLIDADA 1992 Y SU APLICACIÓN

ventas	1.700	+ 500	– 260 (2)	– 95 (3)			=	+ 1.845
coste de ventas	– 950	– 250	+ 260 (2)	+ 45 (3)			=	– 895
otros gastos e ingresos	– 350	– 150				– 56 (6)	=	– 556
amort f de c de c	*				– 38 (4)		=	– 38
resultado consolidado	+ 400	+ 100	0	– 50	– 38	– 56 (6)	=	+ 356
atribuido a s. externos								– 20 (7)
atribuido a DOM								+ 336
a dividendos de DOM								– 100 (8)
a reservas de DOM en DEP								– 24 (9)
a reservas de DOM								– 212 (10)

ACTIVO	Ejerc. N	Ejerc. N-1
A) Actividades por desembolsos no exigidos		
B) Inmovilizado		
I Gastos de establecimiento		
II Inmovilizaciones inmateriales		
1. Bienes y derechos inmateriales		
2. Provisiones y amortizaciones (·)		
III Inmovilizaciones materiales		
1. Terrenos y construcciones		
2. Instalaciones técnicas y maquinaria		
3. Otro inmovilizado		
4. Anticipos e inmovilizaciones materiales en curso		
5. Provisiones y amortizaciones (·)		
IV Inmovilizaciones financieras		
1. *Participaciones puestas en equivalencia*		
2. *Créditos a sociedades puestas en equivalencia*		
3. Cartera de valores a largo plazo		
4. Otros créditos		
5. Provisiones (·)		
V *Acciones de la sociedad dominante*		
C) *Fondo de comercio de consolidación*		
1. De sociedades consolidadas por integración global o proporcional		
2. De sociedades puestas en equivalencia		
D) Gastos a distribuir en varios ejercicios		
E) Activo circulante		
I Accionistas por desembolsos exigidos		
II Existencias		
III Deudores		
1. Clientes por ventas y prestaciones de servicios		
2. *Empresas puestas en equivalencia*		
3. Otros deudores		
4. Provisiones (·)		
IV Inversiones financieras temporales		
1. Cartera de valores a corto plazo		
2. *Créditos a empresas puestas en equivalencia*		
3. Otros créditos		
4. Provisiones (·)		
V *Acciones de la sociedad dominante a corto plazo*		
VI Tesorería		
VII Ajustes por periodificación		

PASIVO	Ejerc. N	Ejerc. N-1
A) Fondos propios		
I Capital suscrito		
II Prima de emisión		
III Reserva de revalorización		
IV Otras reservas de la sociedad dominante		
1. Reservas distribución		
2. Reservas no distribución		
3. Resultados de ejercicios anteriores		
V *Reservas de sociedades consolidadas por integración global o proporcional*		
VI *Reservas en sociedades puestas en equivalencia*		
VII *Diferencias de conversión*		
1. De sociedades consolidadas por integración global o proporcional		
2. De sociedades puestas en equivalencia		
VIII *Pérdidas y Ganancias atribuibles a la sociedad dominante* (Beneficio o Pérdida)		
1. *Pérdidas y Ganancias consolidadas*		
2. *Pérdidas y Ganancias atribuidas a socios externos* (·)		
IX Dividendo a cuenta entregado en el ejercicio (·)		
B) *Socios externos*		
C) *Diferencia negativa de consolidación*		
1. De sociedades consolidadas por integración global o proporcional		
2. De sociedades puestas en equivalencia		
D) Ingresos a distribuir en varios ejercicios		
1. Subvenciones en capital		
2. Otros ingresos a distribuir en varios ejercicios		
E) Provisiones para riesgos y gastos		
F) Acreedores a largo plazo		
I Emisiones de obligaciones y otros valores negociables		
II Deudas con entidades de crédito		
III *Deudas con sociedades puestas en equivalnecia*		
IV Otros acreedores		
G) Acreedores a corto plazo		
I Emisión de obligaciones y otros valores negociables		
II Deudas con entidades de crédito		
III *Deudas con sociedades puestas en equivalencia*		
IV Acreedores comerciales		
V Otras deudas no comerciales		
VI Provisiones para operaciones de tráfico		
VII Ajustes por periodificación		

CUENTA DE PÉRDIDAS Y GANANCIAS CONSOLIDADAS

A. GASTOS	Ejerc. N	Ejerc. N-1
1. Reducción de existencias de productos terminados y en curso de fabricación		
2. Consumos y otros gastos externos		
3. Gastos de personal		
a) Sueldos, salarios y asimilados		
b) Cargas sociales		
4. Dotaciones para amortizaciones de inmovilizado		
5. Variación de provisiones de tráfico		
6. Otros gastos de explotación		
I BENEFICIOS DE EXPLOTACIÓN		
7. Gastos financieros		
8. Pérdidas de *inversiones financieras temporales*		
9. Variación de provisiones de inversiones financieras		
10. Diferencias negativas de cambio		
11. *Resultados negativos de conversión*		
II RESULTADOS FINANCIEROS POSITIVOS		
12. *Participación en pérdidas de sociedades puestas en equivalencia*		
13. *Amortización del fondo de comercio de consolidación*		
III BENEFICIOS DE LAS ACTIVIDADES ORDINARIAS		
14. Pérdidas procedentes del inmovilizado		
15. Variación de provisiones de inmovilizado material e inmaterial		
16. *Pérdidas por enajenaciones de participaciones en sociedades consolidadas por integración proporcional o global*		
17. *Pérdidas por enajenación de participaciones puestas en equivalencia*		
18. *Pérdidas por operaciones con acciones de la sociedad dominante y con pasivos financieros del grupo*		
19. Gastos y pérdidas extraordinarios		
IV RESULTADOS EXTRAORDINARIOS POSITIVOS		
V BENEFICIOS CONSOLIDADOS ANTES DE IMPUESTOS		
20. Impuesto sobre beneficios		
VI RESULTADO CONSOLIDADO DEL EJERCICIO (BENEFICIO)		
21. *Resultado atribuido a socios externos* (Beneficio)		

B. INGRESOS	Ejerc. N	Ejerc. N-1
1. Importe neto de la cifra de negocios		
2. Aumento de existencias de productos terminados y en curso de fabricación		
3. Trabajos efectuados por el grupo para el inmovilizado		
4. Otros ingresos de explotación		
I PÉRDIDAS DE EXPLOTACIÓN		
5. Ingresos por participaciones en capital		
6. Otros ingresos financieros		
7. Beneficios de *Inversiones financieras temporales*		
8. Diferencias positivas de cambio		
9. *Resultados positivos de conversión*		
II RESULTADOS FINANCIEROS NEGATIVOS		
10. *Participación en beneficios de sociedades puestas en equivalencia*		
11. *Reversión de diferencias negativas de consolidación*		
III PÉRDIDAS DE LAS ACTIVIDADES ORDINARIAS		
12. Beneficios procedentes del inmovilizado		
13. *Beneficios por enajenación de participaciones en sociedades consolidadas por integración global o proporcional*		
14. *Beneficios por enajenación de participaciones puestas en equivalencia*		
15. *Beneficios por operaciones con acciones de la sociedad dominante y con pasivos financieros del grupo*		
16. Subvenciones en capital transferidas al resultado del ejercicio		
17. Ingresos o beneficios extraordinarios		
IV RESULTADOS EXTRAORDIANRIOS NEGATIVOS		
V PÉRDIDAS CONSOLIDADAS ANTES DE IMPUESTOS		
VI RESULTADO CONSOLIDADO DEL EJERCICIO (PÉRDIDA)		
18. *Resultado atribuido a socios externos* (Pérdida)		

CAPÍTULO XX

ANÁLISIS DE ESTADOS CONTABLES: RATIOS

INTRODUCCIÓN

El balance y la cuenta de pérdidas y ganancias pueden proporcionar —tanto al directivo como al analista financiero— una cantidad notable de información sobre la situación actual de una empresa, e incluso arrojar cierta luz sobre su futuro inmediato. Sin embargo, tal información no siempre se desprende directamente de los estados contables. Es preciso, entonces, estudiar las distintas partidas, relacionando unas con otras en función de los propósitos que se persiguen con el análisis. Estas relaciones suelen expresarse numéricamente mediante unos coeficientes financieros o ratios.

Este capítulo pretende resumir los ratios más frecuentemente utilizados en el análisis financiero, agrupándolos en tres categorías principales según se orienten respectivamente hacia el estudio de la situación financiera (liquidez y endeudamiento), la eficiencia operativa o la rentabilidad de la empresa. Sin embargo, los ratios que se irán introduciendo son sólo una pequeña parte de los que resulta factible calcular en cada una de estas tres áreas de análisis.

Esta notable abundancia de herramientas analíticas puede incluso llegar a ser una rémora en la resolución de un problema determinado si el analista, sumergido en un aluvión de índices, pierde de vista el propósito final del estudio emprendido. Es preciso, por lo tanto, definir con claridad el problema que se pretende resolver antes de poner en marcha el calculador. Esta es la mejor regla a tener en cuenta al acudir a los ratios en busca de ayuda para el análisis financiero.

Para ilustrar la utilidad y forma de cálculo de los diferentes ratios emplearemos los estados contables de Novedades Eléctricas, S.A. (NOELSA) que se presentan en las Tablas 1 y 2. Esta empresa posee una cadena de establecimientos de venta de productos eléctricos, he-

Tabla 1
Balances de Novedades Eléctricas, S.A. (NOELSA)
a 31 de diciembre
(en miles de ptas)

		1986	1987
ACTIVO			
	Caja y bancos	4.225	7.439
	Clientes	12.634	14.225
	Existencias	19.750	23.854
	Total activo circulante	36.609	45.518
	Edificios y equipo	22.500	22.500
Menos:	Amortización acumulada	−6.750	−7.500
	Terrenos	12.300	12.300
	Activo inmaterial	800	800
	Activo total	65.459	73.618
	Efectos descontados pendientes de vencimiento	7.340	9.485
PASIVO			
	Proveedores	18.456	21.456
	Otras cuentas por pagar	2.600	3.400
	Total exigible a corto	21.056	24.856
	Préstamos a largo	5.800	5.800
	Total recursos ajenos	26.856	30.656
	Capital social (1)	15.000	15.000
	Reservas	23.603	27.962
	Total recursos propios	38.603	42.962
	Pasivo total	65.459	73.618
	Riesgo por efectos descontados	7.340	9.485

(1) Constituido por 15.000 acciones de 1.000 pesetas de valor nominal.

Tabla 2
Novedades Eléctricas, S.A. (NOELSA)
Cuenta de Pérdidas y Ganancias de 1987
(en miles de pesetas)

			Cuenta de resultados normalizada (%)
	Ventas netas	215.600	100
Menos:	Coste de mercancías vendidas	170.318	79
	Margen bruto	45.282	21
	Gastos de administración y venta (1)	31.540	14,6
	Amortización	750	0,3
	Beneficio antes intereses (a largo) e impuestos (BAIT)	12.992	6,0
	Intereses	900	0,4
	Beneficio antes de impuestos (BAT)	12.092	5,6
	Impuestos (36 por ciento) (2)	4.353	2,0
	Beneficio neto	7.739	3,6
A:	Dividendos	3.380	
	Reservas	4.359	

(1) Incluye los gastos ocasionados por el descuento bancario.
(2) En este capítulo, supondremos un tipo del 36 % para el Impuesto sobre Sociedades.

rramientas manuales y otros útiles de ferretería. Aunque realiza algunas ventas al contado para clientes especiales, el 90 % de su actividad se centra en operaciones mayoristas de venta a pequeños detallistas de ferretería.

Como veremos seguidamente, un buen número de ratios ponen en relación magnitudes de la cuenta de resultados con otras del balance. En estos casos, suele ser aconsejable tomar el promedio de los saldos que presenta la partida de que se trate en los balances inicial y final. Así, por ejemplo, consideraremos que los recursos propios de los que dispuso NOELSA durante 1987 fueron 1/2 (38.603 + 42.962) = = 40.782,50. Pero no siempre es posible este tipo de cálculo; a veces no se dispone más que del balance final.

RATIOS DE POSICIÓN FINANCIERA

Bajo este epígrafe estudiaremos un primer grupo de ratios cuya finalidad genérica es proporcionar información sobre la capacidad que tiene una empresa para satisfacer sus deudas a corto y largo plazo. Examinemos, en primer lugar, aquellos que se refieren al endeudamiento a corto plazo, esto es, a la liquidez de la empresa.

Ratios de liquidez

Los ratios más utilizados para indagar en esta área son los siguientes: (A modo de ejemplo, se calculan los correspondientes a NOELSA a 31 de diciembre de 1987).

Ratio de liquidez: $$\frac{\text{Activo circulante}}{\text{Exigible a corto plazo}} = \frac{45.518}{24.856} = 1{,}83$$

Ratio de tesorería: (o de acidez) $$\frac{\text{Activos monetarios}}{\text{Exigible a corto plazo}} = \frac{21.664}{24.856} = 0{,}87$$

Aunque puede ser tentador llegar a conclusiones inmediatas a partir de estos ratios, es aconsejable no hacerlo. Así, por ejemplo, sería imprudente pensar que NOELSA puede tener problemas de tesorería a corto plazo basándonos únicamente en el ratio de acidez de 0,87. Ello supondría ignorar la dinámica del ciclo de operaciones de una empresa en funcionamiento, en la que las condiciones de cobros de clientes y de pagos a proveedores pueden mostrar que esa posición de liquidez es totalmente razonable. Por lo tanto, la interpretación de estos dos ratios exige especial cautela, porque su propia formulación como medida de liquidez supone implícitamente una situación de exigibilidad inmediata de la deuda. En este sentido, es aconsejable estudiar estos ratios de liquidez conjuntamente con los ratios que se presentan más adelante para analizar la eficiencia del ciclo de operaciones de la empresa.

Otro procedimiento que a veces se utiliza para estimar la liquidez de una empresa consiste en expresar el saldo de caja y bancos en términos de días de gasto que implican desembolso. Para ilustrar este procedimiento recurriremos de nuevo a los estados contables de NOELSA. En su cuenta de resultados (Tabla 2) podemos identificar aquellas partidas de gasto que implican desembolso y sumarlas. Estas partidas son todas las que aparecen en la cuenta de resultados, excepto la amortización que es un mero asiento contable cuya finalidad es asignar el coste original de los activos fijos como un gasto periodificado a lo largo de su vida útil; por ello no supone desembolso alguno.

El resto de partidas de gasto supone un total de 207.111 mil pesetas. De hecho, puede llegarse a esta cifra con menos operaciones aritméticas, restando de la cifra de ventas la amortización y el beneficio neto (215.600 − 750 − 7.739 = 207.111). Por lo tanto, el gasto medio diario es de 207.111.000 ÷ 365 = 567.427 pesetas. Si suponemos que el saldo de caja y bancos ha crecido regularmente a lo largo del año, podemos estimar que el saldo medio supone diez días de gasto que implican desembolsos:

$$\text{Días de caja} = \frac{1/2\ (4.225 + 7.439)}{207.111 \div 365} = 10{,}3 \text{ días}$$

Si atendemos únicamente al último balance, podemos calcular que el saldo de caja y bancos a 31 de diciembre de 1987 supone 13 días de gasto.

También este índice debe interpretarse con cuidado, porque tiene escaso significado en sí mismo. Muchas empresas que manejan sus recursos líquidos eficientemente tienen menos de dos semanas de gasto en caja. Además, el saldo de caja y bancos no es, por sí solo, indicativo de la liquidez de una empresa; ésta depende también del volumen de deuda a corto plazo y de su estructura de vencimientos.

Ratios de endeudamiento

El procedimiento tradicional de analizar el endeudamiento de una empresa consiste en relacionar los recursos ajenos a largo plazo con los fondos propios o con la totalidad de recursos permanentes. Algunos ratios frecuentemente utilizados en este sentido son los siguientes:

		NOELSA a 31/12/86	*NOELSA a 31/12/87*
Coeficiente de solvencia:	$\dfrac{\text{Recursos propios}}{\text{Recursos ajenos}}$	$\dfrac{38.603}{26.856} = 1{,}44$	$\dfrac{42.962}{30.656} = 1{,}44$
	$\dfrac{\text{Deuda a largo}}{\text{Recursos permanentes}}$	$\dfrac{5.800}{44.403} = 13\%$	$\dfrac{5.800}{48.762} = 12\%$

Estos ratios suministran una cierta indicación del riesgo que corren los prestamistas de fondos a largo plazo, poniendo en relación el nivel de deuda con los recursos totales o permanentes de la empresa. De nuevo, resulta desaconsejable generalizar sobre qué constituye una solvencia adecuada, ya que ello depende en gran medida del tipo de actividad económica que desarrolla la empresa. Las entidades bancarias, por ejemplo, suelen tener un índice de solvencia extraordinariamente bajo sin que ello suponga motivo de inquietud.

Estos ratios son susceptibles de las mismas críticas formuladas a los ratios de liquidez: se limitan a relacionar dos partidas del balance, haciendo caso omiso de la capacidad operativa que la empresa tiene de generar fondos para satisfacer los intereses y devolver el principal de la deuda. Sin embargo, existe un creciente acuerdo de que este último resulta ser un enfoque más válido para evaluar la capacidad de endeudamiento de una empresa. Una aproximación en este sentido la proporciona el ratio siguiente (que calculamos para NOELSA en 1987):

Cobertura de cargas financieras:
$$\frac{\text{Beneficio antes intereses (a largo) e impuestos}}{\text{Intereses (a largo)}} = \frac{12.992}{900} = 14{,}4 \text{ veces}$$

Pero los intereses son sólo *parte* de las obligaciones financieras asociadas con la deuda, puesto que, a su vencimiento, debe atenderse también a la devolución del principal. Un estudio a fondo, en este sentido, escapa de los límites habituales del análisis de ratios, ya que, es preciso atender no sólo a la capacidad *actual* de cumplir los compromisos financieros sino también a la que se tendría *en el futuro*, en las peores circunstancias de ventas que es posible anticipar con un cierto grado de verosimilitud. Esto es lo que suele denominarse un "análisis de sensibilidad" sobre la capacidad de endeudamiento.

RATIOS DE EFICIENCIA OPERATIVA

Estos son ratios que relacionan los recursos invertidos en cada tipo de activo –o generados por una fuente de financiación– con el volumen de actividad; es decir, miden la "rotación" de los distintos fondos. Los más importantes son, sin duda, los que se refieren a las partidas asociadas directamente al ciclo de operaciones de la empresa: clientes, existencias y proveedores, principalmente.

Crédito medio concedido a clientes

Este ratio pone en relación la venta media diaria a crédito con el saldo de la cuenta de clientes. Si no se conoce qué parte de las ventas se realizan a crédito, puede tomarse la cifra total de ventas como base de cálculo. Los analistas financieros utilizan frecuentemente este procedimiento simplificado, que suele ser aceptable para estudiar tendencias a lo largo del tiempo pero no permite una fácil comparación con la política de crédito "oficial" de la empresa.

Recurramos de nuevo a NOELSA para ilustrar estas consideraciones. Sabemos que un 10% de la venta se realiza al contado; por lo tanto estimaremos que la venta media diaria a crédito es de:

$$(215.600.000 \times 0{,}9) \div 365 = 531.616 \text{ pesetas}$$

Tomando el promedio de los saldos de clientes, podemos estimar el crédito medio concedido a clientes como sigue:

$$\frac{\text{Clientes (promedio)}}{\text{Venta media diaria a crédito}} = \frac{1/2\ (12.634 + 14.225)}{(215.600.000 \times 0{,}9) \div 365} = 25{,}3 \text{ días}$$

Pero en el caso de NOELSA es preciso tener en cuenta una consideración adicional. Obsérvese que en el balance de esta empresa aparece una cuenta de orden (*) en el activo con la denominación "efectos descontados pendientes de vencimiento" que se corresponde con otra del pasivo por el mismo importe y con la denominación "riesgo por efectos descontados". Ello significa que NOELSA documenta, por lo menos, parte de sus ventas, en letras de cambio que lleva luego al descuento bancario. El saldo de las cuentas de orden indica el importe total de las letras, todavía no satisfechas por los librados a la fecha de cierre del balance.

Este hecho no puede ignorarse en el cálculo del crédito medio concedido a clientes, pues aunque el banco haya adelantado el importe de la letra (tras deducir el descuento y gastos correspondientes), el cliente todavía no ha satisfecho su deuda. Por lo tanto, el

(*) Las cuentas de orden se destinan a contabilizar ciertos hechos, situaciones o circunstancias que de suyo no alteran la expresión *contable* de la situación patrimonial de una empresa. Por ello, aparecen fuera del cuerpo principal del balance; de hecho, son equivalentes a una nota aclaratoria que acompañase al balance, presentación que es la que se prefiere actualmente. El Apéndice II explica la contabilización elegida por el PGC.

cálculo del crédito medio debe incluir los efectos descontados pendientes de vencimiento:

$$\frac{1/2\ (12.634 + 7.340 + 14.225 + 9.485)}{(215.600 \times 0{,}9) \div 365} = 41{,}1 \text{ días}$$

Supongamos ahora que el director general de NOELSA nos manifiesta que su política de crédito es vender a treinta días. El ratio que acabamos de calcular *puede* ser una primera señal de que los clientes están incumpliendo con las condiciones de venta a crédito. Adviértase que esta comparación se vería invalidada desde el principio si tomásemos como base de cálculo la cifra total de ventas que incluye operaciones al contado.

Pero también aquí es preciso ser cuidadoso al utilizar el crédito medio concedido a clientes (también denominado a veces "plazo medio de cobro") como instrumento de control de las operaciones a crédito. La cifra que se obtiene mediante el procedimiento descrito depende de la tasa de crecimiento de las ventas, del período que se toma para estimar la venta diaria a crédito y de los hábitos de pagos de los clientes. El objetivo del director financiero es controlar este último factor, pero alteraciones en los dos primeros pueden dificultar el análisis. Si se producen cambios en el nivel de ventas o se escogen distintos períodos temporales como base de cálculo, la cifra de crédito medio que se obtiene con el procedimiento descrito puede variar, aunque no se hayan alterado los hábitos de pago de los clientes.

La rotación de existencias

Mediante un cálculo similar al utilizado en el caso de los clientes, podemos analizar el nivel de existencias en términos de los días de venta que supone. Un factor importante a recordar aquí es que, de acuerdo con los principios contables generalmente aceptados, las existencias están valoradas al coste por lo que la partida de la cuenta de resultados que debe utilizarse para realizar el cálculo en forma homogénea, es la del coste de mercancías vendidas. Es decir:

$$\text{Días de stock en almacén: } \frac{\text{Stock (promedio)}}{\text{Coste de mercancías vendidas} \div 365} = \frac{1/2\ (19.750 + 23.854)}{170.318 \div 365} = 46{,}7 \text{ días}$$

En el caso de las existencias, es también frecuente expresar la rotación en términos del número de "vueltas" que da el stock a lo largo del año. Es decir:

$$\text{Rotación de stocks:}\quad \frac{\text{Coste de mercancías vendidas}}{\text{Stock (promedio)}} = \frac{170.318}{1/2\,(19.750 + 23.854)} = 7{,}81 \text{ vueltas}$$

Al analizar la rotación de stocks es preciso tener en cuenta los posibles efectos que pueda tener una estacionalidad en las ventas, especialmente si se comparan índices calculados en distintos momentos del año.

Los ratios de rotación de existencias y crédito medio concedido a clientes complementan la información proporcionada por los ratios de liquidez. Tomados conjuntamente nos indican el tiempo que una peseta invertida en stocks tarda en convertirse en efectivo. A este lapso de tiempo se le denomina, a veces, *período medio de maduración* y puede calcularse teniendo o no en cuenta los efectos descontados pendientes de vencimiento. Para NOELSA:

	Período medio de maduración
Sin incluir el riesgo bancario	46,7 + 25,3 = 72,0 días
Incluyendo el riesgo bancario	46,7 + 41,1 = 87,8 días

La elección de un índice u otro tiene una importancia secundaria, mientras se conozcan los supuestos e implicaciones que subyacen a cada uno de ellos.

El crédito medio concedido por los proveedores

El análisis de las partidas asociadas directamente al ciclo de operaciones de la empresa, puede completarse con la estimación del crédito medio concedido por los proveedores. En este caso, el dato a relacionar con los saldos del balance es la cifra de compras anuales que no aparece directamente en nuestra cuenta de resultados, pero que puede deducirse de la forma siguiente:

$$\text{Compras} = \text{coste de ventas} + \text{aumento del stock}$$

esto es,

$$\text{Compras} = 170.318 + (23.854 - 19.750) = 174.422$$

A partir de este dato, podemos realizar el cálculo habitual:

$$\frac{\text{Proveedores (promedio)}}{\text{Compras} \div 365} = \frac{1/2\ (18.456 + 21.456)}{174.422 \div 365} = 41{,}7 \text{ días}$$

Los proveedores de una empresa suelen ofrecer condiciones alternativas de pago y es conveniente estudiar el coste financiero de cada una de ellas. Supongamos que los proveedores de NOELSA ofrecen un descuento del 2 por ciento del importe de la compra si se realiza el pago dentro de los diez días siguientes a la recepción del material; si no se acepta esta opción conceden treinta días más –es decir, un total de cuarenta días– para satisfacer el importe neto de lo facturado.

El índice calculado más arriba sugiere que NOELSA suele adherirse a la segunda opción, rechazando el descuento por pronto pago. Con ello, consigue extender el crédito que le conceden los proveedores durante un mes adicional. Para calcular el coste que ello implica, supongamos que NOELSA recibe una factura por mil pesetas. Si la paga a los diez días se beneficia del descuento y abona tan sólo novecientos ochenta pesetas. Si no se acoge al descuento, puede utilizar (obtiene un crédito por) estas novecientas ochenta pesetas durante treinta días, pagando, finalmente, mil pesetas, es decir, veinte pesetas adicionales. Estas veinte pesetas suponen un interés de:

$$\frac{20}{980} = 2{,}04\,\%$$

Pero, además, este interés es *mensual.* Para establecerlo en términos anuales, debemos multiplicarlo por doce; es decir:

$$\frac{20}{980} \times \frac{360}{30} = 24{,}5\,\%$$

Este es un tipo de interés que, cuando menos, debería inducir a NOELSA a explorar formas alternativas de financiación, en el caso de que los proveedores ofrecieran en realidad las condiciones de pago que hemos adelantado como hipótesis de trabajo.

Otros índices de rotación

Aunque menos frecuentemente, también suelen computarse

índices de rotación para otras partidas del activo, tales como el inmovilizado material:

$$\frac{\text{Ventas}}{\text{Activo fijo}} : \frac{215.600}{1/2\ (28.050+27.300)} = 7{,}79 \text{ vueltas}$$

Este ratio proporciona una cierta aproximación de lo que, a veces, se denomina "intensidad de capital" que requiere una empresa. Como era de esperar en una empresa comercial, esta intensidad resulta ser bastante baja para NOELSA.

También suele calcularse, a veces, la rotación del activo total:

$$\frac{\text{Ventas}}{\text{Activos}} : \frac{215.600}{1/2\ (65.459+73.618)} = 3{,}1 \text{ vueltas}$$

Como veremos más adelante, este tipo de ratios adquieren mayor significatividad cuando se combinan con índices de rentabilidad de ventas.

RATIOS DE RENTABILIDAD

Tal vez el ratio más frecuentemente evocado al hacer referencia a la rentabilidad de una empresa sea el de margen sobre ventas. A pesar de ello el significado de este término no deja de tener una cierta imprecisión. Algunas veces quien lo usa se refiere al porcentaje de margen bruto sobre ventas (21 % para NOELSA en 1987) y otras se utiliza para denominar la proporción del beneficio neto sobre las ventas netas (3,6 % para NOELSA en 1987). En este sentido, disponer de una cuenta de resultados normalizada (ventas netas = 100) –como la que se muestra en la Tabla 2– resulta de gran utilidad, al mostrar en forma porcentual todos los gastos y las distintas acepciones de margen y beneficios.

El significado que cabe atribuir a cada uno de estos ratios es muy variado. Así, por ejemplo, el porcentaje de margen bruto sobre ventas puede servir para contrastar la política de precios de la empresa con la de sus competidores. Mediante el porcentaje que el beneficio antes de intereses e impuestos (BAIT) supone sobre las ventas (6 % para NOELSA en 1987) es posible evaluar la rentabilidad– para ese determinado volumen de ventas– con exclusión de las cargas financieras que se derivan de la composición específica de los recursos permanentes de la empresa.

Sin embargo, el margen sobre ventas *no* es una medida satisfactoria de la rentabilidad de una empresa, desde un punto de vista global. Una asignación eficiente de los recursos económicos exige poner los beneficios en relación con la inversión utilizada para generarlos; ello implica atender a la *rentabilidad sobre la inversión.* Ahora bien, empresas con similares márgenes sobre ventas, pueden tener muy distintas rentabilidades sobre la inversión, dependiendo de la rotación que consigan imprimir a sus activos. Esta relación suele venir expresada por la siguiente identidad (A), a veces denominada “fórmula Du Pont”:

$$\frac{\text{Beneficio}}{\text{Inversión}} = \frac{\text{Beneficio}}{\text{Ventas}} \times \frac{\text{Ventas}}{\text{Inversión}} \qquad \text{(A)}$$

es decir:

Rentabilidad
de la inversión = Margen × Rotación

Donde la inversión puede ser definida alternativamente como: activos totales, recursos permanentes o recursos propios, cuidando que la medida del beneficio sea consistente con la definición elegida. Pero, en cualquier caso, la “fórmula Du Pont” nos recuerda que la rentabilidad de una empresa depende simultáneamente del margen que obtenga sobre ventas y de la eficiencia con que sea capaz de utilizar sus activos para generar ventas. Este enfoque analítico puede extenderse a los elementos que componen los beneficios y la inversión del modo que muestra el Gráfico 1.

Gráfico 1 (*)

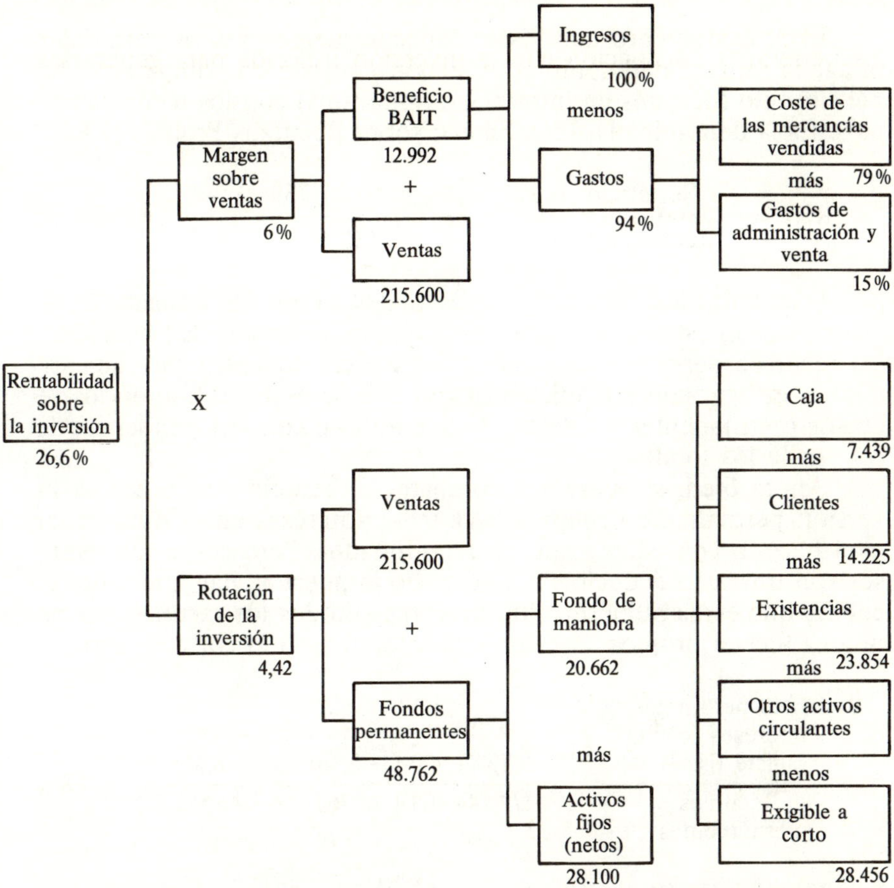

Este gráfico también posee gran versatilidad. Para ejemplificar su utilización en el caso de NOELSA, se ha definido la inversión por los recursos permanentes y se ha puesto en relación con el beneficio antes de intereses e impuestos. En consecuencia, el gráfico desemboca en una rentabilidad del 26,6 % *antes de intereses e impuestos* sobre los recursos permanentes. Por supuesto, la influencia de intereses e impuestos no es trivial, como estudiaremos en el epígrafe siguiente.

(*) Este gráfico es una adaptación del que aparece en el folleto "Executive Committee Control Charts: A description of the Du Pont System for Appraising Operating Performance", publicado por E.I. Du Pont de Nemours & Co.

Para simplificar el cálculo, se han utilizado tan sólo los datos del balance a 31 de diciembre de 1987.

RENTABILIDAD SOBRE LA INVERSIÓN Y APALANCAMIENTO FINANCIERO

El procedimiento que los accionistas suelen preferir para determinar la rentabilidad sobre la inversión consiste en comparar el beneficio neto (después de intereses e impuestos) con los recursos propios. Es la denominada Rentabilidad sobre Recursos Propios (RRP):

$$RRP = \frac{\text{Beneficio neto}}{\text{Recursos propios}} = \frac{7.739}{1/2\ (38.603 + 42.962)} = 19\,\%$$

Pero tanto los directivos profesionales, como los analistas financieros, suelen estar interesados, también, en la rentabilidad neta sobre los recursos permanentes y sobre los activos totales. Con ello, pretenden indagar sobre la eficiencia con que se están utilizando los recursos (permanentes o totales) de la empresa, con independencia del origen de los fondos.

Ahora bien, si queremos comparar el beneficio neto con la inversión permanente debemos excluir los intereses en el numerador, para hacerlo consistente con el denominador. Pero como los intereses son un gasto deducible a efectos de impuestos, hay que tener en cuenta que éstos hubiesen sido mayores si todos los recursos permanentes fuesen propios. Por consiguiente, el cálculo correcto sería:

$$\frac{\text{Beneficio neto antes de intereses (con ajuste fiscal)}}{\text{Recursos permanentes}} = \frac{7.739 + 900\ (1\text{–}0{,}36)}{1/2\ (44.403 + 48.762)} = \frac{8.315}{46.582{,}5} = 17{,}8\,\%$$

Una forma alternativa de calcular este índice (también denominado, a veces, Rentabilidad sobre Activos Netos-RSA-) es la siguiente:

$$RSA = \frac{\text{BAIT} \times (1\text{-}t)}{\text{Recursos permanentes}} = \frac{12.992\ (1 - 0{,}36)}{46.582{,}5} = \frac{8.315}{46.582{,}5} = 17{,}8\,\%$$

En forma similar, calcularíamos la rentabilidad sobre el activo total:

$$\frac{\text{Beneficio neto antes de intereses (con ajuste fiscal)}}{\text{Activo total}} = \frac{8.315}{69.538{,}5} = 12\,\%$$

Como regla general, en este último coeficiente el ajuste de intereses debe comprender *todos* los intereses del pasivo exigible, para que de nuevo el numerador sea consistente con la definición de inversión como activo total.

En la práctica cotidiana, muchos analistas prescinden del refinamiento de cálculo que supone el ajuste fiscal y utilizan el beneficio antes de intereses o simplemente el beneficio neto como numerador del ratio, a pesar de la pequeña inconsistencia que ello pueda suponer.

En los cálculos que se han realizado más arriba, habrá podido advertirse que la rentabilidad sobre los recursos propios era superior a la que se obtiene sobre los recursos permanentes o totales. Hubiera podido ser a la inversa, pero, en general, ambas rentabilidades no suelen coincidir. Esta diferencia es debido al llamado *apalancamiento financiero*. Se denomina así al efecto que sobre la rentabilidad de los recursos propios tiene la utilización de recursos ajenos para financiar parte de los activos de la empresa.

Un estudio lo suficientemente amplio del apalancamiento como herramienta de gestión financiera sobrepasa los límites de este libro. Pero es un elemento que puede tener gran importancia en la estrategia general de una empresa. Para apreciar hasta qué punto es así, resulta útil, a veces, ampliar la "fórmula Du Pont" de la forma que se muestra en la identidad B:

$$\frac{\text{Beneficio neto}}{\text{Recursos propios}} = \frac{\text{Beneficio neto}}{\text{Ventas}} \times \frac{\text{Ventas}}{\text{Activos}} \times \frac{\text{Activos}}{\text{Recursos propios}} \qquad \text{(B)}$$

es decir:

$$\text{Rentabilidad sobre los recursos propios} = \text{Margen de beneficio} \times \text{Rotación de activos} \times \text{Apalancamiento total}$$

La aplicación de esta identidad a una empresa determinada puede proporcionar una primera aproximación a los medios en que se apoya su estrategia de negocio para crear valor para sus accionistas.

También se suele utilizar, el inverso del ratio PER, denominado, con frecuencia, Rentabilidad sobre Valor de Mercado, que para NOELSA, sería 515,93/4.150=12%.

Algunos analistas prefieren relacionar la cotización de una acción con su valor contable. Este ratio recibe el nombre de Agio en los medios financieros financieros españoles. Internacionalmente, es cada vez más usual simbolizarlo con la fracción PM/VC (Precio de Mercado/Valor Contable).

$$\text{PM/VC} = \text{Agio: } \frac{\text{Cotización}}{\text{Valor contable neto}} \qquad \text{Para NOELSA a 31/12/87: } \frac{4.150}{2.864,13} = 1,45$$

Limitaciones de los ratios

A lo largo del capítulo se ha insistido repetidamente en que el análisis de ratios debe utilizarse con sumo cuidado, señalando las limitaciones inherentes a cada ratio en particular. Pero además, existen circunstancias que afectan por igual a todos ellos y que vamos a recordar aquí. En primer lugar, los ratios adolecen de las mismas limitaciones que subyacen a los propios estados contables en los que se basan. El balance, por ejemplo, es una representación de la posición patrimonial de una empresa en un momento determinado. Si los saldos que algunas partidas presentan en ese momento no son representativos de la actividad normal de la empresa (como suele suceder en negocios de tipo estacional), los ratios pueden sugerir conclusiones erróneas. Por otra parte, tanto el balance como la cuenta de pérdidas y ganancias están preparados en base a datos históricos que pueden no ser los más adecuados para los propósitos que persigue el analista.

Además, un ratio suele tener poco sentido por sí solo. Casi siempre es preciso compararlo con los que presentan otras empresas del mismo sector, con los de la propia empresa en períodos anteriores o con algún estándar fijado como objetivo. Pero, incluso a través de la comparación sistemática, raras veces los ratios proporcionan respuestas por sí mismos, aunque puedan apuntar hacia posibles áreas de problemas que requieren un análisis más detallado.

A pesar de estas limitaciones, los coeficientes financieros o ratios son un instrumento útil para el directivo en el análisis de los estados contables. Este capítulo ha presentado únicamente algunos ratios usados frecuentemente, que se resumen en la Tabla 3 y que no es en absoluto exhaustiva.

Tabla 3
Coeficientes financieros (ratios) más utilizados

Denominación	*Procedimiento de cálculo*	*Expresada como*
(I) *Ratios de posición financiera*		
a) Liquidez		
• Ratios de liquidez	$\frac{\text{Activo circulante}}{\text{Exigible a corto plazo}}$	Coeficiente
• Ratios de tesorería	$\frac{\text{Activos monetarios}}{\text{Exigible a corto plazo}}$	Coeficiente
• Días de caja	$\frac{\text{Saldo medio de caja}}{\text{Gastos anuales con desembolso} \div 365}$	Días
b) Endeudamiento		
• Coeficiente de solvencia	$\frac{\text{Recursos propios}}{\text{Recursos ajenos}}$	Coeficiente
• Recursos permanentes de terceros	$\frac{\text{Deuda a largo}}{\text{Recursos permanentes}}$	Coeficiente
• Cobertura de cargas financieras	$\frac{\text{BAIT}}{\text{Intereses}}$	Veces
(II) *Ratios de eficiencia operativa*		
• Crédito medio concedido a clientes	$\frac{\text{Clientes}}{\text{Ventas a crédito} \div 365}$	Días
• Rotación de stocks	$\frac{\text{Stock}}{\text{Coste de ventas} \div 365}$	Días
• Crédito medio concedido por los proveedores	$\frac{\text{Proveedores}}{\text{Compras} \div 365}$	Días
• Intensidad de capital	$\frac{\text{Ventas}}{\text{Activo fijo}}$	Vueltas
• Rotación del activo	$\frac{\text{Ventas}}{\text{Activo}}$	Vueltas
(III) *Ratios de rentabilidad*		
• Porcentaje de margen bruto	$\frac{\text{Margen bruto} \times 100}{\text{Ventas}}$	Porcentaje
• Rentabilidad sobre ventas	$\frac{\text{Beneficio neto} \times 100}{\text{Ventas}}$	Porcentaje
• Rentabilidad recursos propios	$\frac{\text{Beneficio neto} \times 100}{\text{Recursos propios}}$	Porcentaje
• Rentabilidad recursos permanentes	$\frac{\text{Beneficio neto} + \text{Intereses (1-Tasa impositiva)}}{\text{Recursos permanentes}}$	Porcentaje
(IV) *Ratios bursátiles*		
• Beneficio neto por acción BPA	$\frac{\text{Beneficio neto}}{\text{Número de acciones}}$	Pesetas
• Valor contable por acción	$\frac{\text{Activo total-pasivo exigible}}{\text{Número de acciones}}$	Pesetas
• Ratio PER	$\frac{\text{Cotización}}{\text{Beneficio por acción}}$	Veces
• Agio	$\frac{\text{Cotización}}{\text{Valor contable neto}}$	Veces

Como ya se advirtió al principio del capítulo, el número de ratios existentes es muy elevado. Por ello, es fácil "dejarse llevar" por el proceso de cálculo y olvidar que cada ratio debe utilizarse con un propósito determinado. En este sentido, la cautela más importante en la utilización de ratios es no perder nunca la perspectiva finalista del análisis. El punto clave es siempre la comparación con algún punto de referencia, sea éste un dato histórico o un objetivo a alcanzar. Si se utilizan sistemáticamente de este modo, los ratios pueden aportar una ayuda eficaz para la comprensión de los procesos de negocio de una empresa.

CAPÍTULO XXI

ELEMENTOS DE AUDITORÍA (*)

Una función clave de los estados contables es proporcionar información oportuna y fiable no sólo a los agentes internos de la empresa (dirección, empleados, etc.) sino también a aquellos terceros interesados en la marcha de la misma (inversores externos, acreedores, clientes, Administración, etc.). El objetivo es generar datos suficientes para poder tomar decisiones sobre la conveniencia de operar o suministrar fondos a una empresa (en forma de deuda o de capital de riesgo), evaluar la situación financiero-patrimonial de la empresa con la cual se están relacionando y, en definitiva, aportar un medio de comunicación-información válido que justifique las interrelaciones empresariales y los riesgos asumidos. Esta función de los estados contables está estrechamente relacionada con el grado de desarrollo del sistema financiero de un país. A medida que los mercados de capitales crecen y se sofistifican, los inversores externos y los analistas financieros tienden a confiar más en la información condensada en los estados contables como base de estudio de sus operaciones. A su vez, una mayor transparencia y fiabilidad de los estados contables potencia el carácter impersonal y no privilegiado de los mercados económicos y financieros.

Para que el inversor externo o el interesado en la marcha de una empresa puedan interpretar sin ambigüedad la información financiera vertida en los estados contables, es preciso que haya sido elaborada de acuerdo con unas normas o criterios de general aceptación; es decir, que la persona que haya preparado los estados contables y la que los reciba hablen un lenguaje común. Sin embargo, esta

---

(*) En la redacción de este capítulo nos hemos beneficiado de la colaboración de D. Antoni Brufau.

condición no basta por sí sola para llevar la fiabilidad de los estados contables a un punto satisfactorio. Cuando la distancia que separa al usuario de esta información contable (inversor externo, acreedor, etc.) de la dirección de la empresa es grande, es preciso que el lenguaje común se vea complementado por la opinión de un experto cualificado e independiente sobre la adecuación de la información transmitida a la realidad. Esta es la función que cumple el auditor en su concepción moderna: *proporcionar credibilidad a los estados contables.*

PERSPECTIVA HISTÓRICA

Durante el siglo pasado y primeras décadas del actual la auditoría tenía dos características dominantes que han ido experimentando una evolución sustancial. En primer lugar, la auditoría solía limitarse al estado de posición financiera o balance de situación. Este hecho halla su explicación en el carácter dominante de los banqueros como destinatarios de los estados contables, y la mayor preocupación que éstos solían tener por las consideraciones de solvencia. En la actualidad, el auditor no limita su actividad al campo definido por el balance, sino que emite una opinión sobre el conjunto de estados contables, abarcando también la cuenta de pérdidas y ganancias, el cuadro de financiación y la memoria.

Por otra parte, el enfoque tradicional de la auditoría consideraba la detección del fraude como objetivo dominante. Hoy día, el objetivo de la auditoría independiente de los estados financieros es la expresión de una opinión profesional sobre si los mismos presentan adecuadamente la situación financiero-patrimonial de la empresa, el resultado de sus operaciones y los cambios en su situación financiera, de conformidad con los principios y criterios contables generalmente aceptados en el país en donde opera la mencionada empresa, determinando el auditor si tales principios y criterios contables se han aplicado uniformemente con respecto al ejercicio anterior.

Cuando se emite una opinión profesional sin salvedades ("limpia", en la terminología más usual), el auditor afirma que los procedimientos y pruebas que ha efectuado le llevan al convencimiento de que los estados contables están libres de cualquier error sustancial, incluso del que podría haberse originado por un fraude llevado a cabo por uno o varios miembros del equipo directivo de la empresa. Pero la eventual detección del fraude queda insertada dentro de una labor más amplia de revisión de los estados contables, y sujeta a su eventual grado de materialidad sobre la situación financiera que en ellos se refleja.

SIGNIFICADO Y ALCANCE DE LA OPINIÓN PROFESIONAL DE UN AUDITOR

En buena medida, los elementos clave que es preciso asimilar para una mejor comprensión de la labor profesional del auditor están recogidos en los dos párrafos estándar que suelen utilizarse para expresar una opinión sin salvedades. Un ejemplo habitual en España:

Informe de auditoría independiente de las cuentas anuales

A los accionistas de la Sociedad XYZ, S.A.,

1. Hemos auditado las cuentas anuales de la Sociedad XYZ, S.A., que comprenden los balances de situación al 31 de diciembre de 19XX y 19XX-1, las cuentas de pérdidas y ganancias y la memoria correspondientes a los ejercicios anuales terminados en dichas fechas, cuya formulación es responsabilidad de los Administradores de la Sociedad. Nuestra responsabilidad es expresar una opinión sobre las citadas cuentas anuales en su conjunto, basada en el trabajo realizado de acuerdo con las normas de auditoría generalmente aceptadas, que incluyen el examen, mediante la realización de pruebas selectivas, de la evidencia justificativa de las cuentas anuales y la evaluación de su presentación, de los principios contables aplicados y de las estimaciones realizadas.
2. En nuestra opinión, las cuentas anuales adjuntas expresan, en todos los aspectos significativos, la imagen fiel del patrimonio y de la situación financiera de la Sociedad XYZ, S.A., al 31 de diciembre de 19XX y 19XX-1 y de los resultados de sus operaciones y de los recursos obtenidos y aplicados durante los ejercicios anuales terminados en dichas fechas y contienen la información necesaria y suficiente para su interpretación y comprensión adecuada, de conformidad con principios y normas contables generalmente aceptados aplicados uniformemente.
3. El informe de gestión adjunto del ejercicio 19XX contiene las explicaciones que los Administradores consideran oportunas sobre la situación de la Sociedad, la evolución de sus negocios y sobre otros asuntos y no forma parte integrante de las cuentas anuales. Hemos verificado que la información contable que contiene el citado informe de gestión concuerda con la de las cuentas anuales del ejercicio 19XX. Nuestro trabajo como auditores se limita a la verificación del informe de gestión con el alcance mencionado en este mismo párrafo y no incluye la revisión de información distinta de la obtenida a partir de los registros contables auditados de la Sociedad.

Nombre del Auditor o de la Sociedad de Auditoría de Cuentas.

Firma del Auditor o del Socio responsable del Informe.
Fecha de emisión del Informe.

Antes de analizar los distintos aspectos recogidos en el recuadro, es necesario hacer hincapié en los siguientes extremos:

- Los procedimientos de auditoría se diseñan para alcanzar el objetivo mencionado anteriormente y no necesariamente para detectar errores o irregularidades que hayan podido cometerse.
- La opinión del auditor independiente ayuda a establecer la credibilidad de los estados financieros. El usuario de los informes de auditoría no debe considerar, sin embargo, que la opinión del auditor es un seguro sobre la viabilidad futura de una empresa, ni tampoco una declaración sobre la eficacia o eficiencia con que la dirección ha gestionado los asuntos de la misma.
- El auditor es responsable de formar y expresar una opinión sobre los estados financieros de una empresa. Sin embargo, es responsabilidad de la dirección preparar dichos estados y su contenido, lo cual incluye el mantenimiento de registros contables y sistemas de control interno adecuados, la elección y aplicación de los principios y criterios contables apropiados y la salvaguardia de los activos de la empresa. Los estados contables son preparados por la empresa, no por los auditores –quienes se limitan a examinar–, y éstos no tienen autoridad para introducir cambios en los mismos. Si existe un desacuerdo entre la dirección y los auditores –hecho no infrecuente– habrá, en primer lugar, el natural proceso de negociación. Si no es posible llegar a un entendimiento, el auditor puede optar por finalizar su actuación profesional en este punto o bien ponerlo de manifiesto en su informe de auditoría. Lo que, por cierto, es probable que se traduzca en la pérdida del cliente. Ello pone de manifiesto la peculiar situación profesional en que se encuentran los auditores externos: su principal responsabilidad es hacia los receptores de la información financiera, pero no son éstos quienes suelen satisfacer sus minutas, sino la dirección de la empresa. De ahí que la independencia profesional tenga un papel tan clave en el trabajo de auditoría.
- En la preparación de su informe, el auditor ha de tener presentes y cumplir las siguientes normas básicas:
  - Expresar si tales principios y criterios se han aplicado uniformemente con respecto al año anterior.
  - Evaluar si la información incluida en los estados financieros es suficiente para dar *una imagen fiel* de la situación financiero-patrimonial.
  - Emitir una opinión global sobre los estados financieros o consignar, en el caso que se considere necesario, las salvedades y razones que impiden emitir tal opinión.
- El examen y opinión de los auditores abarca no sólo el balance,

sino también la cuenta de pérdidas y ganancias, estado de reservas y cuadro de financiación, incluidas las cinco partes de los estados financieros, como se ve en el gráfico siguiente.

Las cinco partes de los estados financieros

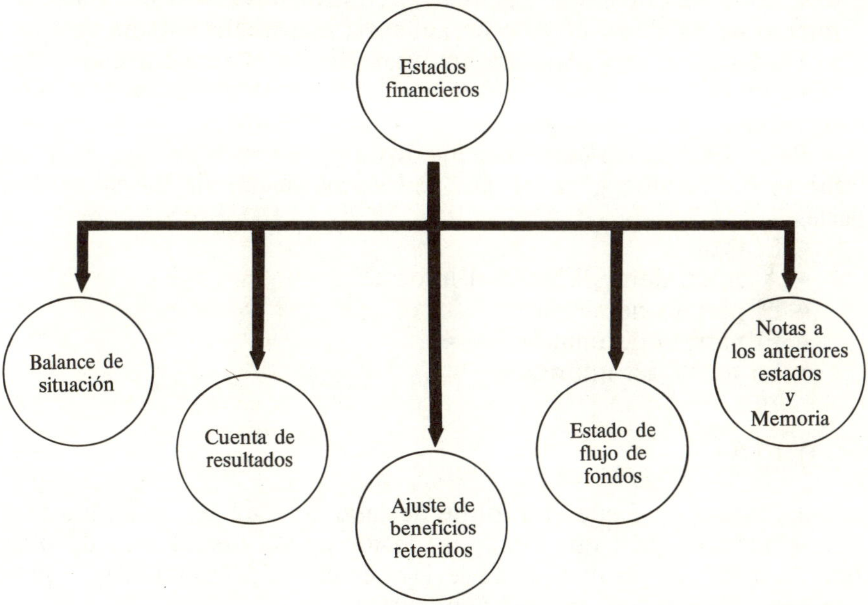

El suministrador de capital de riesgo suele estar tan interesado en la rentabilidad y flexibilidad financiera de una empresa como en su solvencia. De ahí que la opinión del auditor cubra la cuenta de pérdidas y ganancias y el cuadro de financiación.

- El informe del auditor se refiere a los estados contables como imagen de la situación financiero-patrimonial de la compañía, y no sólo como síntesis o compilación de los registros contables. El auditor no se limita a cerciorarse de que los datos del balance y cuenta de pérdidas y ganancias concuerdan con los saldos que presentan las cuentas de la compañía. Una mera certificación de este último punto sería de escaso valor para el inversor externo, que está interesado principalmente en los recursos reales que integran el patrimonio de una empresa.
- El auditor debe realizar todas aquellas pruebas "que considere necesarias, de acuerdo con las circunstancias". En otras palabras: no es la dirección de la empresa sino el auditor quien determina la extensión y profundidad del examen que debe realizar. Este hecho condiciona los posibles planteamientos que pudieran hacerse res-

pecto de los honorarios profesionales del auditor. Así, por ejemplo, la dirección de la empresa no puede pedir a los auditores que "hagan la mejor auditoría que puedan por un millón de pesetas". Es posible influir sobre la minuta de los auditores, pero a través de procedimientos menos directos, como pueden ser, entre otros, el desarrollo de un mejor sistema de control interno o el establecimiento de un departamento de auditoría interna. El sistema de control interno, como comentamos más adelante, será un elemento clave en el momento de determinar los alcances de las pruebas que se realizan en la auditoría.

Pasemos ahora a comentar los distintos aspectos recogidos en el informe de auditores, en el que podríamos distinguir las siguientes partes:

- El título.
- A quién debe dirigirse el informe.
- El párrafo de alcance.
- El párrafo de opinión.
- La fecha del informe.

El título

Es importante que el informe destaque el carácter de auditoría e independencia, para que cualquier lector pueda distinguirlo de otro tipo de informes resultantes de revisiones parciales o limitadas, o preparados por personas no independientes.

A quién debe dirigirse el informe

La normativa profesional indica que el informe de auditoría debe dirigirse a la empresa cuyos estados financieros se examinan, o a su junta directiva (consejo de administración) o a sus accionistas. En general se dirigirá a la persona u órgano que contrató los servicios del auditor.

El párrafo de alcance

La primera frase del párrafo estándar de alcance identifica a la compañía, indicando asimismo los estados financieros objeto del examen, la fecha del balance y el período que cubren los demás estados.

La segunda frase del párrafo estándar de alcance contiene la manifestación de que "el examen fue practicado de acuerdo con normas de auditoría generalmente aceptadas". El resto de la frase destaca que se aplicó un criterio profesional para establecer el alcance, de modo que éste resultó adecuado de acuerdo con las circunstancias.

El párrafo de opinión

Este párrafo de opinión es denso en significados, de los que queremos resaltar los más importantes:

- El informe asevera que los estados contables presentan la imagen fiel (o *razonable* o *adecuadamente*) de la situación financiera o financiero-patrimonial de la empresa. Esta expresión debe ser contrastada con otra que se ha tratado deliberadamente de evitar: la de *exactamente.* Esta opción refleja la mayor preocupación que el auditor tiene por aquellos hechos que puedan afectar de forma sustancial, "material", según la terminología usual del auditor, a la imagen que de la situación financiera de la compañía puedan presentar los estados contables. Por otra parte, la fórmula adoptada reconoce que la contabilidad no puede aspirar a la exactitud desde el momento en que demanda la formulación de juicios prudenciales previamente al registro contable de fenómenos como la depreciación de los activos inmovilizados.
- El criterio de "razonabilidad" resulta todavía más lógico si aceptamos –como se afirma en la opinión– que debe ser puesto en referencia a unos principios (y criterios) contables generalmente aceptados. Estos son un conjunto de normas que no sólo la profesión contable sino también los usuarios de la información aceptan como punto de referencia común para facilitar la interpretación de los estados contables.
- Por último, el párrafo de opinión hace referencia a la uniformidad de criterios respecto de ejercicios anteriores. Los principios contables no suelen limitar las opciones de procedimiento a una sola alternativa. Así, por ejemplo, una empresa puede valorar sus existencias al coste de adquisición dentro de distintos procedimientos aceptables, tales como el FIFO, promedio, etc. El cambio de un procedimiento a otro puede inducir falsas conclusiones por parte del analista financiero o inversor externo; por lo tanto, el auditor debe cuidar de que tales cambios sean debidamente puestos de manifiesto.

La fecha del informe

Normalmente el informe debe llevar la fecha de terminación del trabajo en las oficinas y locales del cliente. La revisión de transacciones posteriores a la fecha del balance se extiende hasta la fecha en que el auditor concluye su trabajo en la empresa auditada. El propósito de esta revisión es determinar si durante el período posterior han ocurrido transacciones que tienen un efecto importante sobre la presentación razonable de los estados financieros a que la opinión de auditoría se refiere, dado que pueden existir ciertos hechos posteriores, que, por su importancia, deban ser puestos de manifiesto en el informe.

Informes de auditoría

En los apartados anteriores se ha estado constantemente haciendo referencia a una opinión sin salvedades ("limpia"). Sin embargo, en algunas circunstancias, el auditor puede verse obligado a emitir otro tipo de opinión. Veamos a continuación un resumen de estas diferentes opiniones.

- Opinión sin salvedades. Una opción así implica que el auditor ha podido llevar a cabo todos los procedimientos que considera necesarios, según las normas de auditoría generalmente aceptadas, y ha quedado satisfecho sustancialmente con respecto a todos los aspectos estudiados. El auditor expresa tal satisfacción sin ambigüedades, indicando que en su opinión los estados financieros presentan adecuadamente la situación financiero-patrimonial, los resultados de las operaciones y los cambios en la situación financiera.
- Opinión con salvedad(es). Una opinión de este tipo implica la existencia, con una importancia significativa, de:
  - Limitaciones al alcance de la auditoría.
  - Errores, o incumplimiento de los principios y criterios contables generalmente aceptados (incluyendo cualquier omisión de información necesaria).
  - Incertidumbres.
- Opinión adversa. Una opinión así implica la existencia de errores y/o divergencias con los principios y criterios contables de general aceptación que afectan a los estados financieros en tal cuantía, o a un capítulo de los mismos tan importante, o a un número tal de capítulos, que el auditor considera, y así lo ha de expresar en su informe, que los estados financieros no presentan adecuadamente la situación financiero-patrimonial, los resultados de las operaciones y los cam-

bios en la situación financiera. Dichos errores y/o disconformidades y sus efectos en los estados financieros han de ser claramente explicados en el informe del auditor en párrafos intermedios.

- Opinión denegada. Una opinión de estas características implica la existencia de limitaciones al alcance de la auditoría, o incertidumbres, cuya importancia, magnitud o significación son tales que el auditor considera, y así lo ha de indicar en su informe, que no puede expresar una opinión sobre si los estados financieros presentan adecuadamente la situación financiero-patrimonial, los resultados de las operaciones y los cambios en la situación financiera. El auditor ha de presentar en el informe cualquier salvedad que conozca en relación con incertidumbres, errores, disconformidades con los principios y criterios contables de general aceptación.
- Opinión parcial no permitida. En un informe de auditoría independiente no se permite la expresión de una opinión sobre alguna o varias partidas de los estados financieros cuando se esté expresando una opinión adversa o se esté denegando ésta sobre dichos estados financieros en su conjunto.

El informe de gestión

A él hace referencia el informe de auditoría, aunque no forma parte de la información contable, en su último párrafo. Su contenido se indica en la Ley de Sociedades Anónimas como sigue:

1. Una exposición fiel sobre la evolución de los negocios y la situación de la Sociedad.
2. Informará igualmente sobre los acontecimientos importantes para la Sociedad ocurridos después del cierre del ejercicio, la evolución previsible de aquella, las actividades en materia de investigación y desarrollo y, en los términos establecidos en esta Ley, las adquisiciones de acciones propias.

Resumen

Este capítulo ha pretendido ser una introducción concisa, pero suficientemente completa, de la auditoría, en su concepción moderna. Se ha hecho especial hincapié en la misión clave que el auditor tiene en una economía de mercado como fuente de credibilidad de los estados financieros, vehículo de la información que los inversores externos demandan para tomar sus decisiones de asignación de recursos. A través de este mecanismo, la auditoría incide en la eficiencia de los mercados financieros.

Para cumplir esta función, el auditor debe poseer la adecuada competencia técnica y estar en posición de independencia respecto de la empresa auditada.

CAPÍTULO XXII

INFLACIÓN Y CONTABILIDAD

A pesar de que la inflación no es un fenómeno nuevo en el mundo económico, pocas veces ha despertado a la vez interés y preocupación de una manera tan generalizada como en años recientes, todo lo cual tiene importantes implicaciones para la dirección de empresas. En primer lugar, la contabilidad clásica deforma los resultados reales, como por valorar las mercancías o por cargar como amortización una cantidad que hace imposible la reposición del activo correspondiente.

Pero, además, la rentabilidad real viene notablemente influida por la inflación: comprar en el momento oportuno o no hacerlo, y utilizar de manera conveniente los fondos generados o no hacerlo, puede significar para la empresa pasar de beneficios a pérdidas.

Nos ocuparemos aquí, fundamentalmente, del primero de estos problemas, es decir, la medición de los resultados, que puede tener consecuencias importantes en la toma de ciertas decisiones. Así, a nivel de la empresa en su conjunto, para el establecimiento de una política de dividendos que no la descapitalice en términos reales, o, a nivel de las diferentes actividades (o "negocios") de la empresa, para establecer una política de expansión e inversiones que esté en relación con la rentabilidad real de cada una de estas actividades. Toda fijación de objetivos financieros debería hacerse en función de unas medidas de rentabilidad que respondan a la realidad, y sin embargo, hacerlo así será bastante difícil.

CAMBIOS DE PRECIOS Y CAMBIOS DEL NIVEL GENERAL DE PRECIOS

Una buena parte del problema radica en la dificultad de determinar una medida adecuada de la inflación. Por inflación entendemos un aumento de precios *generalizado*, es decir, de la mayor parte de los bienes y servicios producidos por la economía. Ahora bien, si este aumento fue estrictamente proporcional para *todos* los bienes y servicios producidos, la medida de la inflación sería muy fácil: tomaríamos un artículo concreto (por ejemplo, los ladrillos) y veríamos que han pasado de valer 100 a valer 120. Entonces, los ladrillos habrán aumentado su precio en un 20%, y como este aumento hemos supuesto que es el mismo para todos los bienes, la inflación será también del 20%.

Obviamente, esto no es lo que ocurre en el mundo real. En el mundo real, el precio de los ladrillos sube en un determinado porcentaje, el plástico en otro distinto, e incluso hay artículos (las calculadoras, por ejemplo) cuyo precio baja. Para medir la inflación, por tanto, deberemos obtener un *promedio* de los distintos cambios de precio. Y ahí está el núcleo del problema. Si tomamos el promedio, por ejemplo, con respecto a los bienes y servicios comprados por una empresa, obtendremos una medida de cómo afecta la inflación a *esta* empresa, pero esta medida puede no ser adecuada para otra empresa, o para un consumidor privado, que compra otro tipo de bienes. Por ello, la inflación se suele medir en relación a las compras del consumidor *medio* (el índice de precios de consumo) o a la producción total del país (el deflactor del Producto Nacional Bruto).

Por tanto es posible teóricamente que el *nivel general de precios* permanezca *estable* (es decir, que, la inflación sea nula) y que, en cambio, *haya productos cuyo precio suba:* la única condición necesaria para ello será que haya otros productos cuyo precio baje, y que, en promedio, se compensen. En tal caso, las empresas que compran principalmente los productos cuyo precio sube se verán afectadas por tales subidas en modo semejante a como ocurre en el caso de haber inflación, a pesar de ser la inflación nula.

GANANCIAS INFLACIONARIAS

En ausencia de inflación, cuando un producto sube de precio, las personas que tienen en su poder alguna cantidad de este producto, obtienen una ganancia por la diferencia entre el precio al que lo compraron y el precio al que lo puedan vender, lo que no quiere decir que esta ganancia, si es una empresa y no una persona física la que la realiza, pueda inmediatamente repartirse como dividendo: la empresa deberá comprar aquel producto de nuevo, y para ello, en principio, deberá reservarse una parte o incluso toda la ganancia realizada. Pero no por ello es menos ganancia: si la empresa no hubiera tenido ninguna cantidad del producto en su poder en el momento del cambio de precio, deberá añadir después las pesetas necesarias para comprarlos de nuevo, probablemente detrayéndolas de beneficios.

Pero, con inflación, la "ganancia" obtenida a través de un cambio de precio puede ser perfectamente ficticia. Supongamos, por ejemplo, que una persona compró un terreno en 1968 por un millón de ptas., y que lo vendió en 1978 por cuatro millones. La diferencia no será realmente una ganancia, puesto que con este millón de pesetas en 1968 podría disfrutar de una determinada cantidad de bienes y servicios que, si los quiere disfrutar en 1978, le costarán 3.600.000 ptas. aproximadamente (suponiendo que el precio de tales bienes haya seguido perfectamente la inflación). Por tanto, *su ganancia real es sólo de 400.000 ptas.;* es decir, la diferencia entre los 4.000.000 y los 3.600.000 ptas., de su coste original actualizado. La diferencia entre 3.600.000 y el 1.000.000 de ptas. será una ganancia *ficticia*, que más que reflejar un beneficio reflejará en realidad el deterioro de la peseta; el "encogimiento" de la unidad de medida más que el alargamiento de lo que se está midiendo.

Por tanto, si a esta persona le dieran por su terreno únicamente 3.500.000 ptas., hubiera tenido en realidad una *pérdida.* Lo que no quiere decir, por supuesto, que hubiera actuado mejor no comprando el terreno y guardando el dinero: tendría ahora únicamente 1.000.000 de ptas. y estaría en una situación mucho peor. Quizá hubiese podido comprar otro activo que siguiera mejor la inflación, pero tal vez no: la tragedia de la inflación está precisamente en que no nos permite guardar lo ganado con la seguridad de que, al irlo a buscar, estará allí.

CONTABILIDAD E INFLACIÓN

Los principios contables generalmente aceptados no tienen en cuenta el fenómeno descrito en el párrafo anterior, y por tanto, los beneficios contables que obtienen las empresas pueden tener una buena parte de inflacionarios. Por eso, en los últimos años, se han suscitado vivas críticas al sistema clásico y se han propuesto soluciones alternativas.

Para comprender estas soluciones fijémonos en que la contabilidad tradicional tiene dos principios fundamentales.

a) Las pesetas en que están valorados los activos son corrientes, es decir, del momento en que tuvo lugar la compra del activo. Así pues, siempre que haya activos adquiridos en períodos distintos, habrá pesetas de distinto valor adquisitivo en el balance.

b) Refleja en el balance los activos *al coste.*

Las alternativas a la contabilidad clásica consisten en abandonar o bien el primero de estos principios, o bien el segundo, o bien los dos a la vez. Concretamente:

– Si abandonamos el primero, es decir, traducimos todas las cuentas a pesetas de poder adquisitivo constante, del momento en que elaboramos el balance, el sistema contable resultante le llamaremos Contabilidad Ajustada al Nivel General de Precios (CANGP).
– Si abandonamos el segundo principio, debemos adoptar un criterio de valoración distinto al del coste. Uno de los posibles criterios a adoptar ha conseguido hacerse bastante más popular que los demás: el coste de *reposición.* A partir del mismo se puede elaborar la Contabilidad por el Coste de Reposición (CCR).
– Si abandonamos los dos a la vez, y adoptamos como principio de valoración el del coste de reposición, obtenemos la Contabilidad por el Coste de Reposición Ajustada al Nivel General de Precios (CCRA).

Veamos en qué consiste cada uno de estos tres métodos a través de un caso muy sencillo. Supongamos que la empresa XYZ se funda el 1 de enero de 1978, con una aportación de capital de 1.000.000 ptas., con las que se compran 5.000 unidades del producto A, a 200 ptas. por unidad. El balance inicial de esta sociedad sería.

Activo		Pasivo	
Stock	1.000.000 ptas.	Capital	1.000.000 ptas.

Supongamos que la empresa no tiene ningún gasto durante el año, y no tiene ninguna otra actividad hasta el día 31 de diciembre, en que se venden 2.000 unidades a un precio de venta de 300 ptas. Según la contabilidad convencional, su balance y cuenta de resultados para 1978 sería:

Balance al 31-XII-1978

Activo		Pasivo	
Caja	600.000 ptas.	Capital	1.000.000 ptas.
Stock	600.000 ptas.	Beneficios	200.000 ptas.
Total	1.200.000 ptas.	Total	1.200.000 ptas.

Cuenta de Resultados 1978

Ventas	
(2.000 u. × 300 ptas./u.)	600.000 ptas.
Coste de las mercancías vendidas	
(2.000 u. × 200 ptas./u.)	400.000 ptas.
Beneficios	200.000 ptas.

Supongamos, además, que la inflación ha sido del 20%, pero que el coste de reposición del stock ha superado a la inflación y es de 250 ptas./unidad. ¿Cuál será el balance final y la cuenta de resultados si tenemos en cuenta estos hechos? Veámoslo primero por cada uno de los métodos, para compararlos después y sacar las conclusiones oportunas.

CONTABILIDAD AJUSTADA AL NIVEL GENERAL DE PRECIOS

La Contabilidad Ajustada al Nivel de Precios pretende, simplemente, homogeneizar las diferentes partidas, que en su estado actual, contienen pesetas de diferente valor adquisitivo. Para ello hemos de tomar un punto de referencia (por ejemplo, el 31 de diciembre de 1978) y traducir cada uno de los saldos en pesetas del valor adquisitivo de las pesetas de este día.

Algunas partidas están ya en pesetas de 31 de diciembre: las llamadas *partidas monetarias*. En nuestro ejemplo, únicamente la caja; más en general, incluirían deudores, acreedores, deuda, etc., es decir, todas aquellas partidas que representan contratos en una cantidad fija de pesetas. En el balance ajustado aparecerán por el mismo importe.

Los demás activos (en nuestro caso, sólo los stocks), que son bienes físicos cuya valoración es mucho más dudosa, aparecerán al coste del día en que se compraron, pero en pesetas del 31 de diciembre. Para ello, debemos añadir a su coste histórico la pérdida de valor adquisitivo de la moneda. En nuestro ejemplo, si el stock es de 600.000 ptas., y se compró a principio de año, estas 600.000 ptas. equivalen a

$$600.000 + 20\%\ 600.000 = 720.000 \text{ ptas.}$$

de 31 de diciembre. Luego valoraremos el stock en 720.000 ptas. que, repetimos, es el *coste* del stock en pesetas de fin de año.

Con las aportaciones de capital haremos exactamente lo mismo. Si los accionistas aportaron 1.000.000 ptas. el año pasado, en valor adquisitivo constante, es decir, en pesetas constantes, se transformarán en 1.200.000.

Si vamos a la cuenta de resultados, las ventas, por haber tenido lugar el 31 de diciembre están ya en pesetas de este día, mientras que el coste de las mercancías vendidas, al proceder de un stock comprado el año anterior, requerirá un tratamiento igual que el stock que tenemos todavía en nuestro poder. Es decir, que si su valor era de 400.000 ptas., de primero de año, serán

$$400.000 \text{ ptas.} \times 1{,}20 = 480.000 \text{ ptas.}$$

de modo que el beneficio será igual a la diferencia

600.000 ptas. − 480.000 ptas. = 120.000 ptas.

Balance al 31-XII-1978 (CANGP)

Activo		Pasivo	
Caja	600.000 ptas.	Capital	1.200.000 ptas.
Stock	720.000 ptas.	Beneficios	120.000 ptas.
Total	1.320.000 ptas.	Total	1.320.000 ptas.

Cuenta de Resultados 1978 (CANGP)

Ventas	600.000 ptas.
Coste de las mercancías vendidas	480.000 ptas.
Beneficio	120.000 ptas.

CONTABILIDAD POR EL COSTE DE REPOSICIÓN

En este sistema contable, la valoración de activos físicos se hace por su coste de reposición. En nuestro caso, tenemos un stock valorado en 200 ptas./unidad, cuyo coste de reposición ha subido a 250. Luego si adoptamos este como base de valoración, tendríamos un stock de

300 unidades × 250 ptas./u. = 750.000 ptas.

La cuenta de resultados es quizá la parte más importante de una contabilidad por el coste de reposición. Distingue entre beneficio *de operaciones*, que es el beneficio que hemos obtenido por el hecho de comprar y vender, y *ganancias por tenencia*, que son los beneficios provinientes de poseer un activo cuyo precio ha aumentado.

Así, en nuestro ejemplo, el beneficio de operaciones sería únicamente de 100.000 ptas., puesto que esta es la diferencia entre la cifra de ventas (600.000 ptas.) y el coste de reposición de las mercancías vendidas (500.000 ptas.).

En cuanto a las ganancias por tenencia, habrá que distinguir entre las *realizadas* (en las mercancías ya vendidas) y las *no realizadas* (en las mercancías todavía en stock). En nuestro caso, tendremos

Ganancias por tenencias realizadas:

2.000 u. × (250 − 200) = 100.000 ptas.

Ganancias por tenencias no realizadas:

$$3.000 \text{ u.} \times (250-200) = 150.000 \text{ ptas.}$$

Con lo que el balance y la cuenta de resultados serán

Balance al 31-XII-1978 (CCR)

Activo		Pasivo	
Caja	600.000 ptas.	Capital	1.000.000 ptas.
Stock	750.000 ptas.	Ganancias por tenencias realizadas	100.000 ptas.
		Ganancias por tenencias no realizadas	150.000 ptas.
		Beneficios de operaciones	100.000 ptas.
Total	1.350.000 ptas.	Total	1.350.000 ptas.

Cuenta de Resultados 1978 (CCR)

Ventas	600.000 ptas.
Coste de las mercancías vendidas	500.000 ptas.
Beneficio de operaciones	100.000 ptas.
Ganancias por tenencias realizadas	100.000 ptas.
Ganancias por tenencias no realizadas	150.000 ptas.
Ganancias totales	350.000 ptas.

Contabilidad por el coste de reposición ajustada al nivel general de precios

Este método es una combinación de los dos anteriores. En lo que concierne al balance, los activos se valoran al coste de reposición, mientras que los recursos propios se ajustan por la inflación; y la cuenta de resultados es parecida a la del coste de reposición, excepto en que en las ganancias por tenencia se distingue qué parte de ellas son ficticias (o inflacionarias) y qué parte son reales, no reconociendo como tales más que las últimas, tal como sugeríamos más arriba. En nuestro ejemplo, tendríamos:

Balance al 31-XII-1978 (CCRA)

Caja	600.000 ptas.	Capital	1.200.000 ptas.
Stock	750.000 ptas.	Ganancias por tenencias realizadas	20.000 ptas.
		Ganancias por tenencias no realizadas	30.000 ptas.
		Beneficio de operaciones	100.000 ptas.
Total	1.350.000 ptas.	Total	1.350.000 ptas.

Cuenta de Resultados 1978 (CCRA)

Ventas	600.000 ptas.
Coste de las mercancías vendidas	500.000 ptas.
Beneficio de operaciones	100.000 ptas.
Ganancias por tenencias realizadas 2.000 × (250 − 200 × 1,20)	20.000 ptas.
Ganancias por tenencias no realizadas 3.000 × (250 − 200 × 1,20)	30.000 ptas.
Ganancias totales	150.000 ptas.

AMORTIZACIÓN DE INMOVILIZADOS Y PÉRDIDAS MONETARIAS

Antes de pasar a comentar los tres métodos descritos, apresurémonos a añadir que el ejemplo anterior, simplificado para mayor claridad de exposición, no contiene dos elementos fundamentales en el ajuste inflacionario: los inmovilizados y sus amortizaciones y las pérdidas monetarias. Examinémoslos a continuación.

El inmovilizado, si bien plantea un problema muy similar al de los stocks, merece por su importancia un comentario aparte, aunque un tratamiento completo excedería los límites de este capítulo. En síntesis, su tratamiento contable sería como sigue:

- En la CANGP, haremos figurar en balance el valor original del inmovilizado ajustado por la inflación desde el momento de su compra hasta el día en que cerramos el balance. Las amortizaciones anuales se practicarán de acuerdo con este valor ajustado.
- En la CCR, el valor en balance será su coste de reposición. La diferencia entre su coste de reposición y su coste histórico serán las ganancias por tenencia, realizadas en la parte ya amortizada y no realizadas en la parte todavía sin amortizar.

– En la CCRA, se procederá igual que en CCR, excepto que las ganancias por tenencia serán las diferencias entre el coste de reposición y el coste histórico ajustado a la inflación transcurrida entre el momento de la compra y el momento de cierre del balance.

La pérdida monetaria en tiempos de inflación ocurre al mantener un saldo neto de *activos monetarios*, que pierde valor por la disminución del valor adquisitivo de la unidad monetaria en que están estipulados. En el caso más simple, los activos monetarios serían únicamente el dinero de caja y bancos. Si tenemos que mantener un saldo medio de 1.000.000 ptas. en caja para hacer frente a los pagos corrientes, con una inflación del 20 %, se produce una pérdida de valor de 200.000 ptas. en términos reales.

En los casos más habituales, habría que añadir a este saldo medio el saldo medio de la cuenta de clientes, y restarle los saldos medios de los pasivos exigibles*. El tanto por ciento de inflación, aplicado al resultado de estos cálculos, dará la pérdida monetaria (en la mayor parte de casos, el saldo medio de partidas monetarias será positivo, con lo que tendremos una pérdida; pero no es infrecuente encontrarse con el caso contrario), aproximada del año correspondiente, que deberá restarse (o sumarse, en caso de ser ganancia) a la cuenta de resultados ajustada. De nuevo, un tratamiento riguroso del tema excedería los límites de este texto.

¿CUÁL DE LOS TRES MÉTODOS ES MEJOR?

Ver cómo diferentes métodos de calcular un beneficio dan resultados distintos es siempre desconcertante. Inmediatamente nos preguntamos, ¿cuál es el beneficio "de verdad"? ¿Cuál de los tres métodos mide "el" beneficio?

Desgraciadamente, es esta una pregunta que no tiene respuesta. Una razón importante para ello es que la definición de beneficio no es todo lo precisa que se desearía. La definición de beneficios como "lo que podemos gastar sin empobrecernos", es una definición muy poco operativa. Presumiblemente, "lo que podemos gastar" sea "lo que podemos repartir en dividendos", pero el concepto de empobrecernos es más difícil de concretar. En una economía estática, es decir, sin cambios de precios ni inflación, y en la que las empresas tengan una actividad estable, la condición de no empobrecerse se puede tra-

*Excepto en el caso de que hubiera algún pasivo exigible en especies (por ejemplo, abonos cobrados por adelantado) puesto que no sería ésta una cuenta *monetaria*.

ducir en conservar la actividad física de producción y ventas de la empresa, o en conservar la inversión original de los accionistas, puesto que los dos conceptos son equivalentes; pero en una economía dinámica, la equivalencia de estos dos conceptos deja de existir. Veámoslo con los datos del ejemplo anterior.

El ajuste a nivel general de precios arrojaba un beneficio de 120.000 ptas. Este beneficio puede calcularse en balance como la diferencia entre el coste ajustado de los activos y el valor ajustado de los pasivos. Por la parte de los activos, lo que hicimos fue limitarnos a reescribir las diferentes partidas al coste homogeneizado en términos de las unidades monetarias de fin de período. El activo total obtenido de esta manera, representará la inversión en términos reales de la empresa. Si a esto le restamos los pasivos exigibles, tendremos la inversión en términos reales de los accionistas. Y si a ésta le restamos el capital desembolsado en valor adquisitivo de hoy, nos quedará, por definición, el beneficio. Este beneficio repartido en forma de dividendos, conservará la inversión inicial de los accionistas en términos reales.

Fijémonos en que, tal como anticipábamos, esto no implica que la empresa pueda continuar con el mismo nivel de actividades; en nuestro ejemplo, seguir al mismo nivel de actividades querría decir comprar de nuevo 2.000 unidades de producto. Si se reparten 120.000 ptas. en dividendos, quedarán en caja 480.000 ptas., con las que se podrá comprar únicamente 1.920 unidades, no pudiéndose, por tanto, volver al mismo nivel de operaciones del año anterior.

Para que ello sea posible, necesitaremos que haya en caja 500.000 ptas., de modo que podremos repartir en dividendos únicamente 100.000 ptas., es decir, el beneficio de operaciones calculado mediante el coste de reposición; lo que, claramente, no es ninguna casualidad.

Este último concepto de beneficios parece, en principio, más atractivo que el primero. Sin embargo, presenta dos problemas, uno teórico y otro práctico. Desde un punto de vista teórico, lo que en realidad le ocurre a la empresa es que, con la subida del coste de reposición por encima de la inflación, está obligada a invertir una cantidad *adicional* (las 20.000 ptas. de diferencia) si quiere mantener el mismo nivel de stocks que antes; para compensar el aumento de precio del mismo no parece demasiado lógico entonces que para pedirles a los accionistas esta inversión adicional lo hagamos negando que tal cantidad sea beneficio (ya que desde su punto de vista, lo es). Desde un punto de vista práctico, es fácil darse cuenta de que, para una empresa que se financie permanentemente con deuda, si reparte como dividendo únicamente el beneficio operativo y sigue con un volumen constante de operaciones, entonces, o bien la proporción de deuda se va haciendo cada vez más pequeña, o bien, si emitimos más deuda, habrá un exceso de financiación. Por tanto, si para empresas financiadas únicamente con capital el beneficio de operaciones es un concepto útil, no está claro que sea así en igual grado cuando una parte de la financiación es con deuda. Generalizando (aún a pesar de no tener aquí espacio para justificar esta afirmación) podemos decir que el problema del segundo concepto de beneficio está en que no existe un método que, inexorablemente, lleve a este resultado para cualquier empresa, porque el beneficio repartible conservando la actividad física de la empresa depende de algunas políticas de la empresa, principalmente de las financieras.

El beneficio de operaciones definido en el coste de reposición, sin embargo, aproxima este concepto en general y coincide con él en casos particulares. Quizá por este motivo ha tenido multitud de partidarios, desde la *Securities Exchange Commission* en los Estados Unidos y el *Sandilands Committee*, en el Reino Unido, hasta los diseñadores del sistema contable de la Philips.

¿Servirá para algo conocer las ganancias por tenencia? Desde luego, obtenidas por el método del coste de reposición sin ajustar, absolutamente no: mezcla ganancias ficticias (o inflacionarias) con ganancias reales, que sólo son segregadas por el tercero de nuestros métodos. Con el coste de reposición ajustado, estas ganancias pueden indicarnos, por ejemplo, si la gestión de compras, crucial en tiempos inflacionarios, está siendo adecuada. A la vez, y con una definición clara de una serie de políticas (financieras sobre todo) puede permitir complementar al beneficio de operaciones para repartir un dividendo que no ponga en peligro la continuidad de la empresa.

A los criterios ya discutidos en la elección de uno de los métodos hay que añadir otro de no menor importancia: los costes de funcionamiento del sistema contable en cada uno de los casos. Los costes de la CANGP son relativamente bajos, sobre todo si se dispone de ordenador, puesto que no precisa más que de un índice de inflación y de las operaciones aritméticas correspondientes. En cambio, tanto la CCR como la CCRA precisan de un sistema de cálculo de costes de reposición, que no es obvio que se pueda obtener sin un coste considerable.

De hecho, el sistema más completo, y a la vez más complejo, es la CCRA, y por ello será el que tenga un coste mayor; pero la diferencia de coste entre la CCRA y la CCR será muy pequeña, y, en cambio, esta última parece tener poca justificación teórica: de hecho, el sistema en sí no tiene nada que ver con la inflación, sino con los cambios de precios específicos de algunos productos.

Contabilidad financiera y contabilidad fiscal

Antes de llegar a las conclusiones, es obligado mencionar el problema fiscal, puesto que la discusión que hemos presentado se ha orientado exclusivamente a aspectos de dirección de empresas y de información a los accionistas, cuando uno de los objetivos de la contabilidad es determinar los impuestos que una sociedad debe pagar.

Por el momento, son muy pocos los países en los que la Hacienda Pública acepta un sistema de corrección de contabilidad por inflación como base impositiva. Si lo hiciera así, y el fisco quisiera mantener su nivel de ingresos, significaría que algunas empresas tendrían que pasar a pagar más, mientras que otras podrían pagar menos. Como es lógico, las primeras se opondrán a la adopción de estos sistemas y las segundas lo apoyarán, de modo que, aunque se hace difícil prever el resultado final, es fácil pronosticar que las discusiones durarán mucho tiempo. Por ello, desde un punto de vista fiscal, por el momento y mientras nada cambie, la empresa deberá seguir llevando su contabilidad al coste histórico, actualizado eventualmente en momentos cronológicamente indicados por Ley.

Ello no implica que la empresa no pueda, por su cuenta, llevar a la vez una Contabilidad Financiera, como información a los accionistas y para ayuda en la toma de decisiones, en la que tenga en cuenta la inflación mediante alguno de los métodos expuestos. Esta, por el momento, es una decisión totalmente discrecional por parte de la dirección y lo que está en juego en ella no son los impuestos que se deben pagar (que son decisión de Hacienda), sino el obtener una mejor información.

Conclusiones

Aunque en un tema polémico como el que nos ocupa las conclusiones tienen siempre un cierto grado de provisionalidad, nos atreveríamos a proponer las siguientes como fruto del análisis anterior:

1. Aunque sólo fuera por la razón de la Contabilidad Fiscal, las empresas deben seguir llevando la contabilidad al coste histórico, que presenta una información útil, aunque deformada por la inflación.
2. Esta contabilidad al coste histórico puede complementarse mediante algún método de corrección de los tres explicados aquí. El que sea conveniente hacerlo o no, dependerá de muchos factores, entre ellos el coste del sistema contable.
3. Un ajuste a nivel general de precios es fácil de hacer con un coste muy razonable. De hecho, si no hubiera cambios de precios rela-

tivos, es decir, hubiera inflación "pura", sería el sistema ideal para resolver el problema, y, dado su bajo coste, la información que de ella se extrae puede compensar con una cierta facilidad. La inversión de los accionistas en términos reales queda protegida con este sistema.

4. Si la empresa quiere calcular un beneficio que proteja su capacidad operativa, deberá utilizar algún sistema relacionado con el coste de reposición. El coste de reposición ajustado es en este sentido mejor que el coste de reposición sin ajustar.
5. El concepto de beneficio que conserva la capacidad operativa de la empresa depende en una gran medida de las políticas financieras de la empresa. Por ello, mejor que utilizar un sistema estándar, la empresa debería desarrollar su propio sistema, teniendo en cuenta sus características específicas, con visión de las políticas de la empresa y de sus expectativas.

SEGUNDA PARTE

FUNDAMENTOS DE CONTABILIDAD DE COSTES

CAPÍTULO I

LOS OBJETIVOS DE LA CONTABILIDAD DE COSTES

Ya en la primera parte del libro se introdujo la distinción entre Contabilidad Financiera y Contabilidad de Dirección. Se decía allí que la primera es la que tiene como objetivo primordial el informar al exterior, mientras que la Contabilidad de Dirección trata de ser un instrumento de gestión para los responsables de la organización. Si la Primera Parte de este libro se dedicó a la Contabilidad Financiera, la Contabilidad de Dirección propiamente dicha se ha dividido, de un modo quizás algo arbitrario, entre la Segunda que comienza aquí, y se titula "Fundamentos de Contabilidad de Costes", y la Tercera, que se titula "La Contabilidad en la Planificación y el Control".

La Contabilidad de Dirección es mucho más un traje a la medida que la Contabilidad Financiera. La diversidad de usuarios de esta última, y el que, además, estos usuarios no tengan como tales control sobre la información que se produce, hace que la Contabilidad Financiera tenga que ser estandarizada, prácticamente igual para todo el mundo con pequeñas diferencias quizás, que se derivarán, en cada caso, de la naturaleza del negocio. Esto hace que, en resumen, cuando se habla de Contabilidad Financiera, se tengan casi siempre en mente los tres documentos básicos que la componen: Balance, Cuenta de Resultados y Cuadro de Financiación.

En contraste, en Contabilidad de Dirección, y puesto que en ésta se trata de producir una información contable para el uso de los responsables de la gestión, y no para ninguna otra persona, no hay tanta necesidad de que la información sea objetiva, ni de que deba ser comparable a la producida en empresas similares. Por otra parte, los responsables de la gestión tienen en general atribuciones para escoger el tipo de información que les parezca adecuado a las decisiones que toman, por lo que en la realidad se encuentra una gran variedad de prácticas, en ocasiones con pocos elementos comunes.

Esto no significa, sin embargo, que la Contabilidad de Dirección sea completamente arbitraria. Por el contrario, existen muchas prácticas comunes a diversos tipos de empresas, lo que permite estudiarlas con un cierto grado de generalidad. De hecho, aunque las empresas puedan ser de las más diversas características, el tipo de actividades para las que la información contable puede ser útil son las mismas para todas las empresas. Aún a riesgo de simplificar excesivamente, podemos decir que, en general, esta información se usa para dos propósitos conceptualmente distintos:

- Decisiones sobre productos y actividades de la empresa de todo tipo. A título de ejemplo, podemos citar:

  Incorporaciones de nuevos productos
  Abandono de algún producto existente
  Decisiones de precios
  Nueva maquinaria e instalaciones
  Comprar o fabricar un determinado componente
  Iniciar (o abandonar) una determinada actividad
  Cerrar (o abrir) departamentos dentro de la empresa

La lista podría hacerse extraordinariamente larga, principalmente si entráramos a subdividir cada uno de los títulos anteriores. No es ésta nuestra intención aquí. Sólo hemos pretendido dar una visión intuitiva del contenido de este apartado, en cuanto a lo que entendemos por toma de decisiones.

- Evaluación de la actividad de la empresa en su conjunto, o de una parte de la misma (departamento, sección, subsección, división, etc.), o de la actuación de las personas en ella, con el objetivo de corregir el curso de los acontecimientos si éstos no se producen de manera satisfactoria. En concreto, por ejemplo, los costes pueden ser superiores a lo que se esperaba; o los ingresos pueden ser inferiores; o el conjunto de las dos cosas puede ser insatisfactorio; y, en cada caso, habrá unas medidas que tomar, que pueden ser decisiones concretas de algunos de los tipos que acabamos de comentar, o repartir premios y castigos a los responsables de cada departamento, sección o división, etc.

Puede parecer quizás que cada uno de estos dos propósitos es muy amplio, o que las actividades implicadas en cada uno de ellos tienen poco en común. Lo primero es bastante cierto, pero lo segundo, no. Así, por ejemplo, si comparamos la decisión de invertir en una determinada máquina con la de suprimir un producto de la gama hasta ahora ofrecida, es verdad que se trata de dos decisiones muy distintas en cuanto a su contenido, pero en cualquier caso se trata de unas decisiones *puntuales* (es decir, que se presentan en un determinado momento, pero no con una periodicidad preestablecida), y de decisiones que precisan de una información con respecto a acontecimientos *futuros*, lo que significa que la información histórica referente al pasado solamente tendrá relevancia en cuanto constituya una buena anticipación del futuro.

En contraste, la evaluación de las actividades de la empresa debe llevarse a cabo *periódicamente*, puesto que en cualquier momento es posible que las cosas no ocurran de acuerdo con nuestros deseos, y se deberá basar en información *histórica* que haga referencia a acontecimientos pasados que se trata de evaluar.

La Contabilidad de Dirección tiene como objetivos fundamentales, entonces, constituir una herramienta para estos dos objetivos globales que acabamos de describir. A éstos, sin embargo, hay que añadir un tercero, quizás algo menos importante en orden de prioridad, pero igualmente real: el de obtener, (en el caso de una empresa industrial, esencialmente), una cifra de coste para las unidades de producto que permita valorar las existencias, a la vez que (mediante esta valoración), permita también determinar el beneficio contable de la empresa. En este sentido, pues, la Contabilidad de Dirección auxilia a la Contabilidad Financiera a conseguir uno de los objetivos básicos de esta última.

En resumen, por tanto, los objetivos de la Contabilidad de Dirección son tres:

– Ayudar a la toma de decisiones concretas.
– Evaluar la actividad de la empresa.
– Medir el resultado.

La segunda parte del libro que aquí se inicia pondrá énfasis en la primera y la tercera de estas finalidades, para las cuales es esencial el cálculo del coste unitario del producto. La tercera parte en cambio, pondrá énfasis en la evaluación de las actividades de la empresa, para lo cual es esencial la contabilidad por departamentos.

Esta segunda parte se iniciará con un capítulo general (Capítulo II) de definiciones y conceptos de contabilidad de costes, para después pasar (Capítulos III, IV y V) al cálculo de costes propiamente dicho. Posteriormente (Capítulos VI, VII y VIII) trataremos el tema de estándares, desviaciones sobre los estándares, y sistemas de costes estándar, para terminar explicando cómo deben utilizarse los datos contables para la toma de decisiones (Capítulos IX, X, XI y XII). Y en el Capítulo XIII comentaremos las críticas actuales a los sistemas clásicos de contabilidad de costes, y las propuestas que de ellas se derivan.

CAPÍTULO II

COSTES: CONCEPTOS Y DEFINICIONES

INTRODUCCIÓN

Posiblemente sea la palabra coste una de las más frecuentemente utilizadas en el lenguaje empresarial. Tampoco es infrecuente oirla en el lenguaje común: todos hablamos con naturalidad del coste de la vida, del coste de las autopistas, del coste de la Seguridad Social, etc. Desgraciadamente, sin embargo, no siempre se utiliza la palabra con el mismo significado, lo que hace que, en ocasiones, conduzca a razonamientos incorrectos. Por ejemplo, se dice a veces que si el coste de un producto es superior a su precio de venta, este producto ocasionará a la empresa una pérdida (lo cual es cierto) y, en consecuencia, cuantas menos unidades del mismo se produzcan, mejor (lo que puede ser perfectamente falso). Paradojas como ésta, son relativamente habituales y tienen su origen en una utilización equívoca de la palabra coste. En este capítulo pretendemos definir y clasificar los distintos conceptos de coste para utilizarlos correctamente en la toma de decisiones empresariales.

¿QUÉ ES COSTE?

Un buen punto de partida puede ser la noción intuitiva que cualquier persona tiene de la palabra coste, correspondiente a una definición como la siguiente: *coste* es la medida, en términos monetarios*, de los recursos sacrificados para conseguir un objetivo determinado. Así, hablamos del coste de un producto para referirnos al dinero que

* A veces se habla de costes no medibles en dinero, pero la contabilidad no es capaz de tenerlos en cuenta.

empleamos para fabricarlo, o del coste de un departamento de investigación o de un sistema de información, como del número de billetes de banco que hace posible la existencia del departamento de investigación o la disponibilidad del sistema de información, respectivamente; y los "objetivos" a conseguir serían, precisamente, los que acabamos de mencionar.

A este nivel, el concepto de coste no reviste ninguna dificultad, y sin embargo, las cosas se complican cuando tratamos de concretar. Supongamos que tenemos delante una mesa recién fabricada: ¿cuál será el coste de la mesa: el dinero que se gastó para producirla, o el que se debería gastar para producir una igual?

COSTES HISTÓRICOS Y COSTES FUTUROS

Las dos respuestas pueden ser válidas, sólo con añadir un calificativo detrás:

- Llamaremos *coste histórico* de un objetivo (en el ejemplo, producir la mesa) al sacrificio monetario en el que se incurrió para conseguir este objetivo, ya alcanzado (tener la mesa).
- Llamaremos *coste futuro* al coste en el que se calcula que se va a incurrir para conseguir un objetivo propuesto (en el ejemplo anterior, producir otra mesa de características idénticas). Al coste futuro de un producto se le suele llamar *coste de reposición.*

Se puede pensar, tal vez, que esta distinción es un bizantinismo de escasa utilidad, puesto que hay un coste "real" (el coste histórico) y otro sólo "hipotético" (el coste futuro). No es así, sin embargo. Veámoslo con un ejemplo.

Supongamos que la mesa costó históricamente 10.000 ptas. y que, vuelta a fabricar, costaría 12.000 ptas. ¿Cuál de las dos cifras le será más útil al empresario, la de 10.000 ptas., o la de 12.000 ptas.?

- Si el empresario se plantea seguir fabricando y vendiendo mesas como aquélla, el coste futuro de 12.000 ptas. será lo que le interesará para saber a qué precio puede venderla. Si le dan por ella más de 12.000 ptas., por ejemplo 13.000, le interesará venderla, puesto que con el producto de la venta puede fabricar otra, y le quedan todavía 1.000 ptas. que puede gastar a su antojo; si le dieran en cambio 11.000 ptas., no podría llegar a reponerla.
- Si el empresario vende realmente la mesa por un determinado precio (por ejemplo, 13.000 ptas.) y se pregunta si ha hecho un buen negocio con ella, deberá comparar el ingreso de

13.000 con el coste histórico de 10.000 para darse cuenta de que ha ganado 3.000 ptas.*.

Cada uno de los dos conceptos tiene, pues, su utilidad:

– El coste histórico es útil para evaluar acciones pasadas.
– El coste futuro es útil para tomar decisiones.

COSTES DIRECTOS Y COSTES INDIRECTOS (O COSTES COMUNES)

Hemos hablado hasta ahora de coste como del coste total, sin entreternos en discutir qué clase de costes involucra. En cambio, desde la materia prima al alquiler de la fábrica, hay costes de diversas clases que será conveniente distinguir. Una distinción importante, y frecuentemente utilizada de una manera errónea, es la de costes directos y costes indirectos, que pasamos a definir a continuación.

Para ello, deberemos empezar por tomar un objeto de costes o *unidad de referencia*, que será, habitualmente, o un producto (o línea de productos), o un departamento (o cualquier otra unidad organizativa). Llamaremos *costes directos* a los que son inequívocamente identificables con la unidad de referencia, y *costes indirectos* a aquellos que no lo son, en la mayor parte de los casos por ser compartidos por otras unidades de referencia, o *comunes* a las mismas.

Supongamos que el departamento M de una determinada empresa fabrica los productos A y B. Si tomamos como unidad de referencia el departamento, serán costes directos del mismo las materias primas usadas en la fabricación de A y B, la mano de obra, el sueldo del encargado del departamento, etc., mientras que serán costes indirectos del departamento 1 sueldo del gerente y la amortización del edificio (en el supuesto que lo comparta con otros departamentos: de ahí el nombre, también utilizado, de costes comunes).

Si tomamos ahora como unidad de referencia el producto A, serán costes directos las materias primas usadas en la fabricación del producto A, y sus horas de mano de obra de fabricación, que también son directos respecto al departamento; pero en cambio, será un coste indirecto el sueldo del encargado del departamento, que era un coste directo respecto al propio departamento.

Por tanto, un coste, en sí, no es directo o indirecto, sino solamente en relación a una determinada unidad de referencia. Si tomamos como unidad de referencia, "la fábrica entera", o "los productos de la misma", todos los costes serán directos. Pero, si bajamos de

*En el supuesto de que no haya inflación.

nivel, encontramos que hay costes indirectos de la unidad de referencia que escojamos, puesto que siempre habrá algún coste (por ejemplo, el sueldo del director de la fábrica) que comparte con otras unidades.

Los costes indirectos se llaman a veces *imputados*, o *repartidos*, porque por ser compartidos se hace necesario imputarlos de acuerdo con algún criterio de reparto.

No vamos a discutir aquí en detalle la elección de los criterios de reparto, que será objeto de otro capítulo, pero conviene señalar que, idealmente, debería ser tal que se le atribuyera a cada unidad de referencia aquellos costes que la empresa se evitaría si tal unidad no existiera.

Así, por ejemplo, los gastos de mantenimiento de un edificio se pueden repartir entre los distintos departamentos proporcionalmente a los metros cuadrados ocupados, y la energía eléctrica se puede repartir con arreglo a las horas de máquina, si es que creemos que tales gastos varían con los metros cuadrados y con las horas-máquina, respectivamente.

Este último ejemplo nos va a ser útil para hacer una aclaración con respecto a la naturaleza de los costes indirectos. La energía eléctrica podría en principio ser un coste *directo* de cada departamento si tuviéramos un contador eléctrico en cada uno de ellos, y podría ser directo de cada producto si, teniendo un contador en cada máquina, midiéramos además la electricidad usada por cada producto. Desde luego, si no resulta práctico hacerlo así, tendremos un único contador, la energía eléctrica será un coste indirecto y se atribuirá normalmente con arreglo a las horas-máquina utilizadas. Es decir, algunos de los costes indirectos sería posible hacerlos directos, pero no será conveniente. En cambio, otros, como el sueldo del director de la fábrica, no es ni tan sólo posible hacerlos directos más que de la propia fábrica.

COSTES FIJOS Y COSTES VARIABLES

Una distinción particularmente importante es la de costes fijos y variables, basándose en el *volumen* de actividad, entendiendo por tal alguna medida de la cantidad de bienes y servicios elaborados. Si se trata de un solo producto, el volumen de actividad es el número de unidades del producto; en cambio, si se trata de varios, habrá que tomar un promedio ponderado de las unidades de los distintos productos. Es frecuente que el número de horas de mano de obra directa sea significativo como base de ponderación, con lo que el volumen de actividad se puede medir en horas de mano de obra directa.

Llamaremos *coste fijo* a aquel coste que no depende del volumen de actividad, es decir, cuyo total no cambia por producir más o menos unidades de cualquiera de los productos. Ejemplos típicos de costes fijos son: el sueldo del gerente, las amortizaciones de la maquinaria*, el alquiler del edificio de oficinas, etc.

En contraposición, llamaremos *coste variable* a aquel que sí varía con respecto al volumen. Un ejemplo claro de costes variables es la materia prima; cuantas más unidades produzcamos, más materia prima utilizaremos. Otro ejemplo serían las comisiones de ventas fijadas en un tanto por ciento de la cifra de ventas.

La mano de obra puede ser un coste fijo o variable, dependiendo de las circunstancias. Si existe despido libre, y la empresa tiene intención de utilizarlo en períodos de baja actividad, será variable; si no existe despido libre, o la empresa tiene la política de mantener una cierta estabilidad en el empleo, la mano de obra podrá considerarse fija. No obstante, aún en ese caso, si se sabe que la empresa va a trabajar permanentemente a plena capacidad, y absorber las puntas con horas extras, la mano de obra debe considerarse variable a efectos prácticos.

Algunas veces a los costes variables se les denomina también *costes proporcionales*. De hecho, las dos palabras se pueden utilizar como sinónimas. La palabra proporcional, sin embargo, pone de manifiesto una hipótesis en general implícita cuando se habla de costes variables: que tales costes son *proporcionales* al número de unidades; es decir, son una cantidad prefijada por unidad de producto, y por

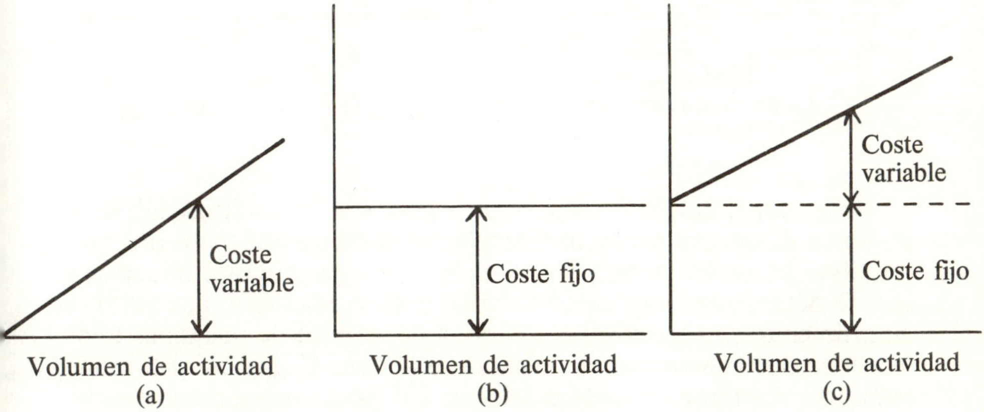

Gráfico 1

* Siempre que no se amortice según el número de unidades fabricadas.

tanto pueden representarse tal como se muestra en la parte (a) del gráfico 1. Los costes fijos se pueden representar como se puede ver en la parte (b), y los costes totales, es decir, la suma de ambos, como se puede ver en la parte (c).

Muchas veces existen costes que no responden exactamente a la clasificación antes mencionada, como la energía eléctrica, que suele tener un coste por kilovatio-hora consumido (que será, por tanto, variable) y un coste por kilovatio instalado (que será, por tanto, fijo). A este tipo de costes les llamaremos *costes semivariables*, y se podrán descomponer en una parte fija y una parte variable (gráfico 2).

Existen además otros tipos de costes, los *costes semifijos* (gráfico 3), que no varían *dentro de un cierto intervalo*, pero sí fuera de él, y, además, con saltos bruscos.

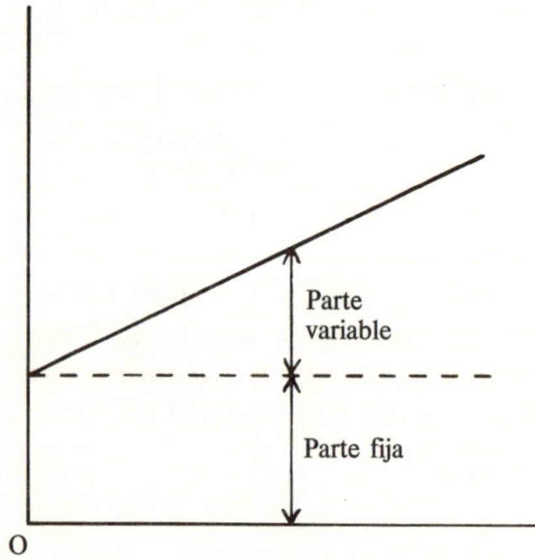

Gráfico 2
Costes semivariables

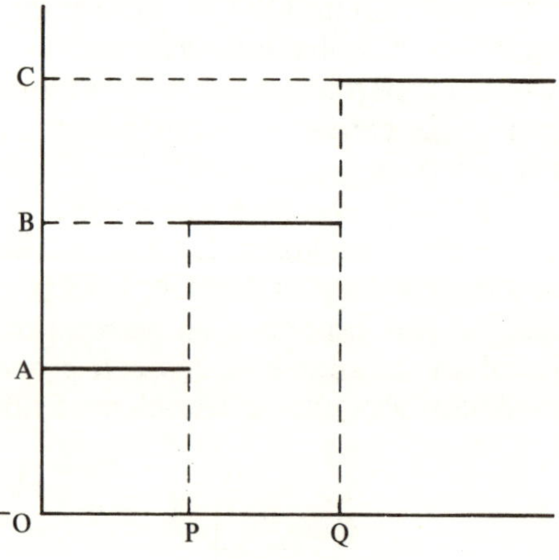

Gráfico 3
Costes semifijos

Un claro ejemplo de este tipo de costes es la amortización de la planta: con un cierto tamaño de planta es constante (para una producción que oscile entre P y Q, por ejemplo); pero para producir más que Q deberíamos aumentar el tamaño de la planta, y, por tanto, la amortización correspondiente subirá en la cantidad de máquinas e instalaciones que añadiéramos, situándose al nivel C. Del mismo modo, para un volumen de actividad inferior a P, podríamos probablemente prescindir de una parte de la planta, y por tanto, prescindir de una cierta cantidad en amortizaciones, con lo que los costes fijos se situarán en el nivel A.

Campo de validez

En la práctica, la mayor parte de las veces, nos será muy difícil, si no imposible, determinar una función de costes desde el volumen de actividad cero hasta el infinito. Si pudiéramos, sería una como la dibujada en el gráfico 4, es decir, con una pendiente más o menos uniforme, y con "saltos" de vez en cuando que reflejan las ampliaciones de la planta, el número de ejecutivos, etc. Afortunadamente, es raro que necesitemos tal función, puesto que la empresa se moverá, en general, en las cercanías de un punto, como el punto N, que es su volumen "normal" de actividad. Entonces, la recta situada entre los puntos P y Q será relativamente fácil de obtener, y válida en todo este intervalo, aunque no lo sea fuera de él. Por tanto, la aproximación de separar todos los costes en fijos y variables puede ser suficientemente exacta en un "campo de validez" que habrá que precisar en cada caso.

Conviene hacer notar, además, que el que un coste sea fijo o no, depende en gran medida del *plazo* que estemos considerando. A cor-

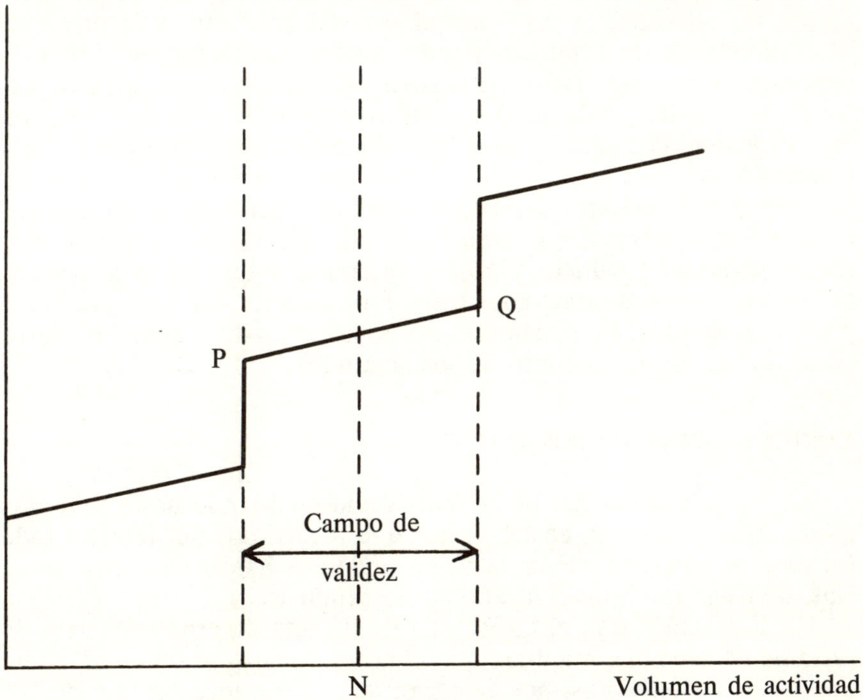

Gráfico 4

tísimo plazo, casi todos los costes son fijos, mientras que a largo plazo casi todos son como mínimo semifijos y muchos variables. En consecuencia, las estimaciones de coste que hagamos y su "campo de validez" estarán definidos sólo para el período que se considere adecuado.

COSTES VARIABLES Y COSTES DIRECTOS

Con cierta frecuencia, estos dos conceptos se usan como equivalentes, confusión que conviene evitar, porque son totalmente distintos. En primer lugar, porque tal como hemos dicho, el concepto de coste directo no viene definido si no es en relación a una *unidad de referencia*, mientras que el coste variable sí está definido en cualquier circunstancia. Y en segundo lugar, porque, aun en el caso de que hablemos de los "costes directos del producto A", éstos pueden no coincidir con los "costes variables del producto A": si el producto A se fabrica, en todo o en parte, en una máquina especial que no se usa más que para él, la amortización de esta máquina es un coste *fijo*, y, no obstante, es un coste *directo* del producto; y la mano de obra directa de un producto puede perfectamente ser *fija* debido a factores del entorno. También existen casos de lo contrario: hay costes *indirectos* del producto (lubricantes, mano de obra indirecta, suministros, energía, agua,...) que son *variables* con el volumen de actividad.

Lo que da origen a la confusión es que, en muchas circunstancias, las materias primas y la mano de obra directa son, a la vez, costes directos del producto y costes variables, y que tanto los costes indirectos variables como los costes fijos directos, son relativamente poco importantes. Pero, como hemos visto, existen ejemplos claros tanto de los primeros como de los segundos.

COSTES UNITARIOS Y COSTES TOTALES

Los costes a los que nos hemos venido refiriendo hasta aquí eran *costes totales*, es decir, costes en los que incurrimos por fabricar todo un lote de productos. Pero también podemos hablar de *costes unitarios*, o costes referidos a la unidad de producto.

Habitualmente, el coste total de un lote de productos será directamente medible, mientras que el coste unitario se obtendrá como *promedio*. Supongamos, por ejemplo, que se produce un lote de 100 unidades del producto X con un coste total de 5.000 ptas., de los que 4.000 son fijos y 1.000 variables. El coste unitario será, obviamente, de 50 ptas., de las que 40 corresponden al coste fijo y 10 al coste variable. Pero supongamos ahora que se producen 200 unidades. El coste fijo seguirá siendo de 4.000 ptas., mientras que el variable pasará a ser de 2.000; entonces, el coste unitario pasará a ser de 30 ptas., de las que 10 seguirán correspondiendo al coste variable, y sólo 20 corresponderán al coste fijo. Claramente, la disminución del coste fijo por unidad es debida a que se reparte el *mismo* coste fijo entre más unidades, con lo que el coste fijo *unitario* varía dependiendo del volumen de actividad. En cambio, el coste variable unitario es constante. Estos conceptos se recogen en forma esquemática en el cuadro 1 y en el gráfico 5.

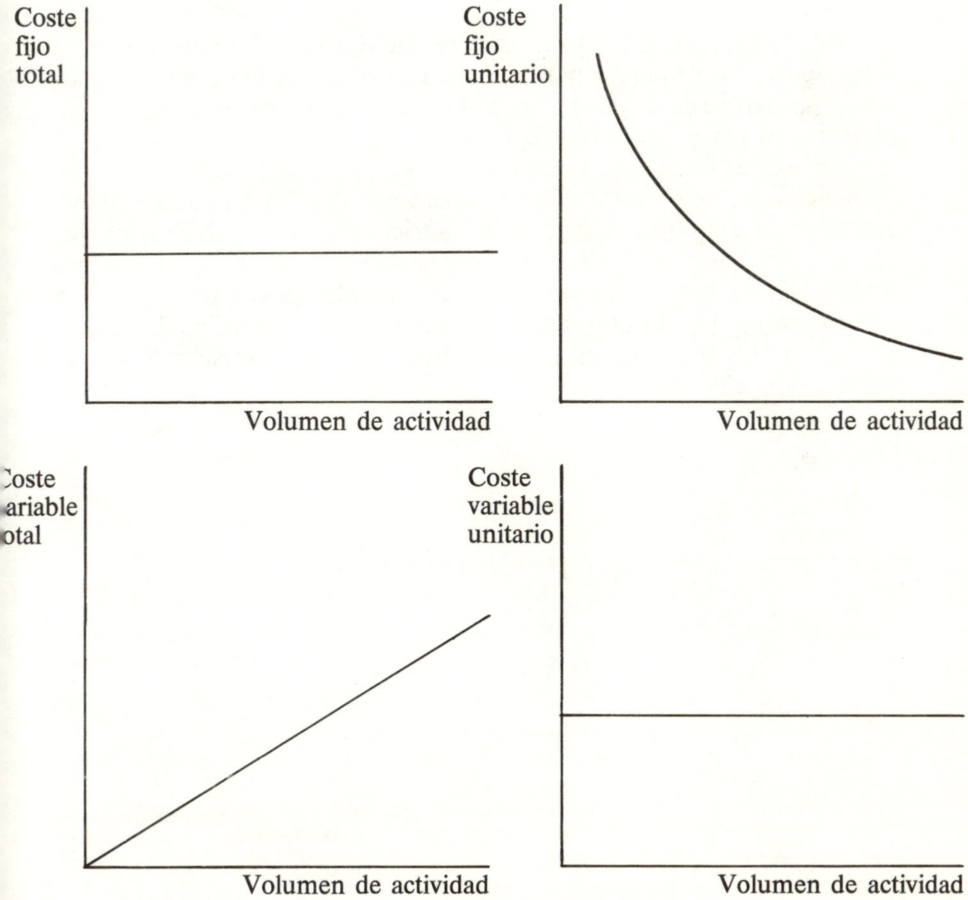

Gráfico 5

Cuadro 1

Fluctuaciones del coste con la actividad

	Coste total	*Coste unitario*
Coste fijo	Es constante	Varía
Coste variable	Varía	Es constante

COSTES COMPLETOS

Señalemos, para finalizar, que se suele utilizar la expresión *coste completo* de un producto para designar la suma de los costes directos más una parte adecuada de los indirectos atribuidos al mismo, comprendiendo tanto los costes fijos como los variables.

La expresión "coste completo" se emplea por lo general en contraposición a "coste directo" o a "coste variable", y se sobreentiende que se trata del coste completo de fabricación, con exclusión de gastos de administración y de ventas en la mayoría de los casos. En ocasiones, sin embargo, "coste completo" puede incluir un reparto de éstos últimos, por lo que, como es habitual en contabilidad, se debe siempre preguntar cuál es el contenido de una expresión al encontrarnos con ella.

CAPÍTULO III

SISTEMAS DE ACUMULACIÓN Y REPARTO DE COSTES (I): CENTROS DE COSTES

INTRODUCCIÓN

Vimos en el capítulo I que la Contabilidad de Costes tiene un triple objetivo: valoración de inventarios, toma de decisiones y evaluación de la actividad. Simplificando un poco las cosas, podríamos decir que tanto la valoración de inventarios como la toma de decisiones suelen hacerse a partir de los *costes unitarios* de los diferentes productos, con un cierto grado de desglose, mientras que la evaluación de actividades se efectúa a través de los *costes de los departamentos.* No es extraño entonces que los sistemas de costes cumplan normalmente dos funciones:

1. Acumular los costes habidos en cada departamento.
2. Atribuir estos costes a las unidades de producto elaboradas por el departamento.

Normalmente, los costes se producen en el contexto de un determinado departamento o sección de la empresa, de modo que parece natural que en cada departamento o sección se lleve un registro de los costes que en él tienen lugar, y que su acumulación en cada uno de ellos no presente ningún problema conceptual. Lo que sí puede plantear problemas, en cambio, es determinar si se toman simplemente los grupos de trabajo naturales (departamentos, secciones) como centros de acumulación de costes, o si se toman como centros de acumulación de costes subdivisiones o agrupaciones de los mismos.

Una vez agrupados los costes por "centros de costes", deberemos atribuirlos a las unidades de producto. Antes, sin embargo, si existen centros de coste que correspondan a departamentos de servicios (informática, métodos-tiempos, investigación, etc.), no directamente relacionados con la elaboración del producto, los costes de tales centros deberán repartirse entre los centros de producción de acuerdo con algún criterio que se considere adecuado.

Este capítulo, y los dos siguientes, expondrán cómo pueden llevarse a cabo todas estas operaciones. Dejaremos por el momento para los dos siguientes ver la atribución de costes a las unidades de producto, y nos concentraremos en éste en la acumulación y reparto de costes por centros de costes.

CENTROS DE COSTES

Un *centro de costes* es la unidad contable de la organización en la cual se recogen, acumulan y reparten datos de costes. Un centro de costes se llama *de producción*, cuando interviene directamente en la fabricación de los productos; y se llama *de servicios* cuando no realiza esta intervención directa.

Un centro de costes es, pues, un concepto contable sin implicaciones organizativas ni de responsabilidad. Debe distinguirse claramente de los llamados "*centros de responsabilidad*"*, normalmente utilizados en control, y que son unidades organizacionales que están bajo la dirección de un responsable de las actividades que allí tienen lugar. Son, pues, diferentes de los centros de costes, aunque en muchas ocasiones, y por razón de comodidad, los hagamos coincidir.

¿CUÁNTOS CENTROS DE COSTES DEBEMOS TENER?

La primera pregunta que uno se formulará necesariamente al diseñar un sistema contable es la que encabeza este apartado. A priori, no es obvio ni que cada grupo de trabajo deba ser un centro de costes, ni que haya que agruparlos de una determinada manera. En este apartado, vamos a intentar dar criterios claros respecto a lo que se puede hacer con este problema, sirviéndonos de un ejemplo. En aras de la sencillez, prescindiremos por el momento de centros de servicios o de otros costes indirectos de los departamentos, de los que trataremos más adelante.

Ejemplo. La empresa "Soler Hermanos" trabajaba bajo pedido. Constaba de dos secciones: "mecanizado" y "montaje"; las dos estaban trabajando a plena capacidad, y se esperaba que continuara así

* Ver la tercera parte de este libro.

durante todo el año. Para dicho año, se esperaba que estas secciones tuvieran los costes siguientes:

	Mecanizado	Montaje	Total
Horas de mano de obra	10.000	10.000	20.000
Salario promedio	500 ptas./hora	500 ptas./hora	500 ptas./hora
Total coste de mano de obra	5.000.000 ptas.	5.000.000 ptas.	10.000.000 ptas.
Costes de supervisión	1.000.000 ptas.	1.000.000 ptas.	2.000.000 ptas.
Amortizaciones de maquinaria	2.000.000 ptas.	600.000 ptas.	2.600.000 ptas.
Gastos de fabricación varios	400.000 ptas.	400.000 ptas.	800.000 ptas.
Total costes	8.400.000 ptas.	7.000.000 ptas.	15.400.000 ptas.

La empresa se planteaba si hacer que cada sección fuera un centro de costes, o bien hacer un único centro de costes. Para ver el impacto que esto podía tener, se hicieron los cálculos de presupuesto para dos pedidos que había pendientes en los que el propio cliente suministraba la materia prima. Se calculaba que

- El pedido 101 pasaría 200 horas en mecanización y 80 en montaje.
- El pedido 102 pasaría 50 horas en mecanización y 200 en montaje.

El coste que se asigne a cada uno de los pedidos dependerá de si se tiene un solo centro de costes o dos. Veámoslo:

a) *Dos centros de costes.*

El coste total por hora de mano de obra directa de mecanizado es de:

$$\frac{8.400.000 \text{ ptas.}}{10.000 \text{ horas}} = 840 \text{ ptas./hora}$$

mientras que el coste total por hora de mano de obra directa de montaje es de:

$$\frac{7.000.000 \text{ ptas.}}{10.000 \text{ horas}} = 700 \text{ ptas./hora}$$

Luego:
Coste del pedido 101: 200 × 840 + 700 × 80 = 224.000 ptas.
Coste del pedido 102: 50 × 840 + 700 × 200 = 182.000 ptas.
b) *Un solo centro de costes.*
Si se establece un solo centro de costes, el coste horario será:

$$\frac{15.400.000 \text{ ptas.}}{20.000 \text{ horas}} = 770 \text{ ptas./hora}$$

y, por lo tanto, los costes de los pedidos 101 y 102 serán:

Pedido 101: (200 + 80) × 770 = 215.600 ptas.
Pedido 102: (50 + 200) × 770 = 192.500 ptas.

Es decir, el coste del pedido 101 es más bajo si se establece un solo centro de costes, mientras que el coste del pedido 102 es más alto en este caso. La razón es sencilla: "mecanizado" es una sección "más cara" que "montaje" (por las amortizaciones más elevadas); si se hacen dos centros de costes independientes, el pedido que pasa más horas en "mecanizado" sale más caro, mientras que al hacer uno solo, el pedido 102 carga con unos costes de amortización que, de hecho, no le corresponden.

Parece, entonces, que establecer dos centros de costes será mejor que establecer uno solo, puesto que la heterogeneidad de las dos secciones distorsionaría los resultados si se estableciera un solo centro. O, generalizando, que cuantos más centros de coste establezcamos, mejor. Pero a medida que aumenta el número de centros de coste va aumentando *la complejidad* y *el coste* del sistema contable, de modo que podemos preguntarnos si la complejidad adicional de un sistema más exacto se ve compensada por mejores resultados. El sentido común deberá decidir en cada caso, teniendo como objetivo el hacer el número de centros de costes lo menor posible (por su coste) siempre que los centros que establezcamos sean lo suficientemente homogéneos.

REPARTO DE COSTES INDIRECTOS DE LOS DEPARTAMENTOS DE PRODUCCIÓN

Los centros de costes de producción tendrán siempre costes indirectos (a menos que definamos como centro de costes la propia fábrica) que, como se recordará, algunos podrían hacerse directos por medición (la energía eléctrica), mientras que otros son indirectos por su propia naturaleza (el alquiler de la fábrica).

Algunos costes indirectos, o comunes, de los centros de producción, será conveniente agruparlos en forma de centros de servicios (como aquellos costes relacionados con métodos y tiempos) mientras que algunos otros (el alquiler de la fábrica, por ejemplo) pueden no estar agrupados con ningún otro (es decir, formar un centro de servicios él solo). En cualquier caso, estos costes indirectos deberán repartirse a los centros de productos de acuerdo con algún criterio que consideremos razonable.

¿A qué llamaremos un criterio razonable? Pensemos en el objetivo que perseguimos: repartir costes con equidad a los departamentos de producción para, en último extremo, repartirlos a los productos. Lógicamente, lo que nos gustaría obtener como coste de un producto sería el coste que este producto tendría si no fabricáramos ningún otro. Es decir, que si una empresa fabrica a la vez sábanas y toallas, asignemos a las sábanas los costes que tendría si fabricara sólo sábanas y a las toallas los que tendría si fabricara sólo toallas. Esto puede ser difícil, puesto que en muchas ocasiones hay economías (o deseconomías) de escala: es decir, producir una sábana y una toalla en la misma empresa puede costar menos (o más) que producirlas independientemente en empresas distintas. A veces puede llegar a ser completamente imposible: los productos "jamón" y "tocino" tienen como coste común el del cerdo del que se obtienen, pero no es concebible obtenerlos por separado. Cuando ello ocurre, se dice que tales costes son *conjuntos* y se deben tratar con especial cuidado, ya que cualquier reparto que se quiera hacer será arbitrario. A los productos correspondientes se les llama *productos conjuntos;* y si alguno de los productos conjuntos tiene relativamente poco valor, se le llama *subproducto.*

En los casos más habituales, y en un plano más operativo, este objetivo puede conseguirse a veces repartiendo los costes comunes en función de los servicios realmente prestados por el centro de servicios correspondientes. Cuando esto no ocurra, habrá que buscar una base de reparto que intuitivamente parezca relacionada con el servicio de que se trate y que no sea innecesariamente complicada. Podemos dar como ejemplos los siguientes:

1. En función de las *horas de mano de obra* del centro de producción, para todos aquellos costes que tengan que ver con la mano de obra (por ejemplo, supervisión). Alternativamente, se puede hacer en función del *coste* de la mano de obra.
2. En función de los *materiales directos* (en cantidad o en costes) para aquellos costes relacionados con ellos, como, por ejemplo, ciertos tipos de suministros.
3. En función del *espacio* (superficie o volumen) ocupado por el cen-

tro de producción. Los costes de ocupación (alquileres, calefacción, etc.), son un ejemplo.

4. En función de un *índice* que se tome como representativo de la actividad del centro de producción que puede ir desde las horas máquina para procesos muy mecanizados hasta los kilovatios utilizados. Por supuesto, la mano de obra directa (en horas o en coste) a veces se toma como índice de actividad, y en algunas ocasiones puede ser significativo tomar los costes variables.

SERVICIOS RECÍPROCOS DE DEPARTAMENTO DE SERVICIOS

Si los centros de servicios prestan sus servicios únicamente a los centros de producción, escogiendo una base de atribución como las discutidas en el apartado anterior, sus costes se pueden repartir directamente. Pero ocurre que algunos centros de servicios se prestan servicios *mutuamente*, lo que complica el problema de reparto. Para resolverlo, hay tres métodos posibles:

a) *Método directo.*

Consiste en *ignorar* los servicios mutuos entre departamentos de servicios, repartiendo los costes de cada uno de ellos directamente a los centros de producción en proporción a los servicios que les ofrecen.

b) *Método escalonado.*

Consiste en tomar los centros de servicios en un orden determinado; los costes del primero se reparten entonces a los centros de producción y a los restantes centros de servicios, quedando el primer centro eliminado; los costes del segundo centro se reparten entonces a los centros de producción y a los centros de servicios que queden y así sucesivamente. Como es lógico, el orden en el que se vayan eliminando los centros de servicios influye en el resultado final.

c) *Método simultáneo.*

Consiste en atribuir simultáneamente a cada uno de los centros de servicios la parte correspondiente al otro. Para ello, hay que resolver un sistema de ecuaciones, planteadas de modo que el coste total de cada centro de servicios, compuesto por sus costes directos más los atribuidos de otros centros, se reparta *completamente* a los demás centros de producción y servicios de acuerdo con la base correspondiente.

El último de los tres métodos es el más exacto, pero en muchas ocasiones se usa el método escalonado por su mayor simplicidad. El método directo es difícilmente justificable, a menos que los servicios recíprocos de los centros de servicios sean muy pequeños.

CAPÍTULO IV

SISTEMAS DE ACUMULACIÓN Y REPARTO DE COSTES (II): COSTES POR PEDIDO

INTRODUCCIÓN

Una vez repartidos todos los costes a los centros de costes de producción, tal como se ha explicado en capítulos anteriores, los sistemas de costes prosiguen su tarea repartiendo los costes de éstos a las unidades de producto. Como veremos, y ya se ha insinuado en el capítulo anterior, esto sería mucho más fácil si todos los costes fueran variables; pero, en general, esto no será así, por lo que precisaremos que los métodos de reparto lo tengan en cuenta implícita o explícitamente.

Existen esencialmente dos métodos para llevar a cabo el objetivo de repartir costes a las unidades de producto: el llamado de *costes por pedido*, y el llamado de *costes por proceso.* El primero será presentado en este capítulo, y el segundo en el siguiente.

COSTES POR PEDIDO Y COSTES POR PROCESO

Debido a la existencia de costes fijos por un lado y de costes indirectos de los productos por otro, cualquier sistema de atribución de costes a las unidades de producto deberá consistir en obtener un *promedio* de los costes totales. Los sistemas que podemos utilizar para ello son fundamentalmente dos:

– Supongamos que la producción de un determinado departamento es perfectamente homogénea, es decir, se fabrica un solo producto, y siempre el mismo. Será lógico entonces acumular los costes de este departamento durante un cierto período de tiempo, contar el número de unidades producidas y dividir estas dos cantidades para obtener el coste de cada unidad. Este es esquemáticamente el método llamado "costes por proceso".

– Pongámonos en el otro extremo, e imaginemos un departamento en el que se produce bajo pedido multitud de artículos distintos. Aquí lo lógico es tratar de medir los costes *directos* de cada pedido, y repartir los indirectos de acuerdo con un criterio razonable. Este es, en esquema, el método llamado "costes por pedido" (u "orden de fabricación").

Los costes por pedido se usan con frecuencia en empresas que trabajan bajo pedido, para atender las especificaciones del cliente. Empresas en las que este método es aplicable son, por ejemplo, empresas de construcción, imprentas, talleres de reparación de automóviles, fabricantes de maquinaria especializada, etc. Asimismo también se puede aplicar este sistema a todas aquellas empresas en las que el proceso industrial tenga lugar en "lotes".

Los costes por proceso son, en cambio, aplicables a industrias que producen "en serie", de modo que, en general, la producción de un departamento es homogénea (fabrican siempre el mismo producto o grupo de productos), y no resulta práctico asociar costes a lotes concretos sino, por ejemplo, a la producción del mes, independientemente de su destinatario o del momento en que se ordenó su fabricación. Se aplicarán por tanto a multitud de productos, que van desde coches a cemento y desde productos textiles a la destilación del petróleo.

Es relativamente frecuente encontrar sistemas de coste por pedido en empresas pequeñas, que constan de un solo departamento productivo, lo que puede inducir al error de pensar que el sistema de costes por pedido sólo puede aplicarse en el caso de tener un único departamento. No sólo no hay ninguna razón teórica para ello, sino que existen numerosos ejemplos de industrias con varios departamentos que utilizan sistemas de costes por pedido con éxito.

Del mismo modo, sería erróneo pensar que el tipo de producción *determina* completamente el sistema a utilizar. De hecho, en muchas ocasiones es posible utilizar un sistema por pedido a procesos de producción en serie, en base a "pedidos internos" de la propia empresa, o "lotes" de producción concretos; también hay ocasiones en las que es posible aplicar un sistema por proceso a empresas que trabajen bajo pedido, pero que, simplemente, no será práctico hacerlo en muchos casos. Es decir, el tipo de proceso productivo hará aconsejable, en general, la utilización de un sistema determinado, aunque pueden existir algunos casos intermedios en los que no esté claro qué sistema es mejor.

En la descripción detallada de estos sistemas, que sigue a continuación, utilizaremos, por ser más intuitivo, ejemplos de empresas industriales, dejando bien claro que estos métodos de cálculo de coste sirven para cualquier empresa, no sólo para este tipo: un sistema de costes por proceso es aplicable, por ejemplo, a un banco para calcular el coste de procesar un cheque; y un sistema de costes por pedido es posiblemente el sistema adecuado para una empresa de auditoría, siendo estos sólo dos de los muchos casos que se podrían encontrar de empresas de servicios que pueden utilizar dichos sistemas.

CÁLCULO DE COSTES POR PEDIDO

Tal como se ha dicho anteriormente, un sistema de costes por pedido trata de asociar los costes a pedidos u órdenes de fabricación concretos. Para ello:

1. Mide los costes directos de cada pedido (normalmente, materia prima y mano de obra) y los registra en la llamada "Hoja de pedido" (ver Cuadro 1).
2. Mide y registra los costes indirectos en una cuenta que llamaremos de gastos generales de fabricación.
3. Atribuye los gastos generales de fabricación a los pedidos de acuerdo con algún criterio de reparto, que suele ser proporcional o bien a las horas de mano de obra que lleva cada pedido, o bien al importe en pesetas de la misma.

ZYX, S.A.					Pedido n.º 1.011
		500 unidades del producto A			
Fecha	Materia prima		Mano de obra		Gastos Generales
	Referencia	Importe	Referencia	Importe	
16-XII-87	00241	12.000	7.241	13.000	
	00247	6.000			
	00312	2.000			
23-XII-87			7.242	8.000	
30-XII-87			7.252	14.000	
31-XII-87					22.000
2-I-88	00242	30.000			

Cuadro I
Hoja de pedido

La *"Hoja de pedido"* (ver cuadro 1) acompañará al mismo físicamente desde su inicio hasta su terminación, y en ella se irán anotando los costes directos que se van incorporando. Su anotación no tendrá más dificultad que la derivada de posibles errores o imprecisiones en la cantidad.

La acumulación de los gastos generales de fabricación es también simple: no se trata más que de ir registrando estos gastos conforme se vayan devengando.

La asignación de los gastos generales a los pedidos concretos, sin embargo, reviste una cierta dificultad. Si quisiéramos hacer la asignación a final de año, no tendríamos más que escoger una base de reparto, y realizar las operaciones aritméticas correspondientes. Pero, normalmente, se quiere atribuir a cada pedido sus gastos generales, a medida que se van fabricando, y por tanto no sabemos, con certeza, ni cuál será el total de gastos generales al final del año, ni cuáles serán los pedidos a los que hay que repartir estos gastos.

Por ello, y para eliminar además los efectos de la estacionalidad si los hubiere, se suele utilizar una *tasa predeterminada*, o *tasa estándar*, que se establece a principio de año con datos tomados de la experiencia, con las modificaciones esperables para aquel año. Todos los pedidos se cargarán a aquella tasa hasta final de año, momento en que ya sabremos el importe total de los gastos generales reales. Este total no podrá coincidir con los gastos generales atribuidos a los productos más que por casualidad, aun cuando es de esperar que, si la tasa ha sido obtenida con suficiente cuidado, la diferencia no sea excesivamente grande. Esta diferencia se pasará entonces al coste de las mercancías vendidas, como veremos en el Apéndice a este capítulo.

Ejemplo: La empresa ZYX, que trabaja bajo pedido, tuvo las siguientes actividades de producción durante el mes de enero.

– Terminar el pedido 1.011, de 500 unidades. Este pedido, el día 1 de enero llevaba incorporado ya los siguientes costes: materias primas 20.000 ptas.; mano de obra 35.000 ptas.; gastos generales 22.000 ptas. Total 77.000 ptas.
– Fabricar íntegramente el pedido 1.012, de 250 unidades.
– Empezar el pedido 1.013, de 1.000 unidades.

Los costes directos incorporados a los pedidos, en enero, obtenidos directamente de la hoja de pedido de cada uno de ellos son los siguientes:

Pedido n.º	Horas de m. o. d.	Pesetas m. o. d.	Materia prima (ptas.)	Total (ptas.)
1.011	160	56.000	30.000	86.000
1.012	420	147.000	80.000	227.000
1.013	220	77.000	40.000	117.000
TOTAL	800	280.000	150.000	430.000

Otros costes (gastos generales de fabricación) del mes de enero fueron:

Mano de obra indirecta	85.000 ptas.
Amortizaciones	20.000 ptas.
Suministros	5.000 ptas.
Otros gastos*	95.000 ptas.
Total	205.000 ptas.

El personal de la empresa creía que los datos de gastos generales de enero no eran muy representativos del año, como tampoco lo eran las horas de mano de obra. De hecho, el año anterior se habían trabajado 10.800 horas, y los gastos generales habían sido 2.650.000 ptas. Para el año en curso se esperaba que el número de horas de mano de obra sería sensiblemente igual al del anterior, mientras que los gastos generales aumentarían en un 8 %, aproximadamente. Asimismo, creían que las horas de mano de obra eran una buena medida del nivel de actividad de la empresa.

¿Qué costes debe atribuirse a cada pedido?

Obviamente, sus costes directos (que ya tiene asignados), más una parte adecuada de los indirectos. Si el mes de enero no se considera representativo, tomando las estimaciones que se hacen para el año en curso, tendremos:

Horas de mano de obra directa:	10.800
Gastos generales de fabricación (2.650.000 × 1,08):	2.862.000 ptas.

* Incluyen seguros, luz, energía, agua, calefacción, alquiler, etc.

Tasa de reparto de gastos generales de fabricación:

$$\frac{2.862.000 \text{ ptas.}}{10.800 \text{ horas}} = 265 \text{ ptas./hora m. o. d.}$$

Por lo tanto, se deberá asignar como costes de cada pedido los gastos generales de fabricación siguientes:

Pedido 1.011: 160 h. × 265 ptas./h.	42.400 ptas.
Pedido 1.012: 420 h. × 265 ptas./h.	111.300 ptas.
Pedido 1.013: 220 h. × 265 ptas./h.	58.300 ptas.
Total	212.000 ptas.

Con ello, el coste total de cada uno de los pedidos es:

Pedido 1.011:	77.000 + 86.000 + 42.400 = 205.400 ptas.
Pedido 1.012:	227.000 + 111.300 = 338.300 ptas.
Pedido 1.013:	117.000 + 58.300 = 175.300 ptas.

Para el pedido 1.011, se han sumado a los costes arrastrados del período anterior (de 77.000 ptas. en total) los correspondientes al mes de enero; el pedido 1.012 se ha fabricado enteramente durante el mes, y por lo tanto las 338.300 ptas. representan su coste total; y el pedido 1.013 se va a terminar en el futuro, con lo que al coste de 175.300 ptas. deberán sumarse en su momento los costes en los que se incurra para terminarlo.

Observemos que la cantidad de 212.000 ptas. de gastos generales que han absorbido los productos no coincide con los gastos generales de fabricación *reales* de 205.000 ptas.; la diferencia, de 7.000 ptas., son los gastos generales *absorbidos por exceso*. El lector interesado en los asientos contables correspondientes, podrá encontrarlos en el Apéndice de este capítulo.

APÉNDICE

Tratamiento contable de los costes por pedido

Si bien la Contabilidad de Costes podría perfectamente llevarse por medios extracontables, resultará mucho más cómodo en general integrarla dentro del sistema de contabilidad. Haciéndolo así para el ejemplo propuesto, tendríamos las anotaciones contables que se muestran a continuación.

Clientes

(6) 250.000	

Cuentas a pagar

	95.000 (3)

Gastos generales de fabricación

(3) 205.000	212.000 (4)
(7) 7.000	

Stock de materias primas y suministros

	150.000 (1)
	5.000 (3)

Salarios a pagar

	280.000 (2)
	85.000 (3)

Coste de mercancías vendidas

(6) 205.400	7.000 (7)

Stock de productos en curso

(1) 150.000	205.400 (5)
(2) 280.000	338.300 (5)
(4) 212.000	

Ventas

	250.000 (6)

Stock de productos terminados

(5) 205.400	205.400 (6)
(5) 338.300	

Amortización acumulada

	20.000 (3)

(1) Incorporación de materias primas al proceso productivo.
(2) Incorporación de mano de obra directa al proceso productivo.
(3) Acumulación de gastos de fabricación.
(4) Absorción de gastos de fabricación.
(5) Terminación de pedidos.
(6) Ventas.
(7) Cierre de las cuentas de gastos generales.

CAPÍTULO V

SISTEMAS DE ACUMULACIÓN Y REPARTO DE COSTES (III): COSTES POR PROCESO

INTRODUCCIÓN

El sistema de costes por proceso, en contraste con el de costes por pedido, es adecuado a aquellos casos en que la producción de un departamento es homogénea, es decir, se está fabricando un solo producto en serie.

Conceptualmente, el método a aplicar es muy simple: se suman todos los costes incurridos por el departamento durante un cierto período de tiempo, y se dividen por el número de unidades producidas en el mismo período. El cociente es el coste unitario de los artículos producidos. Sin embargo, en la práctica se presentan toda una serie de dificultades que afectan tanto al numerador como el denominador. En consecuencia, este capítulo se limitará a presentar algunas de estas dificultades y métodos de solución, así como (en el Apéndice) los asientos contables correspondientes. Para su mejor comprensión, se presentarán estos temas sobre un ejemplo.

CÁLCULO DE COSTES POR PROCESO: UNIDADES EQUIVALENTES

El departamento A de la empresa XYZ empezó el 1 de enero la fabricación del producto X. Al 31 de enero, los costes del departamento habían sido los siguientes:

Materia prima aplicada al proceso productivo	700.000 ptas.
Mano de obra directa	800.000 ptas.
Gastos generales de fabricación del departamento	600.000 ptas.
Total	2.100.000 ptas.

Durante este mes, se habían fabricado 30.000 unidades de producto terminado, mientras que había 20.000 unidades en proceso de producción, aproximadamente a la mitad de su terminación. Tanto las materias primas como la mano de obra y otros gastos directos, se iban añadiendo uniformemente a lo largo del proceso de producción. ¿Cuál será el coste de los productos en stock? Tal como hemos dicho, el cociente de dividir 2.100.000 ptas. por las unidades de producto fabricadas. Pero, ¿qué cifra debemos tomar, si lo que se ha hecho es fabricar 30.000 unidades hasta su terminación y 20.000 hasta la mitad?

La solución más lógica parece ser la de tomar estas 20.000 unidades de productos en curso como equivalentes a 10.000 unidades de productos terminados, puesto que nos dicen que están a medio hacer, con lo que la producción del mes habrá sido de

$$30.000 + \frac{50}{100} \times 20.000 = 40.000 \textit{ unidades equivalentes}$$

y, por lo tanto, el coste unitario de una unidad equivalente es:

$$\frac{2.100.000 \text{ ptas.}}{40.000} = 52,50 \text{ ptas.},$$

que será el coste de una unidad de producto terminado. Entonces, el coste de una unidad del stock en curso de fabricación será la mitad de esta cifra, es decir, 26,25 ptas.

En consecuencia, los stocks se valorarán como sigue:

30.000 unidades de producto terminado, a 52,50 ptas.	1.575.000 ptas.
20.000 unidades de producto en curso, a 26,25 ptas.	525.000 ptas.
Total	2.100.000 ptas.

Sin embargo, no todos los casos son tan simples como este, porque los costes no siempre se añaden uniformemente. Supongamos que en la empresa del ejemplo anterior, la materia prima se añade en el momento de iniciarse el proceso. ¿Cómo calcularíamos entonces los costes unitarios?

En principio, las 700.000 ptas. de materia prima deben atribuirse en la misma proporción a las 30.000 unidades terminadas que a las 20.000 en curso, puesto que la materia prima se añade al principio y por tanto todas las unidades llevan ya toda la que deben llevar; mientras que para los demás gastos, el mismo razonamiento que hicimos antes sigue siendo válido. Dicho de otro modo: utilizaremos de nuevo el concepto de *unidades equivalentes*, pero desglosando en dos partes, puesto que el problema real así lo requiere. Los cálculos necesarios se muestran en el Cuadro 1.

Cuadro 1

	Materia prima	Otros costes	Total
Costes a repartir	700.000	1.400.000	2.100.000
Unidades equivalentes	50.000	40.000	(no aplicable)
Coste unitario de la unidad equivalente	14	35,–	49,–
Coste unitario del producto terminado	14	35,–	49,–
Coste unitario del producto en curso	14	17,50	31,50

Valor del stock de productos terminados 30.000 × 49 =	1.470.000 ptas.
Valor del stock de productos en curso 20.000 × 31,50 =	630.000 ptas.
Total	2.100.000 ptas.

En la realidad se pueden dar casos en los que el proceso sea más complicado, como que haya dos tipos de materia prima, una que se añade al principio y otra a la mitad del proceso; o bien que la mano de obra se utilice únicamente al principio y al final del proceso. Estos y otros casos se tratarán de la misma manera, desglosando los costes en el número de conceptos que fuera necesario, y buscando, dentro de cada concepto, el número de unidades equivalentes correspondiente. Lo más frecuente, sin embargo, es que la materia prima (o materias primas) se añada o bien uniformemente o bien en un momento determinado, y que *los demás* costes se añadan *uniformemente* tal como hemos visto en los ejemplos anteriores. Por ello, es cómodo utilizar la expresión *costes de conversión* para designar a los costes diferentes de la materia prima, que incluirán mano de obra directa e indirecta, suministros, seguros, amortizaciones, gastos de fabricación atribuidos de otros departamentos, etc., y que, en los casos más corrientes, tienen lugar uniformemente a lo largo del proceso.

El lector interesado en los asientos contables, los encontrará en el Apéndice a este capítulo.

APÉNDICE

TRATAMIENTO CONTABLE DE LOS COSTES POR PROCESO

El tratamiento contable de los costes por proceso es todavía más simple que el de los costes por pedido. Damos a continuación las cuentas en T correspondientes al primer ejemplo del texto.

Materias primas

	700.000 (1)

Salarios a pagar

	800.000 (2)

Productos en curso

700.000 (1)	1.575.000 (4)
800.000 (2)	
600.000 (3)	

Cuentas diversas

	600.000 (3)

Productos terminados

1.575.000 (4)	

(1) Incorporación de materia prima al proceso productivo.
(2) Incorporación de mano de obra al proceso productivo.
(3) Gastos generales del departamento*.
(4) Terminación de productos en el período de tiempo del que se trate.

* El abono a cuentas diversas correspondería en la realidad a amortización acumulada, alquiler adeudado, cuentas por pagar, etc.

CAPÍTULO VI

ESTÁNDARES Y DESVIACIONES

INTRODUCCIÓN

En los capítulos IV y V hemos descrito los sistemas de costes que se suelen llamar *históricos*. Es muy frecuente en la literatura contable que a éstos se les contraponga los sistemas de costes *estándar*, de modo que se llega a establecer una clasificación de sistemas de costes en tres clases: costes por pedido, costes por proceso y costes estándar. Desgraciadamente, hay dos razones que hacen que esta clasificación sea muy poco rigurosa. En primer lugar, es bastante corriente que los costes estándar se utilicen de manera extracontable en el contexto de un sistema de costes históricos, coexistiendo, por tanto, los dos tipos de coste en la misma empresa. Pero es que además, hay una multitud de sistemas que podemos llamar *mixtos*, en los que se combina la existencia de estándares con el cálculo de costes históricos. No parece, pues, demasiado lógico contraponer dos conceptos (coste histórico y coste estándar) que no se excluyen y que a veces se complementan.

En el capítulo VII se describirán los sistemas de costes estándar. Para reforzar la idea anterior, la presentación que vamos a hacer de los mismos, se dividirá en dos partes: en este capítulo estudiaremos el concepto de estándar y su obtención e introduciremos el análisis de desviaciones, completamente al margen del sistema contable; dejando la utilización de costes estándar dentro del sistema contable para el capítulo siguiente.

EL CONCEPTO DE ESTÁNDAR

Un estándar es, básicamente, una estimación de lo que debería ocurrir bajo un conjunto de supuestos, que incluye tanto hipótesis sobre las variables del entorno como predicciones de las acciones que va a tomar la empresa. En este sentido, no se diferencia en absoluto de un *presupuesto*, de modo que a veces incluso se usan las dos palabras indistintamente. La expresión coste estándar sin embargo, se usa con más frecuencia referida a *unidades de producto* que a *cantidades globales*, mientras que con la palabra presupuesto ocurre lo contrario. Así, hablamos del presupuesto de mano de obra del departamento X, mientras que hablamos del coste estándar de mano de obra del producto A. A la vez, la palabra estándar tiene una cierta implicación de *objetividad*. Por ejemplo, cuál debe ser el estándar de materia prima de un determinado producto es algo que puede determinarse de manera bastante objetiva. En contraste, el presupuesto que debemos dedicar a publicidad es algo en lo que raramente encontraremos dos personas cuyas opiniones coincidan.

En nuestro contexto, utilizaremos la expresión coste estándar principalmente referida a unidades de producto. Un coste estándar será, pues, una cantidad predeterminada, que creemos que es el coste medio en el que incurriremos, en condiciones normales, al fabricar una unidad de producto terminado. Es, por tanto, y en términos de las definiciones del capítulo II, un coste *futuro*.

¿Por qué nos molestamos en calcular costes estándar, en lugar (o además) de los cálculos de costes históricos? Hay tres tipos de razones. En primer lugar, si, como dijimos, el coste *futuro* es el coste relevante para tomar decisiones, es obvio que la obtención sistemática de costes estándar deberá facilitar la toma de decisiones. En segundo lugar, resulta útil en la práctica, antes de ejecutar alguna acción, fijarse un punto de referencia para, a posteriori, comparar con él lo ocurrido, y en la medida de lo posible evaluar si las cosas se han hecho bien o mal. Finalmente, puede ser mejor valorar los stocks de acuerdo con un estándar que de acuerdo con un coste histórico cuyas fluctuaciones estacionales, por ejemplo, o incluso las fluctuaciones puramente aleatorias, pueden llegar a deformar el beneficio.

Los estándares, son, pues, útiles en el triple sentido anterior, que se corresponde con las tres finalidades básicas de la contabilidad de costes.

Obtención de estándares: Materia Prima y Mano de Obra Directa

Un coste estándar se elabora a partir de un estudio riguroso de los costes de la empresa, en el que, normalmente utilizaremos dos tipos de datos:

– Datos *históricos* en poder de la empresa en base a su experiencia pasada.

– Datos *ideales* procedentes de estudios de ingeniería, análisis del producto final, métodos-tiempos, etcétera.

En principio los dos son convenientes para la obtención del coste estándar, aunque en algunas ocasiones será imposible contar con los dos: si se trata de un producto nuevo, los datos históricos serán obviamente inexistentes; y en algunas ocasiones puede ser muy difícil obtener un estudio de ingeniería. Siempre que sea posible, pues, contar con los dos tipos de datos, será conveniente utilizarlos, puesto que unos datos pueden ayudar a corregir las imperfecciones de los otros. Así, el utilizar únicamente datos históricos puede tener el inconveniente de que, si se ha estado produciendo en condiciones de ineficiencia, el estándar llevaría incluida una cierta ineficiencia y, por tanto, tendería a perpetuarla. Si, por el contrario, se utilizaran exclusivamente datos procedentes de estudios teóricos, estos datos podrían estar tan lejos de la realidad (en cuanto a mermas, tiempos muertos, etc.) que el estándar obtenido resultara inalcanzable. Si el estándar se utiliza como un objetivo a cumplir, debe ser a la vez difícil y alcanzable: difícil para que su cumplimiento represente ahorro de costes (en general, una mejora sobre la situación anterior) y alcanzable para que sea un punto de referencia válido.

Los estándares más fáciles de determinar serán, como es lógico, los de los costes directos del producto (materia prima y mano de obra). Tanto en una como en otra, el coste estándar será el producto de dos factores: la cantidad utilizada (por ejemplo, hora de mano de obra, o kilogramos de materia prima) y el precio correspondiente (salario-horario y coste de la unidad de materia prima).

La *cantidad de materia prima* se puede determinar a través de un análisis de la materia prima que lleva el producto terminado, a la que se deberá añadir un cierto porcentaje en concepto de mermas, roturas, etcétera. Es en la determinación de este porcentaje donde los datos históricos pueden ser de gran utilidad.

La *cantidad de mano de obra* puede determinarse a través de estudios de métodos-tiempos. De nuevo, los datos históricos son importantes para añadir una cierta cantidad en concepto de descansos, tiempos muertos, etcétera.

El *precio de la materia prima* la determinará en general el departamento de compras, en base a su experiencia. Como es lógico, el último precio al que se compró la materia prima será un dato importante, que habrá que matizar en función de las variaciones que se estimen probables en el futuro. En épocas de inflación, este último punto se hace particularmente importante.

El *precio de la mano de obra* se determinará asimismo sobre la base de datos históricos, con la evolución que sea posible prever en el futuro. Los convenios colectivos pueden en muchas ocasiones servir como base de partida para el establecimiento de una tasa horaria de mano de obra directa.

OBTENCIÓN DE ESTÁNDARES: GASTOS GENERALES DE FABRICACIÓN

Los gastos generales de fabricación comprenden todos aquellos costes que no son directos del producto. La mayor parte de ellos son *fijos* (seguros, amortizaciones, alquileres, etc.), pero también hay algunos *variables* que pueden tener importancia (energía, lubricantes, etc.).* Los clasificaremos, pues, en estos dos grupos, y cada uno de ellos requerirá un tratamiento diferente.

Los gastos de fabricación fijos se tendrán, en principio, a partir de un presupuesto anual de los mismos, determinado por la empresa en las cantidades que se crea conveniente. Para obtener el coste estándar de un producto por este concepto, por tanto, será necesario dividir la cifra total de gastos de fabricación fijos por el volumen de actividad al que se crea que se va a operar. Como siempre, si se trata de la fabricación de un solo producto, la mejor medida del nivel de actividad será el número de unidades de dicho producto, pero si, como es corriente, existe más de un producto, habrá que buscar otra medida. Frecuentemente se toman (tal como hicimos en el sistema de costes por pedido) las horas de mano de obra directa como índice de actividad; entonces, obtendremos por división una tasa de gastos generales de fabricación por hora de mano de obra y multiplicando por el número de horas de mano de obra que lleva incorporadas un producto, obtendremos el coste estándar del producto en lo que a este concepto se refiere.

Ejemplo: El presupuesto de gastos de fabricación fijos de Productos Bonifaz era el siguiente:

Amortizaciones	900.000 ptas.
Mano de obra indirecta	1.100.000 ptas.
Total	2.000.000 ptas.

Una unidad del producto 101 precisaba de 2 horas de mano de obra directa, y se consideraba que normalmente se trabajarían 8.000 horas de mano de obra directa al año.

* La mano de obra indirecta será fija o variable dependiendo de cada caso.

¿Cuál sería el coste estándar en concepto de gastos de fabricación fijos del producto 101?

Hallemos primero la tasa horaria. Simplemente dividiendo

$$\frac{2.000.000 \text{ ptas.}}{8.000 \text{ horas}} = 250 \text{ ptas./hora}$$

De modo que, como el producto 101 lleva 2 horas de mano de obra directa, su coste estándar por el concepto de gastos generales de fabricación fijos será:

$$250 \text{ ptas./hora} \times 2 \text{ horas/unidad} = 500 \text{ ptas./unidad}$$

Los gastos generales de fabricación variables requerirán un tratamiento parecido, con la diferencia de que su presupuesto será *flexible* en función del volumen de actividad. Es decir, así como los 2.000.000 de ptas. del ejemplo anterior se mantendrán cualquiera que sea el volumen de actividad (presupuesto *fijo*), por definición, no ocurrirá lo mismo con los gastos variables. El presupuesto de los mismos se hará para distintos niveles de actividad; calcularemos entonces la tasa de gastos variables por división y procederemos como en el caso de los gastos fijos.

Ejemplo: Supongamos que Productos Bonifaz, tiene un presupuesto de gastos variables de fabricación como el siguiente:

Nivel de actividad	Energía	Lubricantes	Mantenimiento	Total
6.000 horas mod	120.000 ptas.	24.000 ptas.	96.000 ptas.	240.000 ptas.
8.000 horas mod	160.000 ptas.	32.000 ptas.	128.000 ptas.	320.000 ptas.

La tasa de gastos de fabricación variables será entonces:

$$\frac{240.000}{6.000} = \frac{320.000}{8.000} = 40 \text{ ptas./hora mod.}$$

Por tanto, el coste estándar del producto 101 deberá incluir:

$$40 \text{ ptas./hora} \times 2 \text{ horas/unidad} = 80 \text{ ptas./unidad}$$

en concepto de gastos de fabricación variables.

Es importante señalar que en, la práctica, el proceso de obtención de las tasas de gastos de fabricación puede ser bastante más complicado: puede ser difícil separar costes fijos de costes variables, y una vez separados, puede ser difícil establecer presupuestos flexibles, o podemos obtener presupuestos flexibles no exactamente proporcionales. Por ello, va tomando importancia creciente utilizar métodos estadísticos en la obtención de dichas tasas.

ANÁLISIS DE DESVIACIONES

Tal como dijimos, la utilización de estándares facilita de modo considerable la tarea de control. Si se fija el estándar como punto de referencia, luego, a posteriori, podemos comparar los resultados reales con el estándar y sacar conclusiones en cuanto a si lo que ha ocurrido realmente es "bueno" o "malo" y tratar de averiguar sus causas. Para ello se utiliza la técnica denominada "análisis de desviaciones", que introduciremos a continuación por medio de un ejemplo.

Ejemplo: Supongamos que el producto 101 del ejemplo anterior tiene un coste estándar por unidad como el siguiente, calculado para un nivel de actividad de 8.000 horas de mano de obra directa:

– Materia prima: 1 kg, a 50 ptas./kg	50 ptas.
– Mano de Obra directa: 2 horas, a 500 ptas./hora	1.000 ptas.
– Gastos de fabricación variables (40 ptas. por hora de mod)	80 ptas.
– Gastos de fabricación fijos (250 ptas. por hora de mod)	500 ptas.
Coste estándar total	1.630 ptas.

Durante el año, se fabricaron 4.300 unidades del producto 101. Los gastos fijos en los que se incurrió fueron de 2.100.000 ptas.; los gastos variables, de 343.000 ptas.; y se trabajaron 8.624 horas de mano de obra directa, por las que se pagaron 4.628.000 ptas.

Para su utilización en la producción, se retiraron del almacén 4.368 kgs. de materia prima, que se habían comprado a un precio promedio de 51,35 ptas./kg. Ni al principio ni al final del año había productos en curso de fabricación.

El coste estándar de las 4.300 unidades producidas es, por tanto:

$$4.300 \text{ unidades} \times 1.630 \text{ ptas.} = 7.009.000 \text{ ptas.}$$

mientras que el coste real en el que se ha incurrido es:

Materia prima 4.368×51,35	224.296,80 ptas.
Mano de obra directa	4.628.000,00 ptas.
Gastos de fabricación variables	343.000,00 ptas.
Gastos de fabricación fijos	2.100.000,00 ptas.
Total	7.295.296,80 ptas.

Existe, pues, una diferencia entre el coste estándar total y el coste real total de 286.296,80 ptas. Es decir, se ha incurrido en unos costes superiores en 286.296,80 ptas. a los costes que a priori se consideraban razonables. ¿Por qué se ha incurrido en estos costes? ¿Qué capítulos del coste son responsables del aumento? ¿Qué se puede hacer para que no vuelva a ocurrir? Descomponiendo el coste en sus elementos podremos tratar de contestar a estas preguntas.

1. Materia Prima

Si todo se hubiera hecho de acuerdo con los estándares, se habrían utilizado 4.300 kgs, que a 50 ptas./kg habría representado 215.000 ptas. En la realidad se utilizaron 4.368 kgs, a 51,35 ptas./kg, lo que representó un total de 224.296,80 ptas. La diferencia de 9.296,80 ptas. que llamaremos *Desviación Total*, es una medida de la ineficiencia con que hemos utilizado la materia prima, puesto que es lo que nos habríamos ahorrado si todo se hubiera realizado en condiciones teóricamente óptimas.

Dando un paso más, podemos tratar de ver qué parte de esta desviación es debida al precio y qué parte es debida a la cantidad utilizada. Para ello podemos preguntarnos qué habríamos gastado si se hubiese comprado toda la materia prima al precio estándar de 50 ptas./kg, en lugar del precio promedio de 51,35 ptas. Claramente, el coste hubiera sido de

$$4.368 \times 50 = 218.400 \text{ ptas.}$$

Observemos que, la diferencia entre esta cantidad y el coste total real (224.296,80 ptas.) es lo que hemos gastado de más *por haber comprado a un precio superior al estándar,* mientras que la diferencia entre la misma cifra y el coste estándar de 4.300 unidades (215.000 ptas.) es lo que hemos gastado de más *por haber utilizado una mayor cantidad de materia prima.* A la primera cantidad la llamaremos *desviación* *en precio* y a la segunda *desviación en eficiencia**, y ambas son *desfavorables* en el sentido de que el coste real ha sido superior al estándar. En forma esquemática, tenemos:

Coste estándar de 4.300 unidades	Coste teórico a precio estándar	Coste real de las 4.300 unidades
4.300 × 1 × 50 = (Cantidad estándar × × precio estándar) = 215.000 ptas.	4.368 × 50 = (Cantidad real × × precio estándar) = 218.400 ptas.	4.368 × 51,35 = (Cantidad real × × precio real) = 224.296,8

Desviación en eficiencia	Desviación en precio
(4.368 − 4.300) × 50 = 3.400 (desfavorable)	4.368 (51,35 − 50) = 5.896,8 (desfavorable)

Desviación total en materia prima

3.400 + 5.896,80 = 9.296,80 (desfavorable)

Una vez elaborado este esquema, podemos pasar a analizar las posibles causas de las desviaciones.

En primer lugar, una posible causa de tipo general es que los estándares no fueran realistas, o que, aún siéndolo en el momento en que se establecieron, hayan cambiado las circunstancias de tal manera que no lo sean ahora: por ejemplo, puede haberse producido una subida generalizada en el precio de la materia prima. Pero si juzgáramos que no es este el caso, entonces:

a) La desviación desfavorable en precio sería debida a una mala gestión de compras (por haberse comprado por encima del precio estándar), de la que sería responsable el departamento de compras.

b) La desviación desfavorable en eficiencia sería debida a una mala utilización de la materia prima (en mermas, roturas, etc.), de la que sería responsable el departamento de producción.

Estas serán las causas más frecuentes de las desviaciones. En algunos casos, sin embargo, habrá que tener sumo cuidado al hacer este análisis, puesto que es perfectamente posible que una desviación en precio sea la causa de una desviación en eficiencia. Por ejem-

* Hay un cierto grado de arbitrariedad en considerar como punto de referencia intermedio el coste teórico a precio estándar: hubiéramos podido tomar asimismo la cantidad estándar al precio real. El método usado, sin embargo, es en realidad el método aceptado universalmente por los profesionales.

plo, si la desviación en precio es favorable y la desviación en eficiencia es desfavorable, las dos cosas pueden obedecer a una sola causa: la compra de una materia prima de inferior calidad, a un precio inferior (por tanto, con una desviación favorable en precio), puede aumentar notablemente el número de roturas, dando lugar automáticamente a una desviación desfavorable en eficiencia de la que en modo alguno es responsable el departamento de producción. Aunque también es cierto que esto no invalida el análisis anterior: significa tan sólo que, cuando se trate de tomar acciones correctoras, la persona responsable no podrá evitar emitir un juicio sobre las cifras que se han obtenido, y que las cifras por sí solas son incapaces de darnos la solución.

2. Mano de Obra Directa

El análisis de las desviaciones de la mano de obra directa es conceptualmente idéntico al de la materia prima. Damos a continuación el análisis en esquema.

A explicar:

Coste estándar	4.300.000 ptas.
Coste real:	4.628.000 ptas.
Desviación	328.000 ptas.

Coste estándar	Coste teórico a precio estándar	Coste real
4.300 × 2 × 500 = (Horas estándar × × tasa estándar) = 4.300.000	8.624 × 500 = (Horas reales × × tasa estándar) = 4.312.000	(Horas reales × × tasa real) 4.628.000

Desviación en eficiencia	Desviación en tasa
(8.624 − 8.600) 500 = 12.000 (desfavorable)	8.624 (532,64 − 500) = 316.000 (desfavorable)

Desviación total en mano de obra directa

12.000 + 316.000 = 328.000 (desfavorable)

De nuevo, una vez elaborado este esquema, podemos pasar a analizar las causas de las desviaciones, y como hacíamos con la materia prima, podemos realizar el análisis a tres niveles distintos:

En primer lugar, los estándares pueden no ser correctos. Y cuando de la eficiencia de la mano de obra se trata, esta causa puede ser particularmente importante por una razón: *el aprendizaje*. Las primeras unidades que se fabriquen de cualquier producto son siempre producidas con menor eficiencia que las unidades siguientes, y un determinado grupo de trabajo al que se le encomienda una nueva tarea, lo hará más eficientemente al cabo de un tiempo. Por esta razón, los estándares tienden a desvirtuarse a lo largo del tiempo, quedando "anchos". Un buen sistema de costes estándar deberá tener en cuenta este factor, mediante una revisión periódica.

En segundo lugar, podemos juzgar que

a) La desviación (desfavorable) en tasa es debida a una mala gestión del departamento de personal, al contratar la mano de obra a un sueldo superior al estándar.

b) La desviación (desfavorable) en eficiencia es debida a mala gestión del departamento de producción.

En tercer lugar, también puede haber interacciones entre a) y b): una mano de obra menos experimentada puede ser a la vez más barata (produciendo, por tanto, desviaciones favorables en la tasa) y menos eficiente (produciendo desviaciones desfavorables en eficiencia).

A estos tres hay que añadir un cuarto nivel de análisis, dado que también pueden darse interacciones entre la mano de obra y la materia prima: la mano de obra menos experimentada utilizará probablemente la materia prima con menor eficiencia; y una materia prima de menor calidad podrá en ocasiones repercutir en una desviación desfavorable en la eficiencia de la mano de obra. También en este aspecto, el buen sentido del responsable le permitirá emitir un juicio sobre las causas reales de las desviaciones.

3. Gastos Generales de Fabricación Fijos

El análisis de los gastos de fabricación fijos es bastante más simple que los anteriores: al ser fijos no dependen del volumen de actividad al que se haya trabajado, de modo que será suficiente comparar la cantidad total presupuestada con la cantidad real. Es decir,

Gastos generales de fabricación fijos presupuestado:	2.000.000 ptas.
Gastos generales de fabricación fijos reales:	2.100.000 ptas.
Desviación (desfavorable)	100.000 ptas.

Esta desviación debe utilizarse todavía con más cautela que las examinadas anteriormente, puesto que muchas de las cantidades que integran los gastos generales son *discrecionales:* es decir, que no se han determinado de acuerdo con un estándar, sino mediante una decisión de la dirección. Por consiguiente, aunque tanto en materias primas como en mano de obra se puede considerar que, en general, una desviación favorable es "buena" y una desfavorable "mala", no ocurrirá lo mismo con partidas discrecionales tales como "mantenimiento"; si se gasta en ella menos de la cantidad asignada tendremos una desviación favorable, que puede perfectamente ir en contra de los intereses de la empresa, por precipitar el envejecimiento de las instalaciones.

4. Gastos Generales de Fabricación Variables

Igualmente a como hacíamos con los gastos fijos, lo único que haremos con los gastos variables será comparar el presupuesto con el gasto real. La diferencia estriba en que aquí sí deberemos tener en cuenta el volumen de actividad, buscando la desviación sobre el presupuesto *flexible* en lugar de hacerlo sobre un presupuesto fijo; es decir, que si se han producido 4.300 unidades, al llevar cada una de ellas 2 horas de mano de obra directa, se habrán trabajado 8.600 horas estándar, con lo que tendremos:

Gastos generales de fabricación variables presupuestados (4.300 unidades × 2 horas mod/unidad × 40 ptas./hora mod)	344.000 ptas.
Gastos generales de fabricación variables reales	343.000 ptas.
Desviación (favorable)	1.000 ptas.

También aquí se deberá proceder con cuidado al utilizar esta desviación, puesto que el presupuesto flexible es mucho menos objetivo que los estándares de materia prima y mano de obra, y por tanto, es más probable que el estándar pueda ser inadecuado. Sin embargo, es difícil que en un presupuesto de gastos variables haya partidas discrecionales, de modo que, en general, una desviación favorable de 1.000 ptas. significará en principio, un ahorro neto para la empresa, a menos que un análisis más detallado de cada una de las partidas nos permitiera descubrir un cierto grado de discrecionalidad en alguna de ellas.

RESUMEN

Hemos presentado en este capítulo el concepto de estándar y la técnica denominada *análisis de desviaciones*, que es, quizá, la mayor ventaja que puede derivarse de la utilización de costes estándar. Esta técnica es útil para el control de costes puesto que permite asociar las desviaciones con sus causas; tiene, en cambio, algunas limitaciones en el sentido de que las desviaciones deben ser utilizadas con cuidado, evitando caer en una interpretación demasiado literal de las mismas.

El cálculo de desviaciones puede hacerse, tal como hemos visto, fuera del sistema contable, pero también puede incorporarse al sistema de modo que éste las calcule automáticamente. Un sistema contable con estas características es el que estudiaremos en el capítulo siguiente.

Capítulo VII

LOS SISTEMAS DE COSTES ESTÁNDAR

Introducción

Si bien es cierto que los costes estándar pueden utilizarse perfectamente en el contexto de un sistema de costes históricos (o incluso sin el soporte de ningún sistema contable), con tal de que la acumulación de datos se haga de una manera adecuada, las más de las veces será conveniente incorporar los costes estándar al sistema contable, de modo que tanto la valoración de inventarios como el cálculo de desviaciones se produzcan de manera automática. A un sistema que cumpla estas funciones le llamaremos sistema de coste estándar.

No existe en realidad una única forma de sistemas de costes estándar; se puede afirmar más bien que existe una gran variedad de ellos, dependiendo de multitud de factores, de modo que ahora describiremos *uno* de los sistemas contables posibles, a través de un ejemplo, y solamente se hará alguna referencia a otros sistemas posibles.

Contabilización de Materia Prima y Mano de Obra

Un sistema de costes estándar se caracteriza por llevar alguna de las cuentas de stock a coste estándar. La cuenta de productos terminados se llevará a estándar en cualquier caso, mientras que las cuentas de materias primas y productos en curso en general pueden llevarse a coste estándar o no. Por tanto, y como los costes reales de fabricación no coincidirán exactamente con los costes estándar más que por casualidad, será necesario crear en el sistema contable *cuentas de desviaciones* que nos vayan acumulando las diferencias. Como es lógico, al haber una notable discrecionalidad sobre si ciertas cuentas se llevan a estándar o no, las cuentas de desviaciones necesarias dependerán de ello.

En nuestra exposición supondremos que *todas* las cuentas de stocks (materia prima, productos en curso, productos terminados) se llevan a coste estándar, lo que constituye un sistema estándar "químicamente puro" que no se da con mucha frecuencia en la realidad, pero que es posiblemente el mejor para ilustrar su funcionamiento. Las cuentas de desviaciones necesarias las iremos creando a medida que las vayamos necesitando.

Veamos a continuación los asientos contables* correspondientes a materia prima y mano de obra, utilizando los mismos datos del ejemplo del capítulo anterior. Como dato complementario añadiremos que se compraron 5.000 kgs de materia prima a un precio de 51,35 ptas./kg.

1. Compra de materia prima
   Como la materia prima comprada se cargará al stock a coste estándar y se abonará a la cuenta de proveedores a su coste real, nos aparecerá una *desviación en precio*, para la que abriremos la cuenta correspondiente. Es decir, anotaremos:

Stock de materias primas	250.000	
Proveedores		256.750
Desviación en precio	6.750	

   Observemos que esta desviación en precio *no* coincide con la calculada en el capítulo anterior, a pesar de que los precios son los mismos. La razón es muy sencilla: la desviación en precio calculada aquí comprende los 5.000 kgs *comprados*, mientras que la calculada allí comprendía únicamente los 4.368 incorporados al proceso de producción. La diferencia, como es lógico, estará en los 632 kgs que quedan todavía en stock.
2. Incorporación de materia prima al proceso productivo.
   La materia prima está ya valorada a precio estándar. Entonces se cargará a productos en curso la cantidad estándar** a la vez que se abonará a la cuenta de materias primas la cantidad real utilizada. Aparecerá, pues, una *desviación en eficiencia*, para la que crearemos la cuenta correspondiente:

Productos en curso	215.000	
Stock de materias primas		218.400
Desviación en eficiencia	3.400	

* Estos asientos se dan en forma de cuentas en T en el Apéndice.

** Damos por supuesto que ello es posible. A veces no lo es, puesto que no se conoce el número de unidades de producto que se fabrican hasta que están terminadas; entonces, la cuenta de productos en curso debe llevarse necesariamente a coste real en lo que atañe a cantidad de Materias Primas y Mano de Obra (cantidad y tasa).

3. Incorporación de mano de obra al proceso productivo
   De nuevo, cargaremos la mano de obra al proceso productivo a estándar, tanto en cantidad como en tasa. Como el correspondiente abono será a la cuenta de salarios a pagar por el valor real de la mano de obra, precisaremos de las cuentas de desviaciones correspondientes:

Productos en curso	4.300.000	
Salarios a pagar		4.628.000
Desviación en tasa de mano de obra	316.000	
Desviación en eficiencia de mano de obra	12.000	

Como dijimos, éste no es el único sistema estándar concebible. Por ejemplo, podríamos llevar la cuenta de materias primas a precio real en lugar de a estándar, con lo que las desviaciones coincidirían con las calculadas en el capítulo VI. Sin embargo, hay una buena razón para llevar las materias primas a coste estándar, por cuanto facilita el control de la gestión de compras: la desviación en precio se segrega en el momento de la compra y por la cantidad total comprada, y es uno de los datos sobre los que juzgaríamos a los responsables de compras; mientras que si se llevara a precio real, la desviación aparecería en el momento de pasar las materias primas a producción (que puede ser mucho más tarde) y por una cantidad distinta a la comprada; haciendo, por tanto, que la reacción de la dirección a un posible problema de compras sea tardía y parcial.

Contabilización de Gastos Generales de Fabricación

En el capítulo VI, clasificábamos los gastos generales de fabricación (GGF) en fijos (GGFF) y variables (GGFV), y veíamos que esta distinción es importante desde el punto de vista de análisis de desviaciones: para los GGFF se toma como punto de referencia un presupuesto *fijo;* para los GGFV se toma como punto de referencia un presupuesto *flexible.* Vamos a mantenerla dentro del sistema contable utilizando cuentas distintas: una para la acumulación de GGFF y otra para la acumulación de GGFV.

A estas cuentas se irán cargando los GGFF y GGFV *reales* a medida que se vayan produciendo; y su contrapartida dependerá en concreto de la naturaleza del gasto del que se trate. Así, si se trata de un suministro, la contrapartida será el stock de materias primas;

si se trata de energía eléctrica, cuentas a pagar; si se trata de amortizaciones, la amortización acumulada; si se trata de mano de obra indirecta, salarios a pagar; y así sucesivamente.

Los asientos contables son por tanto extraordinariamente simples. Veámoslo, utilizando de nuevo el ejemplo del capítulo anterior.

4. Acumulación de GGFF

GGFF reales	2.100.000	
Diversas cuentas (salarios a pagar, amortización, etc.)		2.100.000

5. Acumulación de GGFV

GGFV reales	343.000	
Diversas cuentas (stocks, cuentas a pagar, etc.)		343.000

Pero la acumulación de los GGFF y GGFV es únicamente la mitad del proceso: se precisará además de un método para *absorber* estos gastos aplicándolos a las unidades de producto. En un sistema de costes estándar, los gastos generales de fabricación se van aplicando a las unidades de producto a la tasa estándar establecida a principio de año.

En rigor, esto se podría hacer cargando la cuenta de stock a la vez que se abona la cuenta de GGFF o GGFV; pero en general no lo haremos así, sino que utilizaremos *otras dos cuentas* con la finalidad exclusiva de acumular los gastos generales de fabricación absorbidos por los productos: *la cuenta de GGFF absorbidos y la de GGFV absorbidos.* Al final del período, estas cuentas se cerrarán contra las de GGFF reales y GGFV reales respectivamente. La absorción contable de los GGF por las unidades de producto tendrá lugar, en principio, según la fabricación vaya avanzando, pero así como los costes directos son perfectamente distinguibles y se anotarán en el momento en que se produzcan, los GGF se atribuirán con una cierta periodicidad a la producción correspondiente.

En el ejemplo, al haberse producido 4.300 unidades, se deberá incorporar a productos en curso:

4.300 u. × 2 h. × 250 ptas./h = 2.150.000 ptas. en concepto de GGFF
4.300 u. × 2 h. × 40 ptas./h. = 344.000 ptas. en concepto de GGFV.

O, en forma de asientos de diario:

6. Absorción de GGF

Productos en curso	2.150.000	
GGFF absorbidos		2.150.000

7. Absorción de GGFV

Productos en curso	344.000	
GGFV absorbidos		344.000

Observemos que hay una pequeña diferencia entre el tratamiento de los gastos generales de fabricación y el tratamiento de los gastos directos (materia prima y mano de obra): tanto en los unos como en los otros se producen *desviaciones*, pero para los últimos establecíamos unas cuentas especiales para ir acumulándolas progresivamente, mientras que para los primeros las desviaciones saldrán como diferencia entre la cuenta de GGF *reales* (fijos o variables) y los GGF *absorbidos* (fijos y variables), en el momento de cerrar el balance.
En nuestro ejemplo, si *al final del período* queremos confeccionar el balance y la cuenta de resultados, cerraremos la cuenta de GGFV reales contra la cuenta de GGFV absorbidos, y la diferencia entre ellas será la desviación en GGFV; con los GGFF haríamos exactamente lo mismo. Utilizando los datos del ejemplo:

8.	GGFF absorbidos	2.150.000	
	GGFF reales		2.100.000
	Desviación GGFF		50.000
9.	GGFV absorbidos	344.000	
	GGFV reales		343.000
	Desviación GGFV		1.000

La Desviación en Volumen y la Desviación en Presupuesto

Un punto crucial para el análisis de los GGF es que la desviación de GGFF que calculamos en el capítulo VI para fines de control, como diferencia entre el presupuesto y la realidad *no coincide* con la desviación que acabamos de calcular aquí, mientras que sí coinciden las desviaciones de GGFV. Veamos por qué.

Cuando queremos controlar los gastos generales de fabricación de la empresa debemos calcular la diferencia entre el presupuesto (fijo o flexible, según que los GGF sean fijos o variables) y la realidad. Ahora bien, cuando se trata de gastos *variables*, el presupuesto flexible coincide con la cantidad absorbida por los productos por definición, puesto que el presupuesto flexible y la absorción de gastos por las unidades de producto se realizan a la misma tasa; pero cuando se trata de gastos *fijos*, el presupuesto (fijo) será independiente del nivel de actividad, en tanto que, con una tasa preestablecida (estándar), se absorberán más gastos fijos cuanto mayor sea el volumen de actividad.

Aclaremos estos conceptos con los datos del ejemplo. Si en lugar de producirse 4.300 unidades se hubieran producido 8.600 (es decir el doble), nos hubiera parecido lógico que los GGFV reales estuvieran alrededor de las 688.000 pesetas (es decir, el doble también); y a la vez se hubiera absorbido esta cantidad por las unidades de producto. Los GGFF, sin embargo, deben situarse alrededor de los 2.000.000 de pesetas aunque hayamos doblado el volumen (por ser fijos); pero, como usamos una tasa preestablecida (500 pesetas/unidad), si producimos el doble de unidades, absorberemos también el doble de los gastos fijos presupuestados. A la diferencia entre los GGFF presupuestados y los GGFF absorbidos se le llama *desviación en volumen*, y no tiene otro significado que el de indicar si se ha producido más o menos unidades de las que se esperaba. La diferencia entre los GGFF *presupuestados* y los GGFF reales (que calculamos en el capítulo VI) se llama *desviación en presupuesto*, y la suma de ambas es la *desviación contable* que hemos calculado un poco más arriba. En esquema:

GGFF reales	GGFF presupuestados	GGFF absorbidos
2.100.000	2.000.000	2.150.000

Desviación en presupuesto	Desviación en volumen
100.000 (desfavorable)	150.000 (favorable)

Desviación contable

50.000 (favorable)

En general, es útil representar las desviaciones de GGF en un gráfico, porque ayuda a comprenderlas e interpretarlas.

Los GGFV presupuestados y absorbidos (puesto que, como hemos dicho, los dos conceptos coinciden por definición) estarán representados por una recta que pasa por el origen. Si, *ex post*, sabemos la cantidad de gastos reales al nivel de que se trate, la distancia vertical desde este punto a la recta nos dará la desviación de GGFV (ver Gráfico 1).

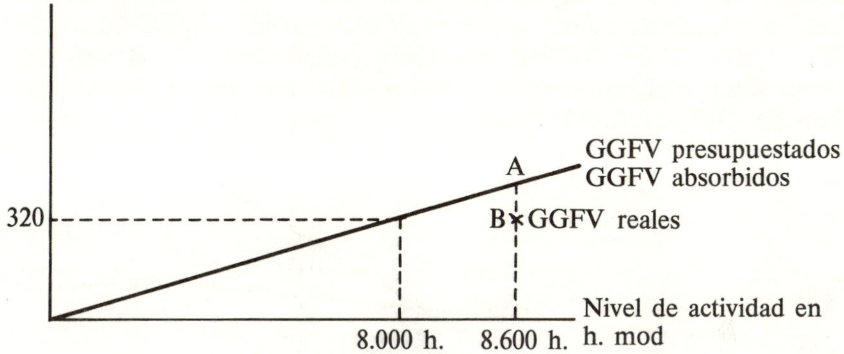

AB = Desviación en presupuestos (favorable)

Gráfico 1

Los GGFF presupuestados estarán representados por una recta paralela al eje de abscisas (puesto que no varían con el nivel de actividad). Los GGFF absorbidos, en cambio, estarán representados por una recta que pasa por el origen. Cuando conozcamos el volumen de actividad real y los GGFF, lo colocamos en el Gráfico 2, y veremos representadas las desviaciones.

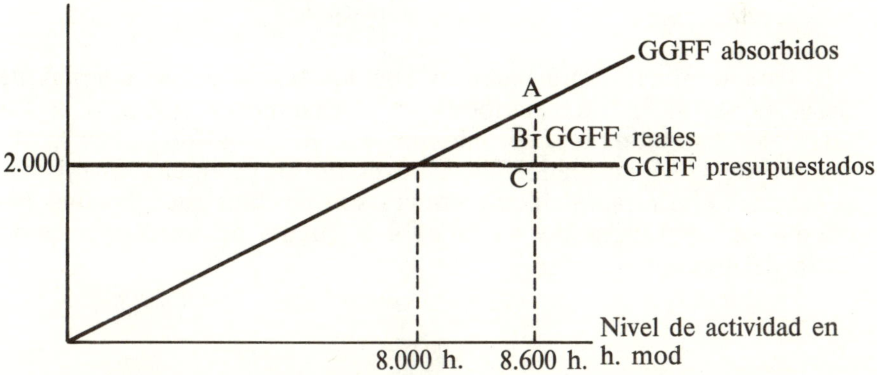

AB = Desviación contable (favorable)
BC = Desviación en presupuesto (desfavorable)
AC = Desviación en volumen (favorable)

Gráfico 2

Finalmente, podemos *sumar* los GGFF y GGFV obteniendo un único gráfico (ver Gráfico 3) en el que las desviaciones se leerán de la misma forma que en los casos anteriores, con la diferencia de que la desviación en presupuesto incluirá tanto la de GGFF como la de GGFV. Notemos que al volumen normal (8.000 h. mod) se cruzarán las rectas de GGF absorbidos y GGF presupuestados, puesto que es precisamente el punto en el que los GGF presupuestados se absorben por definición.

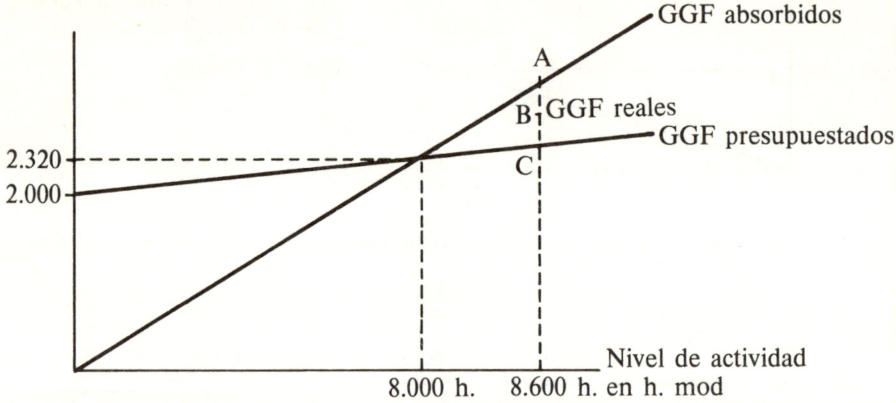

AB = Desviación contable (favorable)
BC = Desviación en presupuesto (desfavorable)
AC = Desviación en volumen (favorable)

Gráfico 3

Para terminar, ¿qué haremos con los saldos de las cuentas de desviaciones al final del período? En el capítulo IV tratamos de los GGF no absorbidos o absorbidos en exceso; como de hecho la absorción de GGF se realiza allí a través de un estándar, las mismas soluciones que proponíamos entonces son posibles aquí. Lo más corriente será llevar las desviaciones a la cuenta de resultados como gasto del período.

APÉNDICE

TRATAMIENTO CONTABLE DE LOS COSTES ESTÁNDAR

Materias primas

(1) 250.000	218.400 (2)

Productos en curso

(2) 215.000	7.009 (10)
(3) 4.300.000	
(6) 2.150.000	
(7) 344.000	

Productos terminados

(10) 7.009	

Proveedores

	256.750 (1)

Cuentas a pagar

	4.628.000 (3)
	2.100.000 (4)
	343.000 (5)

GGFF reales

(4) 2.100.000	2.100.000 (8)

GGFV reales

(5) 343.000	343.000 (9)

GGFF absorbidos

(8) 2.150.000	2.150.000 (6)

GGFV absorbidos

(9) 344.000	344.000 (7)

Desviación precio materiales

(1) 6.750	

Desviación eficiencia materiales

(2) 3.400	

Desviación en tasa mod

(3) 316.000	

Desviación en eficiencia mod

(3) 12.000	

Desviación GGFF

	50.000 (8)

Desviación GGFV

	1.000 (9)

CAPÍTULO VIII

LOS SISTEMAS DE COSTES: UN RESUMEN

LAS DECISIONES CONTABLES

A lo largo de los capítulos precedentes hemos visto cómo se realizan las asignaciones de costes a las unidades de producto. Por suerte o por desgracia, en cada uno de los pasos necesarios para realizar tal asignación, hay más de un método posible, con lo que el resultado final, es decir, el coste de la unidad de producto, tiene un cierto grado de arbitrariedad (excepto en los costes variables y directos de cada producto, que, si se han hecho bien los cálculos, deben ser prácticamente los mismos por cualquier método). En resumen, recordemos que las causas de las discrepancias son:

a) El número de centros de costes que se establece.

b) El método de reparto de los costes de los centros de servicios a los centros de producción.

c) El criterio con arreglo al cual se reparten los costes indirectos de los productos dentro de un departamento (horas-máquina, horas-hombre, etc.).

d) Dada la existencia de costes fijos, el volumen que se tome como base de reparto.

Estas discrepancias son, en gran medida, irresolubles, y a pesar de que en muchas ocasiones puedan ser pequeñas, es importante darse cuenta de que las cifras de costes no tienen un valor absoluto y que, cuando se quieran utilizar, se deberán conocer los procedimientos mediante los cuales se obtuvieron para que su utilización pueda ser correcta.

¿PARA QUÉ UNA CONTABILIDAD DE COSTES?

En el capítulo I dijimos que los objetivos de la contabilidad de costes son tres:

- Valorar existencias.
- Tomar decisiones.
- Evaluar la actividad de la empresa.

Podemos darnos cuenta ahora de que, en teoría, el sistema más adecuado para satisfacer estos tres objetivos será un sistema de costes estándar.

La valoración de existencias se resuelve razonablemente bien tanto en los sistemas de costes históricos como en los sistemas de costes estándar; sin embargo, éstos últimos simplifican la tarea en gran manera, puesto que la reducen a contar el número de unidades y multiplicar por su coste estándar.

La toma de decisiones precisa de costes estándar, como estimación de costes *futuros*. Es, por tanto, incorrecto utilizar costes históricos para tomar decisiones, a menos que se use el coste histórico como aproximación del coste estándar en ausencia de éste.

La evaluación de la actividad de la empresa se facilita por el análisis de desviaciones. En un sistema de costes históricos, debemos forzosamente reducirnos a comparar datos históricos, y ya sabemos que éstos pueden esconder ineficiencias de las que no tenemos conocimiento.

Por todo ello, un sistema de costes estándar suele ser superior a un sistema de costes históricos, siempre que sea posible establecerlo. Casi siempre, en aquellos procesos de producción "en serie" para los que eran adecuados los sistemas de costes por proceso, será fácil que un sistema estándar de mejores resultados que un sistema de costes históricos. Pero incluso empresas que fabriquen siguiendo las especificaciones del cliente, que, obviamente, no pueden tener costes estándar de los productos, pueden utilizar estándares *por operación* o *por departamento*, en base a descomponer el proceso productivo en "elementos" que sean ya "estándar".

Las empresas pequeñas o medianas pueden tener buenas razones para no usar costes estándar, como la de que les sea difícil (o caro) establecer buenos estándares de manera consistente; o que el esfuerzo de controlar los costes reales para que el análisis de desviaciones tenga sentido sea muy grande. Por ello, es frecuente encontrar sistemas "mixtos" que reúnen características de los dos tipos de sistemas. Comentemos brevemente alguno de ellos.

El sistema de costes "por pedido" que explicábamos en el capítulo IV es en realidad un sistema mixto, puesto que incluye una tasa estándar de gastos generales de fabricación. Generalizando, podemos decir que la utilización de tasas estándar de gastos generales de fabricación es útil casi siempre en el contexto de un sistema de costes por pedido.

Es relativamente frecuente encontrarse con sistemas de costes históricos que coexisten con estándares informales, o "escandallos", determinados de la misma manera que los estándares, pero con menos rigor. Entonces, los inventarios se valoran al coste del "escandallo", y los "escandallos" se utilizan para tomar decisiones, pero no se calculan las desviaciones porque la falta de rigor tanto en su determinación como en la acumulación de datos reales haría que su significado fuera dudoso. Este tipo de sistema puede ser muy eficaz en una empresa pequeña porque el control de costes se lleva de modo visual, resultando inútil el mecanismo formal del análisis de desviaciones.

En resumen:

- Si una empresa produce productos "en serie" y tiene un tamaño más allá de unos mínimos, debe utilizar en principio un sistema de costes estándar.
- Si una empresa produce bajo pedido, un sistema de costes por pedido puede ser útil. A pesar de ello, en muchas ocasiones es posible descomponer el proceso productivo en operaciones estándar y utilizar un sistema de costes estándar.
- Una empresa pequeña con productos estándar, puede utilizar muy posiblemente un sistema de costes por proceso.
- Casi siempre que se utilice un sistema de costes históricos, una tasa estándar de GGF es mejor que el reparto de los GGF reales, por prescindir de las inevitables fluctuaciones temporales.
- Muchas empresas utilizan sistemas de costes históricos simplemente por inercia. En estos casos es conveniente estudiar si pasar a un sistema estándar o mixto no mejoraría la información a la vez que rebajaría el coste del sistema. Hay grandes probabilidades de que sea así.

CAPÍTULO IX

INFORMACIÓN CONTABLE Y DECISIONES DE EXPLOTACIÓN

INTRODUCCIÓN

Una de las finalidades de la Contabilidad de Costes es la de proveer a la dirección de un soporte cuantitativo para la toma de decisiones empresariales. En contraste con las otras dos finalidades de la misma (la valoración de inventarios y la evaluación de actividades), los datos necesarios para ella no se suelen obtener de manera automática por el sistema contable; con frecuencia se hace necesario *elaborar* los datos proporcionados por el mismo, y añadir datos extracontables. Incluso, en muchas ocasiones, los datos contables pueden llegar a ser engañosos si no se interpretan y utilizan de una manera adecuada.

La razón para ello es que no existen datos útiles para cualquier decisión, sino que cada una precisa de datos adecuados a la misma; es decir, se precisan *costes distintos para propósitos diferentes.* Ahora bien, dada la gran variedad de decisiones posibles en una empresa, si quisiéramos que la contabilidad nos proporcionara los costes relevantes para cualquier decisión, deberíamos tener un sistema contable excesivamente complejo y costoso; a la vez que, siendo imposible prever cuándo se va a presentar cada decisión, se deberían elaborar los datos con una periodicidad difícil de determinar a priori.

En cambio, el control y la valoración de inventarios son actividades que tienen lugar periódicamente, para las que el sistema contable debe generar datos con la periodicidad adecuada. Por ello, la información necesaria para tomar una decisión deberemos elaborarla —en términos generales— a partir de los datos suministrados por el sistema contable, y que están en principio destinados a otros fines;

lo que no representa un grave inconveniente, siempre que el sistema contable separe los costes directos de los productos de los costes indirectos de los mismos, y los costes fijos de los costes variables.

Decisiones de explotación y decisiones de inversión

Las decisiones que se plantean en la vida diaria de las empresas son muchas y de diversos tipos. Para nuestros fines, pueden clasificarse en dos grandes grupos:

- Decisiones de *explotación*, que suponen una estructura de empresa predeterminada, y que envuelven flujos de dinero que tienen lugar todos ellos durante un período de tiempo *corto* (menos de un año) para cada decisión. Suelen ser fácilmente rectificables aún a corto plazo, y comprenden decisiones como la utilización de la capacidad, precios de los productos, etc.
- Decisiones de *inversión*, cuya característica fundamental es que los flujos de dinero implicados en ellas tienen lugar a través del tiempo, normalmente comprendiendo varios años. A menudo son decisiones de creación de capacidad productiva (inversiones en edificios, maquinaria, etc.).

Conceptualmente, el análisis de unas y otras es idéntico, con la excepción de que en las segundas se debe tener en cuenta el que las pesetas de un año no tienen el mismo valor que las pesetas de otro, y por tanto, los flujos monetarios envueltos en la decisión no son directamente comparables. En las decisiones de explotación, en cambio, consideramos que el tiempo que transcurre entre los flujos es suficientemente pequeño como para que todos ellos puedan considerarse equivalentes.

El análisis de las decisiones de inversión es, pues, algo más complejo, y un tratamiento riguroso de las mismas excedería los límites de este libro. Por ello, nos vamos a centrar a continuación en decisiones de explotación, teniendo presente que mucho de lo que se diga será también aplicable a las decisiones de inversión.

Costes relevantes para la toma de decisiones

Muchas decisiones precisan de un análisis elaborado de *costes*. Tal como adelantamos, sin embargo, los costes contables pueden no ser directamente útiles para las mismas. Y ello por dos motivos.

En primer lugar, cuando nos planteamos un problema de decisión, estamos tratando de influir en el *futuro*, de modo que lo que ocurra sea lo más favorable posible para la empresa. Los costes contables por otra parte, son costes *históricos*, que pueden repetirse en el futuro o no. Obviamente, ante el dilema de si debo fabricar un producto o no, no me interesa cuánto me ha venido costando la materia prima, sino cuánto creo que me costará a partir de ahora. Por tanto, los costes relevantes para tomar una decisión serán *estimaciones de costes futuros*. Los datos históricos no son en este sentido más que una herramienta para determinar estos costes futuros, y en sí mismos son totalmente irrelevantes.

En segundo lugar, los costes históricos se han obtenido normalmente como *promedio* bajo una serie de condiciones históricas que pueden no corresponder a las condiciones de las alternativas que nos planteamos. Por ello, introducimos en la sección siguiente la clasificación de costes apropiada para la decisión que estemos considerando.

COSTES DIFERENCIALES Y COSTES INALTERADOS

Al contemplar las posibles alternativas de una decisión concreta, algunos costes son idénticos en cualquiera de ellas: les llamaremos *costes inalterados*. Otros, en cambio, serán distintos para cada alternativa: les llamaremos *costes diferenciales*.

Ejemplo: Supongamos que podemos utilizar la capacidad de producción del departamento X para fabricar o bien 500 unidades del producto A o bien 1.000 unidades del producto B. Cada unidad del primero lleva incorporadas dos horas de mano de obra directa, y una hora cada unidad del segundo. El coste de la materia prima es de 500 y 750 ptas. por unidad para los productos A y B, respectivamente. Todos los demás costes son fijos o, lo que es lo mismo, no dependen del nivel de actividad al que trabaje el departamento.

¿Cuáles de estos costes serán diferenciales y cuáles inalterados?

– La mano de obra será claramente un coste inalterado: tanto si producimos A como si producimos B vamos a incurrir exactamente en el mismo coste (1.000 horas, a la tasa horaria correspondiente).
– Las materias primas importarán en total

$$500 \text{ ptas.} \times 500 \text{ unidades} = 250.000 \text{ ptas.}$$

si se produce A, y

$$750 \text{ ptas.} \times 1.000 \text{ unidades} = 750.000 \text{ ptas.},$$

si se produce B.

Por tanto, fabricar el producto B tiene un coste diferencial (en lo que a materias primas se refiere) de 500.000 ptas. sobre fabricar el producto A, y las 250.000 ptas. de coste en las que incurriremos de todos modos, constituyen un coste inalterado.

– Los demás costes, al no depender del volumen de fabricación, serán obviamente inalterados.

El concepto de coste diferencial está, pues, íntimamente relacionado con una *decisión concreta* y tomando una de las alternativas como punto de referencia. Como es lógico, la alternativa que tomemos como tal puede ser cualquiera, y muchas veces hasta será conveniente tomar una alternativa que no nos planteamos, como la de "no hacer nada", como base de partida.

Por tanto, coste diferencial y coste variable no serán, en general, lo mismo, puesto que el concepto de coste variable viene definido en relación al volumen de actividad y con independencia de la decisión concreta de la que se trate. Ahora bien, con relativa frecuencia, la decisión tiene que ver con el volumen de actividad, razón por la que, en tales casos, los costes diferenciales se pueden aproximar a los costes variables. En concreto, y si la decisión es, por ejemplo, de precio, en la que lo único que está en juego es el volumen de actividad (la cantidad vendida), los costes diferenciales serán exclusivamente los costes variables.

INGRESOS DIFERENCIALES E INGRESOS INALTERADOS. COSTE DE OPORTUNIDAD

Análogamente, y para una decisión concreta, definiremos *ingresos diferenciales* como aquellos que son distintos para distintas alternativas e *ingresos inalterados* como aquellos que no lo son. *Beneficios diferenciales* serán la diferencia entre los ingresos y los costes diferenciales de una alternativa.

Ejemplo: Con los mismos datos del ejemplo anterior, supongamos además que el precio de venta neto del producto A es de 2.000 ptas. y el del producto B de 2.500 ptas. Entonces, fabricando el producto A obtendremos:

$$2.000 \text{ ptas.} \times 500 \text{ unidades} = 1.000.000 \text{ ptas.},$$

mientras que fabricando el producto B, tendríamos

$$2.500 \text{ ptas.} \times 1.000 \text{ unidades} = 2.500.000 \text{ ptas.}$$

Luego los ingresos diferenciales de dedicar la capacidad de producción al producto B son de 1.500.000 ptas., y los ingresos inalterados para los dos alternativas serán de 1.000.000 ptas.

Entonces, si adoptamos la alternativa de fabricar el producto B, tendremos:

– Unos costes adicionales (diferenciales) de 500.000 ptas.
– Unos ingresos adicionales (diferenciales) de 1.500.000 ptas.
– Un beneficio adicional (diferencial) de 1.000.000 ptas.

Por tanto, la decisión correcta, ateniéndonos puramente a los datos cuantitativos, sería la de fabricar el producto B.

El que sea así, sin embargo, no significa necesariamente que con esta alternativa vayamos a obtener beneficios: es posible que obtengamos pérdidas en ambas, a falta de una alternativa mejor; lo único que significaría en este caso es que la alternativa B es menos mala que la alternativa A, y que la situación es insostenible a largo plazo.

Ejemplo: Si suponemos que el coste de la mano de obra es de 1.000 ptas./hora y que los demás costes de fabricación importan 2.000.000 ptas., las cuentas de resultados serían:

	Producir A	Producir B
Ventas	1.000.000	2.500.000
Menos costes:		
Materias primas	250.000	750.000
Mano de obra	1.000.000	1.000.000
Otros costes	2.000.000	2.000.000
Beneficio	(2.250.000)	(1.250.000)

Y en ellas se refleja que, aún teniendo pérdidas en ambos casos, en el caso de producir A son mayores.

Suele ser útil, en el contexto de un problema de decisión, el uso de la noción de *coste de oportunidad*, concepto básico en la teoría económica. El coste de oportunidad, se puede definir como *el sacrificio, expresado en términos monetarios, en el que incurrimos por no tomar una alternativa distinta.* En términos de los conceptos utilizados hasta aquí, el coste de oportunidad de una alternativa será, pues, *el beneficio diferencial que podríamos obtener con la mejor de las alternativas restantes.*

En consecuencia, cualquier decisión puede plantearse en términos de coste de oportunidad. En el ejemplo visto anteriormente, tendríamos:

Coste de oportunidad de producir A:	1.000.000 ptas.
Coste de oportunidad de producir B:	0 ptas.

Lo que automáticamente nos inclinaría hacia la alternativa de producir B.

Visto así, puede parecer que, si bien el concepto de coste de oportunidad tiene un cierto interés teórico, no añade prácticamente nada al análisis anterior. Ocurre, sin embargo, que hay multitud de ocasiones en las que el utilizarlo simplifica notablemente el análisis, por permitir prescindir en el análisis formal de alguna de las alternativas.

Ejemplo: "Industrias Reunidas, S.A.", se plantea si debe utilizar sus stocks de la materia prima X, obsoletos a causa de la aparición de un sustitutivo mejor, para fabricar un nuevo producto de bajo precio, o bien venderlos como desperdicios a razón de 20 ptas./kg. El nuevo producto se vendería a 200 ptas., y cada unidad del mismo incorporaría un kg. de materia prima X y 100 ptas. de mano de obra (considerada variable). Los gastos de fabricación no se verían alterados por la introducción del nuevo producto. La materia prima X costó originalmente 150 ptas./kg, y así está valorada en balance. ¿Qué decisión debe tomar la empresa?

Para analizar la decisión, podríamos proceder como hicimos anteriormente y calcular los ingresos y costes diferenciales de las dos alternativas: a) vender como desperdicio y b) fabricar el nuevo producto. Utilizando sin embargo la noción de coste de oportunidad, podemos considerar únicamente la alternativa b) y realizar los cálculos siguientes:

Ingresos	200 ptas.
Coste de la materia prima (de oportunidad)	20 ptas.
Coste de la mano de obra	100 ptas.
Beneficio	80 ptas.

Conviene, por tanto, fabricar el producto. Sugerimos al lector que se plantee el problema en la forma de costes e ingresos diferenciales y compruebe que el resultado es idéntico.

Una ventaja del método del coste de oportunidad es que pone

de manifiesto la irrelevancia del valor contable (costes pasados) para tomar una decisión: si hubiéramos hecho los cálculos de costes sobre la base de su coste original de 150 ptas., llegaríamos a una decisión equivocada. Por supuesto, tomando la decisión correcta habrá una *pérdida contable*, puesto que el stock de materia prima sigue estando valorado en 150 ptas., pero esta pérdida no refleja el que la decisión actual sea equivocada, sino que *fue errónea la decisión anterior* de comprar un stock *excesivo*. En la situación actual, no se plantea el rectificar esta decisión, lo que es ya imposible, sino el cómo salir lo mejor parados posible de la situación en la que nos encontramos.

Conclusión

Si alguna virtud tiene el esquema conceptual de toma de decisiones que acabamos de presentar, es su sencillez. Se puede resumir diciendo que la mejor alternativa de decisión es aquella cuyo coste de oportunidad es el menor. En su contra, hay que decir que es un poco más difícil de llevarlo a la práctica, porque en algunas ocasiones desconoceremos alguna de las alternativas posibles, y casi siempre los resultados en cada una de ellas son inciertos. A pesar de ello, y teniendo en cuenta únicamente las alternativas que conocemos, y tratando la incertidumbre con los supuestos más razonables posibles, obtendremos una aproximación que siempre será mejor que no realizar ningún análisis.

Capítulo X

RELACIONES ENTRE COSTES, BENEFICIOS Y VOLUMEN DE ACTIVIDAD

Introducción

En el capítulo anterior, veíamos la importancia de los costes diferenciales en la toma de decisiones, y se insinuaba que, en algunas circunstancias, cuando la decisión afecte sólo al volumen de actividad, los costes diferenciales son precisamente los costes variables, tal como se definieron en el Capítulo II. Ahora bien, las situaciones en las que esto es así son muy frecuentes, con lo que en este capítulo vamos a examinar en detalle cómo cambian los costes con el volumen de actividad (costes variables) y cómo cambia el beneficio en consecuencia (margen de contribución). Para finalizar, y teniendo en cuenta los costes fijos, veremos con qué nivel de actividad puede conseguirse cubrirlos –es decir, cual es el punto de equilibrio.

El margen de contribución

Se denomina *margen de contribución unitario* de un producto, a la diferencia entre su precio de venta y todos sus costes *variables* (incluyendo tanto los costes variables de fabricación como los de administración y ventas). Habitualmente se expresa en pesetas por unidad, pero tanbién es frecuente expresarlo en tanto por ciento sobre el precio de venta.

Como es lógico, el *margen de contribución total* de un producto será el margen de contribución unitario del mismo, multiplicado por el número de unidades vendidas; y el *margen de contribución total de la empresa* será la suma de los márgenes de contribución totales de todos los productos que fabrique, es decir, la diferencia entre los ingresos por ventas y los costes variables de los bienes y servicios vendidos.

El beneficio de una empresa puede entonces expresarse como la diferencia entre el margen de contribución total y los gastos fijos.

Ejemplo: Los costes unitarios del producto X, calculados sobre la base de un lote de producción de 1.500 unidades, son los siguientes:

Materia prima	95 ptas./unidad
Mano de obra directa	100 ptas./unidad
Materiales y suministros	20 ptas./unidad
Mano de obra indirecta	50 ptas./unidad
Amortizaciones (planta y maquinaria)	30 ptas./unidad
Coste completo de fabricación	295 ptas./unidad
Gastos administrativos y de ventas	60 ptas./unidad
Comisiones (5 % del precio de venta)	25 ptas./unidad
Total	380 ptas./unidad

El precio de venta es de 500 ptas./unidad, y la mano de obra puede considerarse toda ella fija, así como los gastos de administración y ventas, excepto comisiones. ¿Cuál será el margen de contribución del producto X?

Los únicos costes variables serán:

Materia prima	95 ptas./unidad
Materiales y suministros	20 ptas./unidad
Comisiones	25 ptas./unidad
Total costes variables	140 ptas./unidad

El margen de contribución unitario (MCu) será la diferencia entre el precio de venta (PV) y los costes variables (CV), es decir:

$$MCu = PV - CV = 500 - 140 = 360 \text{ ptas./unidad}$$

que representa un 72 % del precio de venta.

El margen de contribución total de este producto, para una venta de 1.500 unidades del mismo, sería:

$$1.500 \text{ unidades} \times 360 \text{ ptas./unidad} = 540.000 \text{ ptas.}$$

Es importante distinguir entre los conceptos de *margen de contribución* y de *margen bruto*, frecuentemente usado en contabilidad financiera. El *margen bruto* de un producto es la diferencia entre su precio de venta y sus costes de *fabricación*, que incluyen, por tanto, una parte adecuada de los costes fijos de fabricación y excluyen, en cambio, los costes de administración y de ventas.

En el ejemplo anterior, el margen bruto del producto X sería:

Margen bruto = Precio venta − Coste fabricación = 500 − 295 = 205 ptas.

El punto de equilibrio (o punto muerto)

Llamaremos *punto muerto, o punto de equilibrio,* a aquel *volumen de actividad en el que el beneficio es nulo,* es decir, los ingresos igualan a los gastos. Como los gastos se subdividen en fijos y variables, en general tendremos que

Beneficio = Ingresos − Gastos Fijos − Gastos Variables

con lo que, en el punto de equilibrio,

Beneficio = 0 = Ingresos − Gastos Fijos − Gastos Variables

es decir,

Ingresos = Gastos Fijos + Gastos Variables

o bien,

Gastos Fijos = Ingresos − Gastos Variables = Margen de Contribución

Esta última igualdad es de gran interés para visualizar el fenómeno económico real. Del precio de venta de una unidad de producto, una parte debe cubrir los costes variables, que son aquellos en los que se incurrió por producir precisamente aquella unidad; el resto, que hemos llamado margen de contribución, deberá cubrir los gastos fijos, y, una vez cubiertos éstos, dar un beneficio. El punto de equilibrio se puede redefinir entonces como aquel volumen de actividad en el que el margen de contribución total cubre exactamente los gastos fijos.

Ejemplo: Supongamos que, en el caso anterior, los gastos fijos sean de 360.000 ptas.*

Entonces, si llamamos n al número de unidades, tendremos que:

– Los ingresos serán $n \times 500$.

– Los gastos variables serán $n \times 140$.

– Los gastos fijos serán 360.000 ptas.

y, por tanto, en equilibrio

$$\underset{\text{(ingresos)}}{n_e \times 500} = \underset{\text{(gastos variables)}}{n_e \times 140} + \underset{\text{(gastos fijos)}}{360.000}$$

es decir, que el punto de equilibrio, n_e es

$$n_e = \frac{360.000}{(500-140)} = 1.000 \text{ unidades}$$

Obsérvese que en la fórmula final, calculamos simplemente el cociente entre los gastos fijos y el margen de contribución unitario, lo que nos conduce de nuevo a la visión intuitiva de que el punto de equilibrio es el número de unidades necesario para que su margen de contribución cubra los gastos fijos.

El punto de equilibrio puede expresarse, tal como lo hicimos, en unidades vendidas, pero en ocasiones puede interesar expresarlo en cifra de ventas (V_e), para lo que únicamente habrá que multiplicar por el precio de venta:

$$V_e = 1.000 \text{ unidades} \times 500 \text{ ptas./unidad} = 500.000 \text{ ptas.}$$

y hallar así la cifra de ventas necesaria (500.000 ptas.).

Esta cifra de ventas puede calcularse *directamente* a partir del margen de contribución porcentual, que en nuestro caso es el 72 %, puesto que en el punto de equilibrio el 72 % de la cifra de ventas debe igualar a los costes fijos. Por tanto,

$$\frac{72}{100} \times V_e = 360.000 \text{ ptas.},$$

es decir,

$$V_e = \frac{360.000}{0{,}72} = 500.000 \text{ ptas.}$$

* Que corresponderían a un reparto de gastos fijos calculado sobre 1.500 unidades.

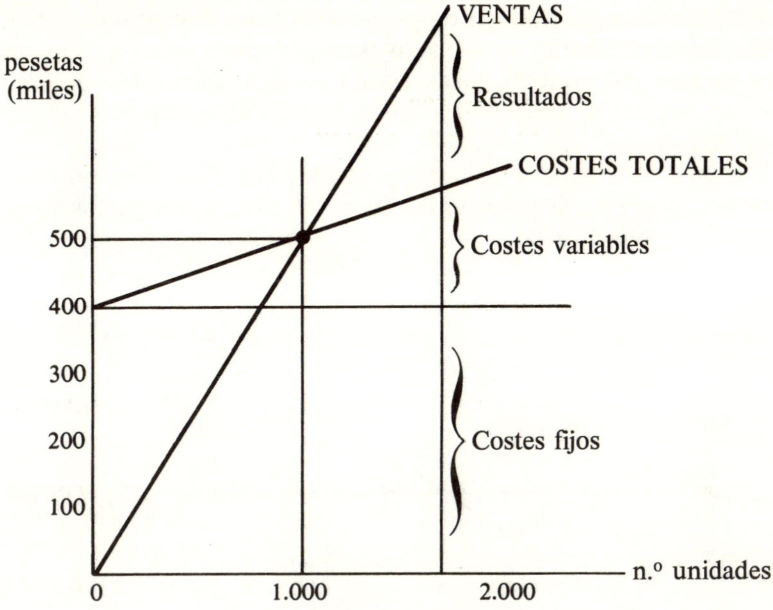

Gráfico 1

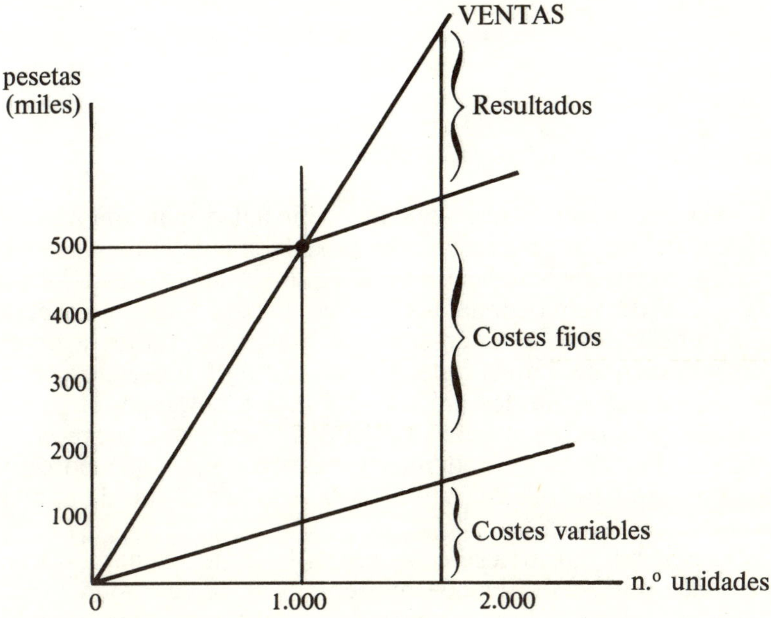

Gráfico 2

Estos conceptos pueden expresarse en forma de gráfico (gráficos 1 y 2). Para cada volumen de actividad podemos leer las ventas, los costes totales y, por diferencia, los resultados. Para 1.000 unidades, *las ventas coinciden con los costes totales*, es decir, estamos en el punto de equilibrio.

Alternativamente, podríamos poner en el gráfico directamente el margen de contribución, en lugar de las ventas, y los gastos fijos en lugar de los gastos totales, con lo que obtendríamos el gráfico 3.

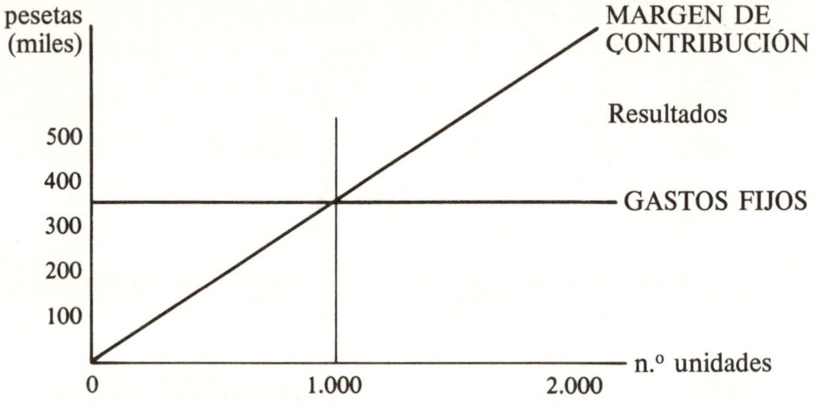

Gráfico 3

Aumento de ventas y aumento de beneficios

Como discutiremos más adelante, la finalidad más importante de los gráficos del punto de equilibrio es probablemente la de darse cuenta de cómo varían los beneficios con el volumen de actividad. Es decir, qué volumen de ventas debemos conseguir para llegar a un beneficio que consideremos suficiente o qué beneficios vamos a obtener con un volumen de ventas determinado. Esto se consigue con una inspección cuidadosa de los gráficos 1 ó 2. Sin embargo, en la realidad, resulta práctico en muchas ocasiones tratar estas cuestiones en porcentajes. Por ejemplo, podemos preguntarnos en qué porcentaje aumentarán nuestros beneficios por cada uno por ciento de aumento de las ventas.

Si la empresa no tuviese costes fijos, la respuesta sería obvia: el mismo tanto por ciento en que aumenten las ventas; todo sería en este caso proporcional. La existencia de costes fijos complica un poco el problema, e incluso lo hace depender del volumen de actividad que tomemos como punto de referencia. Se puede demostrar matemáticamente, sin embargo, que

$$\frac{\text{Aumento porcentual de beneficios}}{\text{Aumento porcentual de ventas}} = \frac{MC}{B}$$

donde MC es el margen de contribución total y B es el beneficio al volumen de actividad que tomemos como punto de referencia.

A esta cantidad, MC/B, se le llama a veces *apalancamiento operativo*, para dar una noción intuitiva del impacto más que proporcional que un cambio en las ventas puede tener sobre los resultados.

Ejemplo: Supongamos que la empresa ABC fabrica únicamente el producto X con los siguientes datos:

Precio de venta	100 ptas.
Gastos variables unitarios	60 ptas.
Gastos fijos	40.000 ptas.

Tomemos como punto de referencia aquel en el que se venden 2.000 unidades. A este volumen, el margen de contribución total es

$$MC = 2.000 \times (100 - 60) = 80.000$$

y el beneficio

$$B = MC - GF = 80.000 - 40.000 = 40.000$$

Entonces, si aumentamos las ventas en un 10 %, el aumento porcentual de beneficios deberá ser, según la fórmula,

$$\frac{MC}{B} \times 10\,\% = \frac{80.000}{40.000} \times 10\,\% = 20\,\%$$

Es fácil comprobar que es así. Si aumentamos las ventas en un 10 % (200 unidades más), el nuevo beneficio será

$$B' = 2.200 \times (100 - 60) - 40.000 = 48.000,$$

con lo que el aumento porcentual de beneficio es

$$\frac{48.000 - 40.000}{40.000} \times 100 = 20\,\%$$

El punto de equilibrio con varios productos

Hasta el momento, nos hemos limitado a analizar el punto de equilibrio de una empresa con un solo producto. Lo normal, sin embargo, es que las empresas tengan varios productos, pudiendo llegar a tener incluso miles de ellos; y en tales casos, el análisis del punto de equilibrio no se puede hacer sin una cierta dificultad. El obstáculo fundamental es la medida del volumen de actividad, que si para un solo producto es trivial (el número de unidades del mismo), para varios productos no se puede definir sin hacer alguna suposición adicional.

Lo más frecuente es tomar como punto de partida una cierta "composición de las ventas", o proporción en que vamos a producir y vender cada producto relativamente a los demás. Con esta composición como punto de partida, podremos definir un "producto promedio", imaginario, que tomaremos como medida del volumen de actividad.

Ejemplo: Supongamos que la empresa ZYX fabrica los productos A y B con las siguientes características:

	Producto A	Producto B
Precio de venta	500 ptas.	200 ptas.
Costes variables unitarios	200 ptas.	125 ptas.
Margen de contribución unitario	300 ptas.	75 ptas.
Composición de las ventas	1/3	2/3
Gastos fijos totales	9.000.000 ptas.	

El producto promedio tendría entonces las siguientes características:

Precio de venta $\frac{1}{3}\ 500+\ \frac{2}{3}\ 200=300$ ptas.

Costes variables unitarios $\frac{1}{3}\ 200+\ \frac{2}{3}\ 125=150$ ptas.

Margen de contribución unitario $\frac{1}{3}\ 300+\ \frac{2}{3}\ 75=150$ ptas.

Como los gastos fijos totales son de 9.000.000 ptas., que deberán cubrirse con el margen de 150 ptas., resulta que el punto de equilibrio estará en

$$\frac{9.000.000}{150} = 60.000 \text{ unidades del "producto promedio"}$$

Como el producto promedio no existe, estas 60.000 unidades corresponderán:

20.000 al producto A (1/3 del total)
40.000 al producto B (2/3 del total)

Podemos verificar ahora que con tales ventas estaríamos en el punto de equilibrio, puesto que

$$\text{Beneficio} = 20.000 \times 300 + 40.000 \times 75 - 9.000.000 = 0$$

A menudo es más útil, por ser más intuitivo, expresar el punto muerto en pesetas de ventas que en número de unidades de un "producto promedio" inexistente. Claramente, la cifra de ventas de equilibrio vendría dada por

$$60.000 \text{ unidades} \times 300 \text{ ptas. (precio promedio)} = 18.000.000 \text{ ptas.}$$

Cuando se exprese así, habrá que tener cuidado en aclarar a continuación que éstas son las ventas de equilibrio dada la composición que se haya tomado como punto de partida, para no inducir a error.

Hagamos notar que, en la realidad, este cálculo puede ser bastante más simple si se dispone de los datos históricos adecuados. Supongamos que la empresa del ejemplo ha vendido el año anterior 30.000 unidades del producto A y 60.000 unidades del producto B. Su cifra de ventas habrá sido:

$$V = 30.000 \times 500 + 60.000 \times 200 = 27.000.000 \text{ ptas.}$$

Si el sistema contable segrega el margen de contribución, tendremos que su margen de contribución total ha sido de

$$MC = 30.000 \times 300 + 60.000 \times 75 = 13.500.000 \text{ ptas.}$$

Es decir, que el margen de contribución promedio es

$$\frac{13.500.000}{27.000.000} = 50\% \text{ de las ventas si la composición } \left(\frac{1}{3}, \frac{2}{3}\right) \text{ se}$$

mantiene constante.

Luego para llegar a la cifra de ventas del punto muerto nos es suficiente dividir los gastos fijos por 0,5 (en tanto por uno):

$$\text{Ventas del punto muerto} = \frac{9.000.000}{0,5} = 18.000.000 \text{ ptas.}$$

Este método, innecesario para el caso de dos productos, puede ahorrarnos los engorrosos cálculos del "producto promedio" cuando el número de artículos sea muy grande.

Sea con el "producto promedio", o con la cifra de ventas, se puede construir un gráfico similar al gráfico 3 (ver gráfico 4).

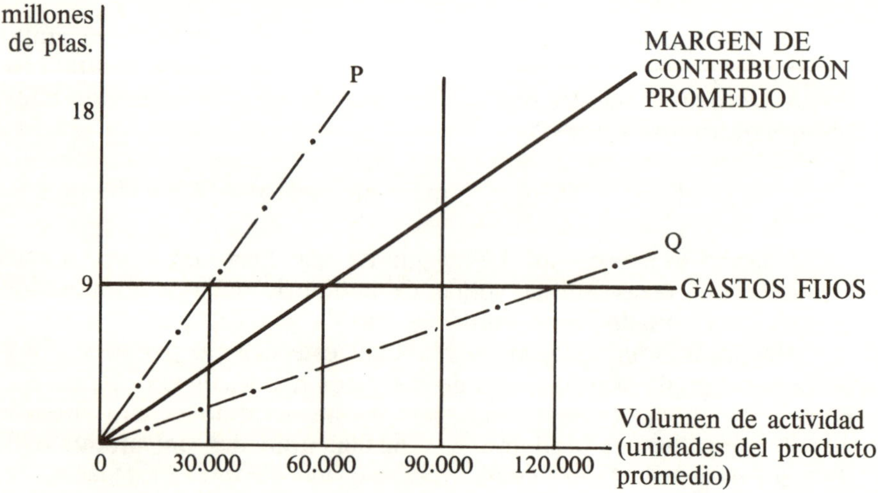

Gráfico 4

Insistamos finalmente en que el punto de equilibrio hallado de este modo depende de la composición. Para visualizarlo, consideremos los dos casos extremos posibles: vender únicamente el producto A, representado por la recta OP, o vender únicamente el producto B, representado por la recta OQ. Los dos puntos de equilibrio serán, respectivamente, 30.000 y 120.000 unidades. Para cualquier otra composición, la recta estará situada entre los rectas OP y OQ, tal como ocurre con la correspondiente a la composición (1/3, 2/3) que hemos supuesto. Entonces, aunque la composición real varíe de la que hemos supuesto, sabemos seguro que el punto de equilibrio estará entre 30.000 y 120.000, y será tanto más cercano a 60.000 cuanto más parecida sea la composición real a la supuesta.

Utilidad del punto de equilibrio. Limitaciones

Se podría decir que la principal utilidad del punto de equilibrio no consiste en conocer el punto de equilibrio en sí, sino en el análisis que hay que hacer para llegar a él. Es decir, una empresa debe conocer las relaciones existentes entre volumen de actividad, costes y beneficios para poder planificar sus acciones correctamente. Si se conocen, no resulta de demasiada utilidad establecer el punto de equilibrio (a no ser como prueba o test de que se conocen) pero si no, puede ser interesante calcularlo para aprender estas relaciones, que son lo realmente importante, en el proceso.

El análisis del punto de equilibrio tiene algunas limitaciones, sobre todo como se ha visto en el caso de varios productos, que es lo más frecuente. A estas limitaciones hay que añadir las hipótesis implícitas en el análisis, que son fundamentalmente dos:

1. Dentro de un campo de validez, los costes pueden dividirse en fijos y variables. Dentro de este campo, los costes fijos son iguales para cualquier nivel de actividad, y los costes variables son estrictamente proporcionales.
2. Dentro del mismo campo de validez, los precios de venta se mantienen constantes para cualquier volumen de ventas.

Estas hipótesis son restrictivas en el sentido de que excluyen los descuentos por cantidad (tanto en compras como en ventas) y toda clase de economías o deseconomías de escala. Por tanto, al usar este tipo de análisis, habrá que vigilar que no se dé ningua de estas circunstancias en grado tan apreciable como para falsear el análisis.

CAPÍTULO XI

MARGEN DE CONTRIBUCIÓN Y MARGEN BRUTO

EL MARGEN DE CONTRIBUCIÓN COMO INDICADOR DE RENTABILIDAD

Cuando una empresa se plantea la conveniencia de vender o no una unidad adicional de un producto determinado, el concepto de margen de contribución nos ofrece una primera aproximación al impacto diferencial que esta decisión tendría sobre los resultados. Por ello, es frecuente utilizar los márgenes de contribución unitarios como un indice de la rentabilidad relativa de cada uno de los productos que integran la línea de la empresa. Sin embargo, este procedimiento no está exento de inconvenientes, lo que vamos a tratar de ilustrar con un ejemplo sencillo.

Supongamos que una determinada empresa fabrica y vende dos productos A y B con la siguiente estructura de costes e ingresos:

Tabla I

Por unidad:	A	B
Precio de venta	2.000 ptas.	3.000 ptas.
Costes variables	1.600 ptas.	2.100 ptas.
Margen de contribución	400 ptas.	900 ptas.
Marg. de Cont./Precio de Venta (%)	20 %	30 %

Según el procedimiento que hemos descrito anteriormente, el producto más rentable de esta empresa es el B tanto en términos de contribución unitaria (900 ptas.) como de contribución relativa sobre ventas (30 %).

Supongamos ahora que la capacidad productiva de esta empresa tiene un límite máximo de 10.000 horas-máquina y que la producción de cada unidad de B requiere tres horas-máquina mientras que A requiere tan sólo una hora-máquina.

Si la empresa en cuestión está utilizando la totalidad de su capacidad productiva, ¿podemos seguir utilizando la contribución unitaria para identificar el producto más rentable? Obsérvese que, en situación de plena capacidad, producir una unidad adicional de B exige dejar de producir tres de A, con lo cual el impacto sobre resultados de una decisión de este tipo sería el siguiente:

Contribución de una unidad adicional de B:	900 ptas.
Menos: Contribución de tres unidades de A (400 ptas.×3)	1.200 ptas.
Contribución diferencial (pérdida):	(300 ptas.)

Este análisis sugiere que en, situaciones de plena capacidad, el concepto de margen de contribución debe ponerse en relación con el recurso escaso o factor limitativo de nuestra actividad. En el ejemplo simplificado que hemos venido utilizando, cabría completar la Tabla I de la forma siguiente:

		A	B
1.	Margen de Contribución unitario	400 ptas.	900 ptas.
2.	Horas máquina necesarias para la producción de 1 unidad	1	3
3.	Margen de Contribución/hora-máquina (1) : (2)	400 ptas.	300 ptas.

Obsérvese que este último índice señala correctamente la rentabilidad relativa de A y B, puesto que si la empresa opera a plena capacidad, el beneficio máximo que podría obtener si vendiese exclusivamente el producto A es de cuatro millones de pesetas (10.000 horas máquina×400 ptas.), mientras que sólo alcanzaría la cifra de tres millones (10.000 horas máquina×300 ptas.) si vendiese únicamente el producto B.

En la práctica, razones de índole comercial pueden desaconsejar —o hacer imposible— que la empresa venda un único producto. Es precisamente en este caso en el que el margen de contribución por unidad de recurso escaso señala la rentabilidad relativa de cada producto y, por lo tanto, la conveniencia de "empujar" más uno u otro.

Este ejemplo muestra que al utilizar el margen de contribución como un medio de aproximarnos al coste de oportunidad implícito en cualquier decisión de volumen, debemos tener en cuenta en qué situación se encuentra la empresa en términos de utilización de la capacidad productiva. En forma esquemática, nos encontramos frente a dos maneras distintas de examinar la rentabilidad de los productos:

En situación de baja capacidad MARGEN DE CONTRIBUCIÓN POR UNIDAD DE PRODUCTO	*En situación de plena capacidad* MARGEN DE CONTRIBUCIÓN POR UNIDAD DE CAPACIDAD

En definitiva, al seleccionar el índice "margen de contribución/ unidad de capacidad" como medida de rentabilidad estamos afirmando implícitamente que las unidades de capacidad disponible deben "subastarse entre los productos y venderse al mejor postor". Este principio que parece claro en abstracto, puede resultar difícil de poner en práctica por la dificultad de definir con precisión la unidad de capacidad. Por supuesto, no siempre son las horas-máquina el recurso crítico: en unos grandes almacenes, el factor limitativo puede ser los metros cuadrados disponibles para la actividad de venta. Por otra parte, en empresas con procesos de producción que revisten una cierta complejidad, es perfectamente posible que haya *varios* factores que puedan convertirse en el principal recurso escaso según las circunstancias cambiantes del entorno. En tales casos, algunas empresas calculan los márgenes de contribución según cada uno de estos recursos críticos en potencia. Con ello tienen ordenaciones alternativas de la línea de productos, en términos de rentabilidad, pudiendo escoger en cada caso la más apropiada a las circunstancias del momento.

LOS COSTES COMPLETOS EN LA TOMA DE DECISIONES

En los párrafos anteriores, se ha puesto de manifiesto la flexibilidad que requiere el uso de los márgenes de contribución para la toma de decisiones de explotación.

El otro tipo de margen que predomina en Contabilidad de Costes es el *margen bruto* que, como vimos en el capítulo de esta segunda parte, aparece como diferencia entre el precio de venta de un producto y su coste completo.

El coste completo de un producto es la suma de sus costes directos más una parte adecuada de los costes indirectos. Ya en la primera parte de este libro, se indicó que el coste completo era el criterio más habitual para valorar stocks y, por consiguiente, el coste de las mercancías vendidas en una empresa industrial. En Contabilidad de Costes, la estimación de los costes completos tiene, pues, una función clara de auxilio a la Contabilidad Financiera.

El coste completo incorpora normalmente en su composición una parte de costes fijos. En este sentido, cabe preguntarse si tiene alguna relevancia como dato para la toma de decisiones de explotación, que es el tema central de este capítulo.

En primer lugar, recordemos que si bien es cierto que cualquier estimación de coste completo incorpora algún elemento de arbitrariedad debido a las fórmulas de reparto de los costes indirectos, ello no significa que unas estimaciones no sean mejores que otras. El coste completo de un producto debiera aproximarse al que aparecería si la empresa fabricase únicamente el producto en cuestión*. Este es el punto de referencia que puede ayudarnos a evaluar la bondad de una estimación específica del coste completo de un producto. Si esto es así, el coste completo adquiere un cierto significado en la toma de decisiones. Pensemos, por ejemplo, en una empresa operando a baja capacidad, en la que uno de sus productos presenta pérdidas sobre su coste completo aunque aporta una cierta contribución al sostenimiento de las cargas de estructura. Este último dato –margen de contribución positivo– nos indica que, *a corto plazo*, resulta más conveniente para la empresa retener este producto, pero por otra parte el margen bruto negativo no es un dato carente de significado para esta empresa hipotética.

Si el coste completo es el coste "normal" de fabricación de un producto, cabe afirmar que, a *largo plazo*, el precio de venta de un producto debe cubrir sus costes directos más los indirectos que razonablemente cabe imputar al mismo, proporcionando además un margen de beneficio.

Por lo tanto, el margen bruto negativo puede entenderse como una "señal de alerta" para la empresa sobre la salud de un determinado producto. Una cuestión previa a discernir es si esta situación está causada por un fenómeno coyuntural, tal como una fuerte recesión económica. Si ello no parece ser así, es posible que la insuficiencia del precio de venta para cubrir el coste completo indique ineficacias productivas o comerciales. Así, puede estar indicándonos que el precio de venta es demasiado bajo; o que nuestros procesos productivos son menos eficientes que los de nuestros competidores.

Una vez diagnosticado el problema en un sentido o en otro, deben ponerse en práctica las acciones oportunas. Desde otro punto de vista, tal vez no sea posible –por razones de obsolescencia tecnológica o comercial– poner en rentabilidad el producto. En ese caso, quizá sea conveniente ir pensando en sustituir ese producto por otro

* Decimos "aproximarse" porque evidentemente en una empresa con varios productos es normal que se efectúen economías de escala que reduzcan los costes unitarios de sus productos.

más viable. Pero desarrollar nuevos productos no es tarea de un día: requiere un cierto tiempo, durante el cual puede ser conveniente retener el producto obsoleto porque está proporcionando un margen de contribución positivo.

En definitiva, el margen de contribución aparece como una buena guía en la toma de decisiones *aisladas* que contemplan un plazo de tiempo relativamente corto. De hecho, ello es congruente con la consideración del capítulo II sobre el campo de validez limitado subyacente a cualquier clasificación de costes en fijos y variables. A largo plazo, todos los costes aumentan –aunque sea escalonadamente– con el crecimiento del volumen de operaciones de la empresa. En cierto sentido, los "gastos generales fijos" podrían ser mejor descritos como "gastos generales que tardan un cierto tiempo en variar". Olvidar este hecho –tomando los costes variables como único criterio de decisión– puede conducir simplemente al crecimiento sin rentabilidad.

Finalmente, los costes completos pueden contemplarse también como una guía para la toma de decisiones en aquellas situaciones en las que resulta extraordinariamente difícil identificar "recursos críticos" que limitan la capacidad productiva.

Hay que añadir, además, que la distinción entre baja y plena capacidad que se introdujo en la sección anterior, es menos nítida de lo que puede parecer a primera vista. En la realidad, las empresas tienden a ajustar su capacidad al nivel medio de sus operaciones; es decir, tienden a trabajar a una capacidad "normal" (cerca de la plena, pero con una cierta holgura). En tales circunstancias, el coste completo de un producto –si está bien calculado en el sentido descrito– puede proporcionarnos una buena aproximación a la rentabilidad relativa de los diversos productos a medio plazo, que es en el que la empresa espera trabajar a capacidad "normal".

CAPÍTULO XII

LA CONTABILIDAD DE COSTES VARIABLES (DIRECT COSTING)

Los conceptos de coste variable y de margen de contribución son conceptos clave en la utilización de datos de costes para la toma de decisiones, como se ha puesto de manifiesto en los capítulos anteriores. Tanto es así, que es concebible cambiar completamente el sistema contable de modo que los stocks de productos en curso y de productos terminados se valoren únicamente a su *coste variable de fabricación.* Los proponentes de este sistema argumentan que los costes fijos son costes en los que se incurre independientemente de que unas unidades de producto se fabriquen o no, y que, por tanto, los costes de producción reales de las unidades de producto son sus costes variables. O, dicho de otra manera, que los costes fijos de producción deben considerarse *gastos del período.* De este modo, al vender una unidad de producto se realiza un beneficio adicional igual al *margen de contribución*, en lugar de ser igual al margen bruto, como es en la contabilidad convencional, y cuyo significado económico es mucho más dudoso.

En este capítulo trataremos de ver las implicaciones que la utilización de la contabilidad de costes variables tiene en la determinación del beneficio para discutir después sus ventajas e inconvenientes.

EFECTO SOBRE EL BENEFICIO

Es intuitivamente claro, por el propio argumento utilizado antes, que la contabilidad de costes variables puede tener efectos sobre el cálculo del beneficio. Para darnos cuenta de cómo influye, vamos a utilizar un simple ejemplo.

La empresa XYZ fabrica un solo producto, el producto A, con los siguientes datos:

Costes variables de fabricación: 50 ptas./unidad.

Precio de venta: 100 ptas./unidad.

Costes fijos de fabricación: 2.500.000 ptas./año (25 ptas./u.)

Gastos administrativos y de ventas: 2.000.000 ptas.

Los gastos administrativos y de ventas (GAV) son todos fijos, y se considera que en un año "normal" se producirán y venderán 100.000 unidades. El stock inicial de productos terminados es de 50.000 unidades.

Para un año "normal", la cuenta de resultados será la siguiente (cifras en miles de pesetas):

	Contabilidad convencional		Costes variables
Ventas	10.000	Ventas	10.000
Coste de mercancías vendidas	7.500	Coste variable de producción	5.000
Margen bruto	2.500	Margen de contribución	5.000
		Costes fijos de fabricación	2.500
G.A.V.	2.000	G.A.V.	2.000
Beneficio neto	500	Beneficio neto	500

Vemos, pues, que el beneficio neto de un año "normal" es el mismo por cualquiera de los dos sistemas, como es lógico. Veamos ahora qué ocurre si, vendiendo 100.000 unidades, se producen 50.000 (vendiéndose por tanto todo el stock inicial) o se producen 150.000 (añadiendo a stock 50.000 unidades).

Por la propia mecánica con que se ha confeccionado la cuenta de resultados por el método de costes variables, se puede adivinar que esta cuenta no se verá afectada en absoluto por el nivel de producción. Será exactamente la misma que antes.

No así, sin embargo, con el método convencional: el coste estándar sigue siendo el mismo (75 ptas./unidad) con lo que, produciendo 50.000 unidades, únicamente se absorberán 1.250.000 ptas. de costes fijos. Por tanto, habrá que restar, en la cuenta de resultados, 1.250.000 ptas. de desviación en volumen (desfavorable). Si producimos en cambio 150.000 unidades, se absorberán 3.750.000 ptas. de costes fijos, de modo que habrá que sumar a la cuenta de resultados 1.250.000 ptas. de desviación en volumen (favorable). En resumen, tendremos:

	Contabilidad convencional	
	Producción: 50.000 unidades	Producción: 150.000 unidades
Ventas	10.000	10.000
Coste de las mercancías vendidas	7.500	7.500
Margen bruto	2.500	2.500
Desviación en volumen	(1.250)	1.250
Total	1.250	3.750
G.A.V.	2.000	2.000
Beneficio neto	(750)	1.750

Vemos, pues, que en la contabilidad convencional el beneficio depende sustancialmente del volumen de producción. Si se producen sólo 50.000 unidades, se cargan a la cuenta de resultados en concepto de costes fijos de fabricación:

a) 2.500.000 ptas., a través del coste de las mercancías vendidas.

b) 1.250.000 ptas., a través de la desviación en volumen,

mientras que por el sistema de costes variables se cargan únicamente 2.500.000 ptas. Lo mismo ocurre si se producen 150.000 unidades, sólo que la desviación en volumen es favorable, y por tanto se *abona* a la cuenta de resultados.

La razón de todo ello está en que, por el método convencional, el beneficio se produce en dos etapas: a) cargando los costes fijos a las unidades de producto en el momento de producir, y b) ganando el margen bruto en el momento de la venta. En cambio, por el método de los costes variables, todo el beneficio se produce en el momento de la venta. A la vista de todo lo que sucede, escoger entre un sistema u otro es en gran medida una cuestión de decidir cuándo queremos reconocer el beneficio.

Veamos cómo las diferencias de beneficios están relacionadas con el aumento o disminución de stocks:

Stock inicial: 50.000 u. × 75 ptas./u. = 3.750.000 ptas. (coste completo).

	Producción 50.000 u.	Producción 100.000 u.	Producción 150.000 u.
1. Stock final	0	50.000 u.	100.000 u.
2. Aumento de stock	(50.000) u.	0	50.000 u.
3. Aumento de stock (coste completo)	(3.750.000)	0	3.750.000
4. Aumento de stock (coste variable)	(2.500.000)	0	2.500.000
5. Costes fijos añadidos a stock: (3) - (4)	(1.250.000)	0	1.250.000
6. Beneficio contable (coste completo)	(750.000)	500.000	1.750.000
7. Beneficio contable (coste variable)	500.000	500.000	500.000
(6) - (7)	(1.250.000)	0	1.250.000

Cuadro I

Viendo el cuadro 1 se puede observar que la diferencia entre los beneficios por uno y otro método, es igual a los costes fijos añadidos a stock; es decir, que el beneficio que de hecho reconocemos en el momento de producir si utilizamos un sistema convencional, es igual precisamente a los costes fijos del stock adicional.

¿ES CONVENIENTE LA ADOPCIÓN DE LA CONTABILIDAD DE COSTES VARIABLES?

En la exposición anterior, se han ido resaltando las ventajas de la contabilidad de costes variables. Resumiendo, podríamos anotar las siguientes:

- Refleja mejor el fenómeno económico real, reconociendo el margen de contribución.
- Precisa de menos repartos de costes, abarantando el sistema contable y haciéndolo menos "arbitrario".
- Elimina las fluctuaciones del beneficio con el nivel de producción.

Este último, de hecho, es a la vez una ventaja y un inconveniente, puesto que, en general, para obtener un beneficio, producir es una actividad tan importante como vender; y parece un poco absurdo reconocer todo el beneficio en el momento de la venta. Además, por esa misma razón, el sistema convencional permite amortiguar las variaciones estacionales de beneficios, debidos a la estacionalidad de las ventas; mientras que el sistema de los costes variables los hace depender exclusivamente de las ventas.

Un inconveniente de la contabilidad de costes variables es que subvalora los stocks. En situaciones como la española, por ejemplo, en la que la mano de obra puede considerarse fija, los costes variables pueden ser muy pequeños frente a los costes fijos (puesto que se reducen a la materia prima), y el producto terminado puede estar valorado a un precio ridículo; además, el problema es tanto más grave cuanto más sofisticado tecnológicamente sea el producto, por la mayor importancia relativa que adquieren las amortizaciones en tales casos.

Finalmente, la contabilidad de costes variables no puede sustituir a la contabilidad convencional, puesto que no es un método generalmente aceptado para la información exterior de la empresa. Si se quiere utilizar para otros fines, se precisará de una cierta duplicidad contable, con su correspondiente coste.

En resumen, podemos citar como desventajas de la contabilidad de costes variables:

- Los beneficios presentan grandes variaciones estacionales.
- Los stocks están subvalorados.
- La contabilidad de los costes variables no es un principio contable generalmente aceptado.

CAPÍTULO XIII

SISTEMAS DE COSTES "ACTIVITY-BASED"

En los últimos años, la contabilidad de costes ha conocido un nuevo auge. La dinamicidad del entorno económico y la necesidad de datos para poder tomar las decisiones adecuadas ha puesto de relieve la insuficiencia de muchos sistemas de contabilidad de costes tradicionales y ha provocado un cierto replanteamiento de sus procedimientos. La expresión más comúnmente utilizada hoy para designar los nuevos desarrollos en sistemas de contabilidad de costes es la de "activity-based costing", o, en siglas, ABC.

No se trata, advirtamos de buen principio, de que se haya descubierto algún concepto nuevo en la toma de decisiones, o algún procedimiento nuevo en los sistemas de contabilidad. Si en todos los terrenos suele ser cierto que no hay nada nuevo bajo el sol, lo es también en el de la contabilidad de costes. Sin embargo, los años 70 y 80 han presentado un panorama empresarial constantemente cambiante, en el que empresas establecidas desde largo tiempo en un determinado sector han pasado por problemas de entidad, han aparecido nuevos competidores en lugares insospechados, nuevas tecnologías han cambiado los métodos y las condiciones de producción, y nuevos productos han ocupado el lugar que ocupaban otros. Esto ha puesto de manifiesto la necesidad de un mayor rigor en la gestión, y de obtener mejores datos para la toma de decisiones, y de métodos para conseguirlos adaptados a las circunstancias específicas de las empresas que deben usarlos.

UNA BREVE HISTORIA

Si bien la contabilidad financiera puede reivindicar ya casi cinco siglos de existencia, la contabilidad de gestión tiene bastantes menos.

De hecho, se desarrolló a partir de la revolución industrial, durante el siglo XIX y en la primera parte del siglo XX. En esta época precisamente experimentó una cierta aceleración, gracias al movimiento del "management científico" liderado por Frederick Taylor, quien puso un cierto énfasis en la utilización de datos de costes en la toma de decisiones y en la obtención y utilización de costes estándar para evaluar la eficiencia de las operaciones, que fue siempre la obsesión de Taylor.

En cualquier caso, se puede afirmar que, previamente a la Gran Depresión de los años 30, lo que esencialmente se hacía en contabilidad de costes era calcular los datos de los costes completos de los productos (aunque quizás no se incluían en ellos partidas que hoy incluímos) para tomar decisiones con respecto a ellos, y utilizar los costes estándar para evaluar la eficiencia de las operaciones. No es exagerado afirmar que prácticamente nadie antes de la Depresión utilizaba la distinción entre costes fijos y variables, ni tan sólo calculaba estos últimos por separado.

La Depresión cambió el panorama. El que las empresas en general empezaran a trabajar muy por debajo de su capacidad, y se encontraran en consecuencia con unos costes unitarios muy elevados, puso de manifiesto las limitaciones de la utilización de los costes completos. Si se utilizaban para tomar decisiones de suprimir productos, se deberían suprimir todos, uno tras de otro, puesto que muchos perdían dinero; y si se suprimían éstos, la menor utilización de la capacidad hacía que empezaran a perder dinero los demás. Si, en cambio, se utilizaban para poner precios de venta, éstos resultaban tan altos que el mercado no los aceptaba.

Esto originó poner mayor énfasis en el coste variable y el margen de contribución, tal como se ha explicado en los capítulos anteriores. La lección esencial era la siguiente: si la Depresión es algo pasajero, y la empresa no quiere cerrar, debe desconfiar de los costes indirectos repartidos entre los productos, y de los costes fijos. Una toma de decisiones táctica a corto plazo basada en estos conceptos es claramente superior a una basada en los conceptos más clásicos de coste completo. Por supuesto, la empresa debe tratar de cubrir los costes completos a largo plazo, pero esto es irrelevante en épocas de crisis y a corto plazo.

Durante los años 50 y 60, los dos tipos de conceptos y prácticas coexistieron (son, en esencia, perfectamente compatibles), con un cierto predominio, tanto en los libros de texto como en la práctica, del análisis basado en el margen de contribución y los costes variables, aunque se calculaban también los costes completos, y algunas (o muchas) empresas basaban en éstos sus decisiones. No obstante, había poca (o incluso podemos decir que ninguna) polémica con respecto a qué tipo de costes completos podían ser útiles en la toma de decisiones. El énfasis generalizado en el margen de contribución hacía que se viera cualquier reparto de costes como arbitrario en alguna medida, y se le prestara relativamente poca atención. Los conceptos fundamentales, sin embargo, estaban ya claros, y vienen a ser lo que se ha expuesto en capítulos anteriores: el coste completo es importante como herramienta de diagnóstico, y debe obtenerse de modo que refleje el consumo real de recursos económicos por parte de los productos. Así, si un producto utiliza muchas horas-máquina y otro pocas, el reparto de los costes de amortización y mantenimiento de la maquinaria se hará proporcionalmente a esta variable; si un producto utiliza mucho espacio para su almacenamiento y otro poco, se repartirán los costes de almacenamiento en función del espacio; y así sucesivamente.

En la práctica, y de una manera que nos atreveríamos a calificar de semi-inconsciente, esto se reflejó en un reparto de costes basado esencialmente en la mano de obra directa, principalmente a nivel de cada centro de costes. Lo cual puede ser perfectamente prudente y razonable en un entorno productivo en el que la mano de obra sea el factor esencial, ya que, en este entorno, la mayor parte, por no decir todos, los factores de producción tienen una estrecha relación con ella.

Por otra parte, si los cambios que se van produciendo en los productos, en la tecnología de producción, en el entorno económico internacional, o en la competencia en el sector, son relativamente lentos, el que haya una cierta arbitrariedad en el reparto de costes, y éstos no sean muy exactos, no es excesivamente preocupante: siempre hay tiempo para reaccionar, y, en cualquier caso, la rentabilidad de los productos no se altera de una manera drástica a corto plazo.

La situación actual

Sin embargo, en los últimos años, se han dado toda una serie de circunstancias que apuntan precisamente en la dirección de las limitaciones señaladas al análisis del párrafo anterior: los cambios han sido rápidos, la competencia de los países de la orilla asiática del Pacífico ha cobrado gran importancia, los métodos de producción han cambiado, la mano de obra directa se ha hecho menos importante. Todo lo cual hace que la mayor parte de empresas industriales que tenía un sistema de costes perfectamente válido en la situación anterior, hoy tengan posiblemente que cambiarlo para poder competir; y es esto lo que ha provocado el interés renovado al que aludíamos al inicio de este capítulo por los sistemas de contabilidad de costes y su puesta al día.

Además, se han ido poniendo de manifiesto cada vez más las limitaciones de los costes variables, con la creciente importancia de los fijos (amortizaciones, por ejemplo) debido al progreso tecnológico. Esto ha ido haciendo importantes los costes completos, y ha planteado con mayor crudeza la validez de los sistemas de asignación de costes fijos.

Por otra parte, la presión competitiva de los últimos años ha exigido una mayor racionalidad y rigor en la toma de decisiones, que se traduce, en las cuestiones que nos ocupan, en un análisis concreto de la rentabilidad de los productos basado en datos fiables y obtenidos mediante sistemas de costes que estén al día. Lo que, además, hay que enmarcar en una perspectiva del análisis sectorial y competitivo que permita diseñar una estrategia adecuada para la empresa.

ANÁLISIS ESTRATÉGICO DE COSTES

El primer paso para este análisis es la revisión del sistema de costes. Ningún sistema de costes es perfecto. Cada sistema se ha diseñado en su momento de acuerdo con un cierto análisis coste/beneficio; y cuando cambian las circunstancias, puede convenir cambiar su diseño. El que un competidor venda algunos de sus artículos a precios sustancialmente distintos de los nuestros; el que los márgenes disminuyan; el que los beneficios no sean los deseados, pueden ser síntomas de que estamos diagnosticando mal la rentabilidad de nuestros productos y conviene, por tanto, revisar el sistema de costes.

Supongamos dos fábricas de bolígrafos. Las dos son idénticas en todo (tamaño, tecnología, personal, medios), excepto en que la Fábrica 1 produce únicamente bolígrafos azules, y la Fábrica 2 produce un 85 % de bolígrafos azules, un 14 % de bolígrafos rojos, y un 1 % de bolígrafos verdes. Los costes de las dos fábricas son entonces distintos, pues la segunda tiene unos costes adicionales que no son necesarios en la primera: de programación de producción, de preparación y limpieza de máquinas, de existencias y su manejo, de inspección de máquinas después de una preparación, de control de calidad, etc.

Un sistema de contabilidad de costes convencional añadiría estos costes a los gastos generales, y probablemente los repartiría proporcionalmente a la mano de obra directa, con lo que, aproximadamente, los bolígrafos azules cargarían el 85 % de los mismos, los rojos el 14 % y los verdes el 1 %. La consecuencia, si estos datos se usaran para establecer precios de venta, sería que la Fábrica 1 tendría una ventaja competitiva sobre la Fábrica 2 para ofertar bolígrafos azules, que son sin duda el producto más importante de esta última.

No obstante, no puede argumentarse que estos costes adicionales sean debidos a los bolígrafos azules, puesto que la Fábrica 1 no los tiene. Son debidos, principalmente a los cambios, y, de manera especial, al bajo volumen de los productos adicionales. Un sistema de costes "activity-based" mediría entonces los costes de preparación de máquinas, y los haría directos de cada orden de fabricación, repartiéndolos entre las unidades de producto mediante una simple división. Con ello, a cada bolígrafo azul le correspondería un coste por este concepto muy inferior al de un bolígrafo verde.

El resto de los costes adicionales de la Fábrica 2 podría tratarse contablemente de diferentes maneras, pero una de las más consistentes con este tipo de análisis sería repartirlos proporcionalmente a los de preparación de máquinas (el "cost driver" sería el número de órdenes de fabricación). Esto aumentaría aún más la diferencia en términos absolutos entre los costes de los bolígrafos de varios colores, reconociendo el hecho real de que los bolígrafos verdes, por la cortedad de las series, son más costosos que los azules.

Ello llevaría, indudablemente, en la Fábrica 2, a un mejor diagnóstico de la rentabilidad de cada producto, y de su precio de venta deseable; con la consecuencia de una mayor competitividad en el bolígrafo azul, y menor competitividad en los otros dos (principalmente el verde), que probablemente deberían aumentar su precio de venta para reflejar mejor sus costes de producción.

Un análisis de rentabilidad de esta naturaleza constituye el objetivo básico del "activity-based costing".

¿Qué características debe tener un sistema de costes para que se adapte a las circunstancias actuales?

En concreto, las circunstancias actuales recomiendan plantearse tres puntos que suelen ser importantes:

(1) El sistema debe tener en cuenta cada factor de variación de los costes indirectos, principalmente aquellos que se aparten de las medidas más convencionales (horas de mano de obra, horas máquina, coste de existencias). Estos factores de variación se constituyen entonces en bases de reparto para las diferentes partidas de costes indirectos ("cost drivers", en la denominación actualmente en boga). Así, por ejemplo, en algún caso se han identificado hasta siete bases de variabilidad: mano de obra directa, horas-máquina, horas de preparación de máquinas, número de órdenes

de fabricación, número de manipulaciones de stocks, número de componentes distintos, y valor añadido (este último para repartir los costes administrativos y generales).

(2) El sistema debe incluir todos los costes a los que sea posible atribuir una relación de causa/efecto con el producto, y hay que hacer un esfuerzo por extender el análisis al mayor número posible de tipos de costes. En concreto, y contrariamente a una práctica muy arraigada debido a los sistemas de costes originados en la valoración de existencias, hay que procurar atribuir los costes comerciales, financieros, administrativos y generales a los productos, puesto que todos ellos son necesarios para que la empresa pueda fabricarlos y venderlos.

(3) El sistema debe excluir costes que no tienen que ver con la fabricación y venta de los productos en condiciones normales. Así, no debe atribuirse a los productos que se fabrican y venden los costes de trabajar a baja capacidad: éstos deben considerarse gastos del período. Y tampoco, por poner otro ejemplo, deben atribuirse a los productos de hoy los gastos de investigación relacionados con nuevas líneas de productos que posiblemente se fabriquen en el futuro.

TERCERA PARTE

LA CONTABILIDAD EN LA PLANIFICACIÓN Y EL CONTROL

CAPÍTULO I

INTRODUCCIÓN

Planificación es el proceso de decidir lo que va a hacer la organización durante un determinado período de tiempo. La planificación es diferente de la mera previsión. Esta se limita a tratar de averiguar lo que va a suceder sin pretender influir en ello. La planificación, en cambio, se esfuerza por lograr que lo que vaya a suceder sea lo más favorable posible para lo que la organización persigue. La previsión es, pues, pasiva; la planificación, activa. De acuerdo con esta terminología, y en el estado actual de la ciencia, se habla, por ejemplo, de previsión meteorológica, pero no de planificación meteorológica.

Todos los responsables de las empresas hacen planes; no es concebible una organización cuyos directivos no hagan planes para el futuro. En lo que sí caben muy amplias diferencias es en la forma de elaborar estos planes: hay quienes los hacen exclusivamente en su cabeza, quienes los ponen por escrito de manera más o menos anárquica, y quienes tratan de escribirlos de forma ordenada y sistemática. Cuando se trabaja de esta última forma se utiliza normalmente el lenguaje contable para cuantificar los planes de la empresa en lo que se suele denominar *presupuestos.* En esta tercera parte nos limitaremos fundamentalmente a comentar lo que es frecuente llamar *planificación a corto plazo*, entendiendo por tal la que cubre un período de tiempo de un año.

En los presupuestos a corto plazo es frecuente hablar de *presupuestos de operaciones* y de *presupuesto financiero.* El presupuesto de operaciones consiste en último término en el presupuesto de la cuenta de resultados; el presupuesto financiero, en el balance presupuestado y el cuadro de flujo de fondos presupuestado. El cuadro 1 presenta un esquema simplificado del presupuesto.

Por consiguiente, desde un punto de vista contable, la contabilidad presupuestaria y la contabilidad financiera tienen como objetivo

Cuadro 1

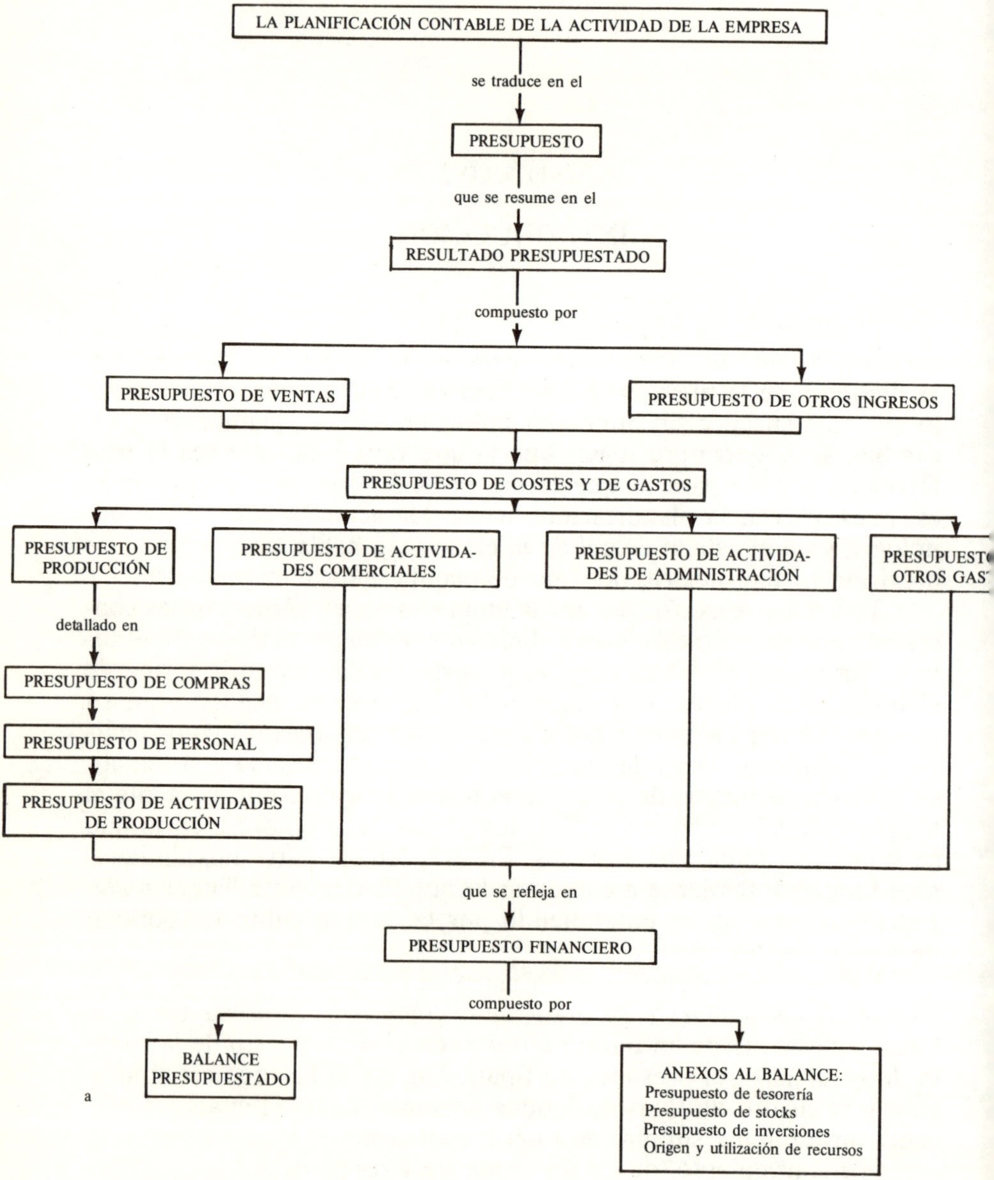
LA PLANIFICACIÓN CONTABLE DE LA ACTIVIDAD DE LA EMPRESA
se traduce en el
PRESUPUESTO
que se resume en el
RESULTADO PRESUPUESTADO
compuesto por
PRESUPUESTO DE VENTAS
PRESUPUESTO DE OTROS INGRESOS
PRESUPUESTO DE COSTES Y DE GASTOS
PRESUPUESTO DE PRODUCCIÓN
PRESUPUESTO DE ACTIVIDADES COMERCIALES
PRESUPUESTO DE ACTIVIDADES DE ADMINISTRACIÓN
PRESUPUEST
OTROS GAS
detallado en
PRESUPUESTO DE COMPRAS
PRESUPUESTO DE PERSONAL
PRESUPUESTO DE ACTIVIDADES DE PRODUCCIÓN
que se refleja en
PRESUPUESTO FINANCIERO
compuesto por
BALANCE PRESUPUESTADO
ANEXOS AL BALANCE:
Presupuesto de tesorería
Presupuesto de stocks
Presupuesto de inversiones
Origen y utilización de recursos

la elaboración de unos mismos documentos: Cuenta de Resultados, Balance, Cuadro de Financiación, otros. La diferencia, y es ésta una diferencia muy importante, estriba en la forma en que se han elaborado dichos documentos. En la contabilidad financiera, representan el pasado narrado en lenguaje contable por un espectador de la historia: en la contabilidad presupuestaria, representan el futuro, considerado como deseable y posible por sus protagonistas, y expresado por ellos en lenguaje contable.

Así pues, el presupuesto debe reflejar las decisiones de los diferentes responsables; su aprobación final corresponde a la dirección general. El papel de la dirección del presupuesto, es comparable, en el proceso de la elaboración de aquél, al de la Compañía Telefónica: es responsable de la rapidez, claridad y precisión en la transmisión de los mensajes, pero no de su contenido, que corresponde decidir a los responsables de las distintas actividades.

El presupuesto de operaciones (es decir, el presupuesto de la cuenta de resultados) puede elaborarse *por responsables* o *por programas*.

El *presupuesto por responsables* consiste en el presupuesto de ingresos y de gastos establecido por centros de responsabilidad, y un centro de responsabilidad es una unidad de la organización de cuyas actividades (que implican unos objetivos a lograr y unas políticas y normas a cumplir) se responsabiliza a una persona.

Un *programa* puede ser cualquiera de las actividades desarrolladas por la empresa. En la mayor parte de los casos, el presupuesto por programas es equivalente al presupuesto por productos, o por líneas de productos*.

La entidad contable significativa cuando se elaboran presupuestos por responsables es el *centro de responsabilidad*; en el caso de preparar presupuestos por programas o productos la entidad contable se llama *centro de costes*. Un centro de costes es una unidad contable en la que se acumulan los costes: un departamento, una máquina, etc. Un centro de costes se denomina *centro de productos* cuando interviene directamente en la fabricación de los productos; recibe el nombre de *centro de servicios* cuando no realiza esta intervención directa (ver capítulo III de la segunda parte).

*Una línea de productos es una agrupación de productos relacionados entre si a efectos de ciertas decisiones de la dirección. Los productos incluidos en una línea pueden ser de diseño semejante y estar sometidos a un mismo proceso de fabricación. O pueden ser vendidos utilizando un mismo canal de distribución. O su fabricación o su comercialización pueden ser responsabilidad de una misma persona. O pueden corresponder a la estructura de una organización descentralizada. O pueden estar sometidos a la presión de una misma competencia. En cualquier caso, la agrupación elegida será probablemente la que mejor se adecúe para la toma de decisiones.

Evidentemente, el resultado presupuestado que se calcula en el presupuesto por responsables y el que se calcula en el presupuesto por programas, es el mismo, ya que ambos no son sino dos formas diferentes de dividir la misma cuenta de resultados. Si la estructura de responsabilidad de la empresa estuviera establecida por líneas de productos, el presupuesto por responsabilidades sería idéntico al presupuesto por líneas de productos; sin embargo, en el caso más frecuente de que las responsabilidades estén definidas funcionalmente (por ejemplo, fabricación, comercial, administración), uno y otro serán distintos.

A continuación discutiremos en primer lugar los presupuestos por responsabilidades, y en segundo lugar los presupuestos por líneas de productos.

Ambos tipos de presupuestos son útiles en la planificación. Pero los presupuestos por responsabilidades son más útiles para control de gestión; y los presupuestos por programas son más útiles en la toma de decisiones. Por ello, en ocasiones, se denomina a los primeros *contabilidad por responsables* y a los segundos *contabilidad por actividades.*

CAPÍTULO II

PRESUPUESTOS POR RESPONSABLES

TIPOS DE CENTROS DE RESPONSABILIDAD

Se ha definido un *centro de responsabilidad* como una unidad de una organización de cuyas actividades se responsabiliza a una persona determinada.

Es común clasificar los centros de responsabilidad de acuerdo con las partidas expresadas en unidades monetarias con arreglo a las cuales se juzga –en parte al menos– la gestión del responsable. Ello implica que el responsable ejerce, normalmente, un significativo grado de control sobre dichas partidas, lo que suele querer decir que se piensa que las mismas son un reflejo contable aceptablemente válido de las decisiones tomadas, dentro del marco de cometidos y actividades que definen el centro de responsabilidad contemplado. De acuerdo con este planteamiento, hay los siguientes tipos de centros de responsabilidad:

- *Centros de gastos:* son aquellos centros en los que el responsable responde de una *cuenta de gastos*, porque su principal tarea consiste, bien en elaborar productos con arreglo a un coste estándar (centros de gastos estándar), o bien en dar un buen servicio a la organización (centros de servicos, como una asesoría jurídica o un departamento de control de calidad) incurriendo, para ello, en el gasto correspondiente.
- *Centros de ingresos:* son aquellos en los que el responsable es evaluado con arreglo a una *cuenta de ingresos* porque su actividad primordial es generar facturación, aunque para ello deba incurrir en ciertos gastos (comisiones, comunicaciones, alquileres quizá, etc) de los que, generalmente, también responde.
- *Centros de resultados o de beneficios:* son aquellos en los que se mide la gestión del responsable de acuerdo con una *cuenta de resultados*, porque sus actividades implican de manera significativamente igual la generación de ingresos y gastos.

– *Centros de inversiones:* son aquellos en los que se pide al responsable una *rentabilidad de la inversión,* porque su marco de autonomía contempla tanto el ingreso y el gasto que genera como la inversión en que incurre.

Establecer las fronteras entre los distintos centros de responsabilidad no es en la práctica tarea fácil, y al tratar de hacerlo se pone de manifiesto, con frecuencia, una deficiente definición de responsabilidades que precisa ser mejorada. Si el organigrama de la empresa reflejara las *responsabilidades reales* –cosa imposible–, no existiría esta dificultad; pero la experiencia muestra a menudo que el organigrama difícilmente puede tratar de ir más allá de las *relaciones de jerarquía,* no especificando quizás otras, tal vez menos formalizables pero de indudable trascendencia organizativa, como son las *relaciones de coordinación*, que reflejan corresponsabilidad, y las *relaciones de apoyo*, que reflejan servicio.

Con todo, es importante tener presente que una definición clara de responsabilidades es prerrequisito esencial para el establecimiento de una contabilidad por responsables, en la cual *el plan de cuentas debe ser reflejo del organigrama de la empresa.*

INGRESOS Y GASTOS "CONTROLABLES"

Aunque es más usual centrar la atención en los gastos de un responsable para aclarar el concepto de *controlable* y *no controlable* vamos a hablar, siempre que sea posible, de ingresos y gastos, porque, en realidad, lo controlable o no controlable por cada responsable son *las partidas* del plan de cuentas sobre las que su actuación influye. A menudo, por fijarse sólo en los gastos, se olvida destacar partidas de ingresos que llegan a nutrir de forma significativa el resultado final; como por ejemplo: los "rapels" por volumen en fin de ejercicio, los ingresos financieros resultantes de una hábil gestión de tesorería o el ingreso por ventas de deshechos.

En planificación y control de gestión la característica distintiva de si una partida contable es o no relevante es si la misma resulta o no *controlable* por el responsable contemplado. Una partida contable se considera *controlable* cuando el responsable observado puede influir –a base de tomar decisiones– de forma significativa en el comportamiento de la misma, y *no controlable* cuando no se da dicha circunstancia. Como se puede suponer, prácticamente ninguna partida es *totalmente* controlable por un solo responsable, excepto –quizá– en el máximo nivel de una organización.

PARTIDAS DIRECTAS Y PARTIDAS DISTRIBUIDAS O REPARTIDAS

Cuando se contempla un determinado centro de responsabilidad y se analiza su gestión, lo más inmediato suele ser identificar las partidas que configuran y definen la actuación de dicho centro.

Desde una perspectiva de toma de decisiones de explotación, en un centro de responsabilidad pueden coincidir partidas *directas* –identificables con una determinada unidad de referencia– e *indirectas* o *distribuidas* –imputadas a la unidad de referencia, según algún criterio de reparto–; esto ocurre, de manera especial, cuando coinciden en una misma unidad de referencia los conceptos de centro de coste y de centro de responsabilidad.

Pero, concurran o no ambos conceptos en una misma unidad de referencia, el criterio válido en planificación y control de gestión es si el responsable puede o no ejercer una influencia significativa en el comportamiento de la misma. Por tanto, como norma, cualquier partida distribuida se considera, en principio, no controlable por los responsables de los centros de responsabilidad a los que se imputa y sí controlable por quien tomó la correspondiente decisión. De otro lado, debe observarse que no toda partida *directa* de un centro es necesariamente controlable por el responsable del mismo. Ejemplos de ello hay muchos; quizá el más claro sea el del sueldo y seguros sociales –parte correspondiente a la empresa– del responsable del propio centro, porque generalmente, cada persona no decide su propio sueldo... Hay más casos en los que el responsable del centro contemplado no es responsable de la partida: así, la amortización de un bien en cuya decisión de adquisición no intervino y que, además, se amortiza según políticas generales definidas a otros niveles; o, por ejemplo, un ingreso que se contabiliza en una unidad de explotación que es la que presta el servicio, pero que se genera en otra. (Sin embargo, debe procederse con sumo cuidado, en estos casos, a la hora de añadir al sistema de información para control de gestión una complejidad innecesaria y costosa que tan sólo consigue obtener una precisión informativa realmente irrelevante). Como Cuadro 2, se presenta un esquema de las partidas relevantes a efectos de planificación y control de gestión de un centro de responsabilidad.

PARTIDAS OPERATIVAS

Desde una perspectiva de planificación y control de gestión, suelen distinguirse estos tres tipos de partidas: *las operativas, las discrecionales y las comprometidas.*

Cuadro 2

Partidas significativas para control en un centro de responsabilidad

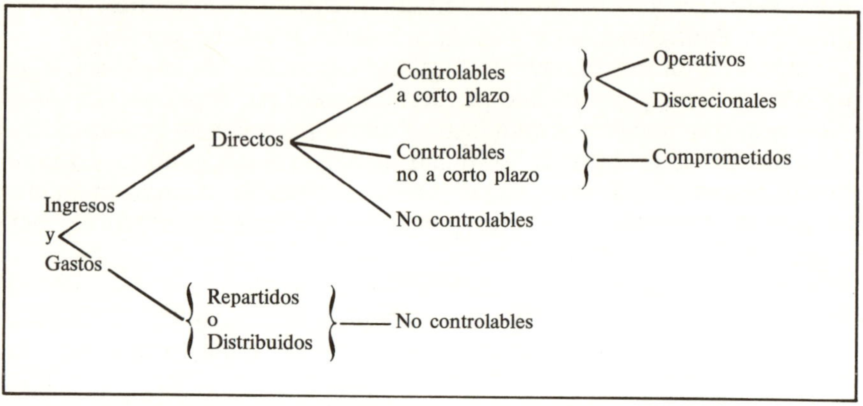

Se entiende por *ingreso o gasto operativo* aquel cuya cuantía puede estimarse de forma objetiva "a priori"; generalmente, dichas partidas pueden llegar a cuantificarse por medio de procedimientos estadísticos y de ingeniería. Las cantidades resultantes no son necesariamente exactas, pero las estimaciones pueden, generalmente, ser realizadas con la precisión suficiente como para que resulte relativamente fácil que personas diferentes se pongan de acuerdo sobre cuáles deberían ser sus cuantías.

Existen múltiples ejemplos de gastos operativos, como puede ser la mano de obra directa: dadas las especificaciones de un producto, los técnicos pueden determinar las operaciones necesarias para su fabricación y estimar, dentro de límites razonablemente aproximados, el tiempo a emplear en cada operación. El coste de mano de obra directa puede, entonces, calcularse traduciendo tales tiempos en unidades monetarias, mediante la utilización del coste de salarios, seguros, etc. El caso extremo más evidente de un gasto "operativizado" es el de la mano de obra a destajo. El mismo proceso puede seguirse con las materias primas, suministros y consumos, etc.

También hay ejemplos de ingresos "operativizables" como puede ser el de la venta del "recorte" –por pieza en textil y por tonelada en cartón– ya mencionado; o el resultante de la venta de ciertos "números" de fino procedentes de la molienda de una cantera; etc. Evidentemente, se podría argüir que dichos ingresos podrían ser tratados –casi en cualquier caso– como un menor coste del material. Y efectivamente así puede –incluso debe– procederse en ocasiones; pero antes de ello conviene responder al siguiente par de preguntas: "¿Es relevante, a los efectos de control de la gestión de este responsable, separar una partida de otra?; y: ¿es significativo el coste en que se incurre por causa de dicho desglose?". Resulta sorprendente el número de veces que se responde afirmativamente a la primera cuestión y negativamente a la segunda; con lo que, con un coste irrelevante –o incluso sin coste– se obtiene una información que tiene una doble virtud: pone de manifiesto alguna o algunas partidas que, en numerosas ocasiones, configuran en buena parte el resultado final de la cuenta de pérdidas y ganancias; y ayuda a los gestores a mantener una actitud vigilante sobre partidas importantes.

PARTIDAS DISCRECIONALES

Se denomina *discrecional* aquella partida cuya cuantía se fija mediante juicios discrecionales de la dirección, ya que no resulta posible establecer, para ella, un estándar objetivo de resultados. Los ejemplos de partidas de gastos discrecionales son abundantes: cuánto debe gastarse en investigación y desarrollo de productos, cuánto en formación del personal, cuánto en relaciones públicas o donativos, cuánto en un departamento contable, son preguntas que nadie puede responder con certeza. En la mayor parte de las empresas los gastos asociados a, o causados por, las funciones generales, administrativas, comerciales y buena parte de los gastos generales de fabricación son discrecionales. En ausencia de un estándar técnico, la cantidad a gastar resulta ser una decisión fundamentalmente subjetiva.

También existen ingresos discrecionales, que conviene considerar, y en su caso controlar. Un ejemplo: en la edición de folletos de productos de una determinada empresa se puede negociar con su responsable una cantidad alzada a ingresar en concepto de publicidad, en dicho folleto, de otras empresas o productos no competitivos o incluso complementarios. De nuevo aquí se puede elucubrar sobre si se trata de un ingreso o de un menor gasto; pero de lo que, en el ejemplo propuesto, no cabe duda, es de que la actividad de conseguir esa "entrada" es una actividad de venta de espacio publicitario disponible. En cualquier caso, las dos cuestiones relevantes a plantearse siguen siendo las mismas anteriormente presentadas.

PARTIDAS COMPROMETIDAS

Se denominan *comprometidas* aquellas partidas dependientes de una decisión que fue tomada en algún ejercicio anterior y se caracterizan porque resulta difícil o contraproducente variar la decisión a corto plazo. Un ejemplo es el del necesario cumplimiento de un contrato anteriormente establecido, so pena de incurrir en la indemnización correspondiente; otro ejemplo puede ser el de la amortización: una vez realizada la compra del inmovilizado, el responsable cuenta inevitablemente con una carga de amortización; en el mismo sentido se podría considerar un programa de investigación a varios años: si, tras el primer año, el avance del programa es conforme a lo preestablecido y no hay causas mayores que desaconsejen su continuación, el gasto asociado a dicho programa será comprometido en ese segundo año.

Una posible forma de concebir los gastos comprometidos es por su generalmente amplia relación con factores estratégicos de la empresa: así, en una compañía de consultores o de ingeniería pueden ser comprometidos los gastos de formación del equipo técnico, de acuerdo con el nivel deseado por la dirección general para su equipo de especialistas profesionales. Sin embargo, ello no quiere decir que todo gasto comprometido lo sea por causa de su incidencia puramente estratégica: se puede considerar comprometido todo el gasto fiscal y parafiscal.

Puede haber ingresos comprometidos, como los procedentes de un contrato de uso de patente por un tanto alzado anual durante una serie de años; y lo mismo ocurre con ciertas asistencias técnicas, etcétera.

Aspectos de la gestión de un responsable

Para valorar la gestión de un responsable, la cuestión principal es determinar la información relevante, en cada momento, tratando de cuantificarla en lo posible en unidades monetarias, para objetivar el análisis. El juicio final sobre la bondad del resultado obtenido por el responsable, depende, también en buena medida, de otros aspectos cualitativos de la gestión, a determinar igualmente.

Conviene, en primer lugar, destacar que resulta normalmente imposible cuantificar todos los aspectos que integran la gestión de un responsable. A nadie se le escapa que cuantificar, por ejemplo, la moral o el ánimo con que trabaja un equipo humano es harto difícil y, en cualquier caso, bastante subjetivo; pero no por ello se negará que dicho extremo es importante. Y, sin embargo, no se debe renunciar a concretar los aspectos cuantificables, porque ello ayuda a objetivar, en lo posible, el juicio.

Dentro ya de los factores más cuantificables de un resultado, no debe confundirse "cuantificación" con "monetización": existen muchos indicadores de gestión muy significativos que no se expresan en unidades monetarias y resultan de todos conocidos, como por ejemplo, el número de toneladas/kilómetro realizadas por vehículo y unidad de tiempo (en transporte), el porcentaje de ocupación de las plazas disponibles (en hostelería), el número de cuentas vivas de clientes (en muchos sectores), etcétera.

En consecuencia, aunque desde el punto de vista de un superior jerárquico conviene establecer claramente a qué debe dedicar su esfuerzo directivo para guiar al (subordinado) responsable mediante la planificación conjunta y el control de todos los aspectos conocidos de la gestión (ver cuadro 3), es necesario prestar la atención precisa a los aspectos cuantificables, porque generalmente aportan elementos de juicio objetivos respecto de la gestión contemplada.

Cuadro 3
Aspectos conocidos de la gestión

- \+ Cualitativos o no cuantificables
- \+ Cuantificables:
    - \+ Medibles en unidades no monetarias
    - \+ Medibles en unidades monetarias:
        - \+ que afectan a la Cuenta de Resultados:
            - \+ Ingresos
            - \+ Gastos
        - \+ que afectan a la Tesorería:
            - \+ Cobros
            - \+ Pagos:
                - \+ Para "operar"
                - \+ Para "invertir"

CAPÍTULO III

ELABORACIÓN DE PRESUPUESTOS POR RESPONSABLES

En el proceso de elaboración del presupuesto pueden distinguirse cinco etapas sucesivas, diferenciadas entre sí con mayor o menor precisión, y que comentaremos brevemente a continuación:

1. Establecimiento y transmisión de las directrices generales sobre los objetivos a conseguir.
2. Elaboración de planes, programas y presupuestos.
3. Negociación.
4. Revisión y coordinación.
5. Aprobación final.

El tiempo empleado en este trabajo varía lógicamente según la dimensión y complejidad de la empresa y de su experiencia acumulada en estos procesos. Hay empresas en las que el proceso dura doce meses y otras, en cambio, lo realizan en uno o dos meses. El tiempo que puede durar el proceso de planificación presupuestaria en una empresa depende principalmente de los factores antes apuntados; en cualquier caso, y especialmente la primera vez que se realiza, no se debiera caer en la tendencia natural a subestimar su duración.

1. ESTABLECIMIENTO DE LAS DIRECTRICES GENERALES

Evidentemente, el presupuesto no se crea de la nada (tampoco el llamado “base cero”). Se elabora en el contexto de una empresa en marcha, y se relaciona con la planificación a largo plazo (superior a un año), cuando ésta existe. En todo caso, esta planificación a largo no sustituye al presupuesto: todas las empresas que planifican a largo preparan un presupuesto anual. La dirección comunica estas instrucciones generales (niveles de sueldos, nuevos productos, etc.) a los distintos responsables para que éstos las tengan en cuenta en el momento de preparar sus presupuestos.

Como es evidente, en muchas empresas existen centros de responsabilidad a diferentes niveles, lo que conlleva, necesariamente, un proceso de operativización escalonada de las directrices generales. Así por ejemplo, en una compañía de seguros la dirección comercial puede recibir de la dirección general una directriz más o menos precisa en lo que a su función se refiere; sin embargo, parece razonable pensar que el director comercial deberá a su vez concretar lo que específicamente corresponda al responsable de cada ramo: vida, responsabilidad civil general, etcétera.

2. Elaboración de planes, programas y presupuestos

Una vez que, de forma escalonada descendente, cada responsable recibe las indicaciones o directrices de su superior jerárquico, comienza el proceso de análisis de resultados históricos y cambios en el entorno a cuya luz se decide si las referidas directrices son o no válidas. Confirmadas o, en su caso, corregidas las indicaciones, cada responsable se aplica a considerar la diferencia positiva o negativa resultante entre la realidad inmediatamente pasada –ejercicio económico aún en curso– y la realidad futura deseada –ejercicio a presupuestar.

Parece razonable considerar que una organización en marcha –y por tanto, en principio, cualquiera de sus centros de responsabilidad– obtendrá unos ciertos logros (volumen de negocio, ingreso, gasto, etc.) *por el mero hecho de estar viva.* Conviene destacar este punto, porque es deseable identificar, aunque sólo sea por aproximación, aquella parte, grande o pequeña, de los resultados que tendrían lugar aún en el hipotético caso de "no hacer nada". Esta parte de los resultados es previsible, porque es consecuencia de la inercia y no requiere planificación, de acuerdo con el capítulo I de esta tercera parte del libro.

Para llegar a concretar un presupuesto, resulta necesario que cada responsable evalúe la diferencia entre el objetivo a conseguir –resultante de la situación de que se parte, la evolución del entorno, y las directrices recibidas y aceptadas– y el resultado que, en circunstancias normales, sería fruto de la propia "inercia". Evaluada dicha diferencia, el responsable debe proceder a diseñar y concretar un *plan de acciones* para alcanzar el objetivo deseado. En el contexto de elaboración de presupuestos por responsables, se entiende por *programa* la específica ordenación de las acciones en términos temporales. La conversión de un plan y un programa en términos de ingresos y gastos, y de cobros y pagos (ver cuadro 3 del capítulo anterior), suele denominarse un *presupuesto.*

Cada responsable deberá planificar, programar y presupuestar aquellas actividades y partidas contables que le correspondan *y sólo éstas*, dependiendo de que su centro de responsabilidad haya sido diseñado como centro de ingresos, centro de gastos, centro de resultados o centro de inversiones (ver capítulo anterior).

Conviene recordar que para un determinado volumen de actividad planificada debe corresponder un nivel de presupuesto de gasto. Sin embargo, dada la incertidumbre que suele encerrar el presupuesto de ventas, en lo que a su realización se refiere, pueden, y deben en ocasiones, prepararse presupuestos alternativos. A esto se le llama, generalmente, *planificación contingente o alternativa.* De otro lado, recordando las definiciones establecidas en el capítulo anterior, puede decirse que el tipo de presupuesto usualmente adecuado a las llamadas partidas operativas es el denominado *flexible* y el adecuado a las partidas discrecionales y comprometidas *el fijo.*

La forma de variación de los gastos cuyo volumen cambia según la actividad habrá de estudiarse en cada caso: en función de qué índice o índices varían (unidades o pesetas vendidas, unidades fabricadas, facturas procesadas, etc.) y en qué forma varían (según una recta, escalonada, según una curva, etc.). Aunque para la determinación de esta forma de variación pueden utilizarse, y de hecho se utilizan, procedimientos estadísticos y gráficos, es frecuente establecerla por observación directa. En ocasiones se utilizan aquellos métodos únicamente para los gastos de mayor importancia.

En general interesa el estudio de la variación de los gastos para un determinado margen de variación de las ventas reales respecto de las presupuestadas, en el que es razonable suponer se muevan en cualquier caso las ventas reales: por ejemplo, se estudia la zona comprendida entre el 80 y el 120% de las ventas presupuestadas.

En los gastos para los que se desee planificar y controlar contablemente los dos factores (precio de adquisición y eficiencia de utilización), será necesario establecer los presupuestos detallados por cantidades y precios.

3. Negociación

Lo que se busca en los planes que, en último término, se traducen en un presupuesto, es que aquéllos entrañen un desafío razonable: que encierren la dificultad suficiente para cerrar el paso a la pereza, y que esa dificultad no sea tan grande que engendre el desaliento.

En la actualidad, es opinión casi unánime que el medio de lograr lo anterior es dar entrada a los responsables de las distintas actividades en la elaboración del presupuesto. Esto es lo que se quería dar a entender anteriormente cuando se definieron los presupuestos como el futuro considerado como deseable y posible por sus protagonistas y expresado en lenguaje contable.

El enfoque adoptado en los primeros tiempos de utilización de los presupuestos era el opuesto del anterior: los prespuestos eran órdenes que emanaban de la dirección general. Este criterio de "imposición" de los presupuestos ha sido complementado hoy en día por el de "participación" en la elaboración de los mismos. Y el proceso que trata de conseguir que superior y subordinado "convengan" en un presupuesto que entrañe un "desafío razonable" se denomina "negociación". No cabe duda de que en esta negociación desempeña un papel mucho más importante la psicología que la contabilidad.

4. Revisión y coordinación

El presupuesto inicialmente preparado por la persona directamente responsable de la actividad a que aquél hace referencia, es revisado y aprobado por su inmediato superior jerárquico, y así sucesivamente, de abajo arriba. Si alguna de estas revisiones entraña algún cambio en el presupuesto inicial, es muy de desear que éste se haga, en caso necesario, de acuerdo con el responsable que originalmente lo preparó.

En este proceso, se comprueba asimismo que los diferentes presupuestos están debidamente coordinados entre sí, y con los presupuestos por programas, o si se precisa introducir alguna modificación para lograr el equilibrio adecuado entre las diferentes partes.

Al final de esta etapa se prepara el borrador de los documentos resumen finales (balance, cuenta de resultados, cuadro de financiación), así como los documentos parciales necesarios para el seguimiento de la actuación de cada responsable.

5. Aprobación final

Entre los distintos objetivos que una empresa puede tener, hay indudablemente un objetivo económico. Lograr este objetivo económico es, en muchas ocasiones, condición necesaria para poder alcanzar los restantes. Decir, a este respecto, que las empresas persiguen conseguir el máximo beneficio, no corresponde a la realidad: es más realista decir que el objetivo económico de las empresas es, salvo excepciones, lograr un beneficio satisfactorio.

Este beneficio satisfactorio puede cuantificarse en función de un porcentaje sobre las ventas estimado como deseable y posible: ello equivale a perseguir una determinada rentabilidad de las ventas. O bien, lo que parece preferible desde el punto de vista económico, puede cuantificarse atendiendo a la inversión realizada y, como ya se apuntó, a las circunstancias del entorno. En este segundo procedimiento, por inversión puede entenderse los recursos propios, o los recursos permanentes, o la totalidad del activo; en cada uno de estos casos parece lógico interpretar como beneficio, el beneficio propiamente dicho en el primero, el beneficio más los intereses de los recursos de terceros a largo en el segundo, y el beneficio más los intereses de los recursos de terceros a largo y a corto en el tercero.

(Recuérdese, respecto al párrafo anterior, la ecuación comentada en el capítulo XVII de la primera parte del libro:

$$\text{beneficio/inversión} = \text{beneficio/ventas} \times \text{ventas/inversión}$$

es decir, rentabilidad de la inversión = rentabilidad de las ventas × rotación de la inversión.)

En todo caso, proponerse como objetivo la maximización del beneficio a plazo inmediato sería un objetivo operativo, pero inválido: la empresa, en el entorno socio-económico actual, viviría poco tiempo. Por el contrario, proponerse maximizar el beneficio a largo plazo sería un objetivo válido, pero no operativo: no se sabría qué hacer para conseguirlo.

Admitamos, pues, que la dirección general tiene una idea de cuál debe ser el beneficio satisfactorio a alcanzar el año próximo.

Si el borrador de presupuesto, que le llega después del proceso descrito en los apartados anteriores, se resume en último término en un beneficio que no se estima satisfactorio, ¿qué se puede hacer? Cabe pensar en: aumentar los ingresos presupuestados; disminuir los gastos presupuestados; o bien tratar de hacer ambas cosas.

El aumento de los ingresos puede buscarse a través de algunas de las variables que juegan en la cifra de ventas: volúmenes o cantidades físicas; precios de venta; composición.

La disminución de los gastos operativos puede exigir cambios tales como modificaciones en los métodos de producción, por ejemplo; la disminución de los gastos discrecionales sería consecuencia de decisiones subjetivas; la disminución de los gastos comprometidos supondría decisiones que afectarían en mayor o menor medida a la estrategia de la empresa.

En los últimos años ha tenido lugar un cierto cambio de enfoque en la forma de realizar esta revisión final del presupuesto. Anteriormente, la tendencia era considerar el presupuesto de ventas como un dato, esforzándose en conseguir esas ventas con unos gastos tales que el beneficio resultante fuera satisfactorio. (Se consideraba en cierta forma el presupuesto de ventas como una previsión de ventas en el sentido antes utilizado para esta palabra.) Posteriormente se observó más bien la tendencia contraria: el dato de partida venía dado por una parte considerable de los gastos presupuestados, y el objetivo residía en cómo lograr unas ventas tales que el beneficio resultante fuera satisfactorio. (El presupuesto de ventas respondía a lo que anteriormente se ha denominado planificación de ventas.) En la actualidad, la aprobación final depende fundamentalmente de lo razonables que parezcan los planes de acción arbitrados para lograr cada objetivo y de la relación de cada objetivo con la estrategia global.

La razón de este cambio de enfoque es indudablemente la creciente proporción de gastos fijos en la masa total de gastos de la empresa y los cambios habidos en las técnicas de planificación estratégica a largo plazo y de diseño de estructuras directivas por medio de centros de responsabilidad.

* * *

Hay unanimidad en considerar que para que el presupuesto sea realmente un instrumento de gestión eficaz, es necesario que la dirección general lo haga suyo. Y, cronológicamente, la primera condición a cumplir para que la organización tome conciencia de que la dirección general considera importante el presupuesto, es que éste sea aprobado por aquélla, y que esta aprobación no sea meramente formularia. Y es posible que la única forma práctica de exteriorizar que dicha aprobación no es mera fórmula es la de que la dirección general no apruebe el primer proyecto de presupuesto que se le presenta.

* * *

Podemos concluir recordando que no basta que la dirección haga planes: debe además comunicarlos a los responsables de llevarlos a la práctica; debe también motivar a estas personas para que se esfuercen en cumplirlos; la comparación de los planes con la realidad ayudará finalmente a los responsables a controlar su propia gestión y la gestión de sus subordinados. Actualmente se considera generalmente condición necesaria para conseguir una planificación, comunicación, motivación y control eficaces, el que los responsables intervengan y participen activamente en la elaboración de esos planes.

Una contabilidad presupuestaria adecuada es un instrumento de ayuda en la planificación, en la comunicación, en la motivación y en el control.

En los primeros años de utilización de los presupuestos se tendía a considerarlos fundamentalmente como un instrumento de control; en la actualidad se les considera principalmente como instrumento de planificación. (Este cambio de énfasis se refleja en la terminología: antes se hablaba de control presupuestario; ahora se prefiere hablar de planificación presupuestaria.)

Llevar una contabilidad presupuestaria exige un tiempo considerable. Y dado que la contabilidad no es, evidentemente, el único instrumento de planificación y control, una empresa, ante la decisión de utilizar o no una contabilidad presupuestaria, debe plantearse una doble pregunta:

¿Mejorarán alguno o algunos de los factores antes mencionados (planificación, comunicación, motivación, control), con la utilización de una contabilidad presupuestaria?

¿Justifica esta mejora el trabajo suplementario que exige el llevar una contabilidad presupuestaria?

CAPÍTULO IV

CONTROL DE LOS PRESUPUESTOS POR RESPONSABLES

COMPARACIÓN ENTRE PRESUPUESTO Y REALIDAD

La frecuencia adecuada para el control depende, evidentemente, de la naturaleza de la actividad a controlar. El intervalo transcurrido entre dos observaciones de control no debe ser tan largo que no permita tomar a tiempo las oportunas medidas correctoras, ni tan corto que el sistema resulte innecesariamente costoso y sensible a desviaciones no significativas.

Normalmente, la comparación de la cuenta de resultados presupuestada y la cuenta de resultados real se realiza con una periodicidad mensual. Ordinariamente se juzga que realizar esta comparación unos diez días después de fin de mes es un retraso totalmente aceptable. Disminuir este plazo exigiría un esfuerzo suplementario (en horas extra, por ejemplo) que generalmente se estima no estaría justificado por las ventajas que se obtendrían de una mayor rapidez en disponer de la información. Por supuesto hay frecuentemente partidas de la cuenta de resultados (ventas, por ejemplo), cuyo control se realiza con mayor frecuencia y con mayor rapidez. Asimismo, si el control del resultado hubiera de retrasarse por desconocer los datos reales de alguna de las cuentas, se suele hacer una estimación de estos datos, realizando las oportunos ajustes al mes siguiente.

En el caso en que ello se estime útil pueden analizarse las desviaciones sobre el beneficio presupuestado causadas por variaciones en: precios de venta reales respecto a los presupuestados; volúmenes de ventas reales respecto a los presupuestados; composición real del volumen de ventas respecto al presupuestado. (Las técnicas correspondientes son equivalentes a las comentadas en el capítulo VI de la segunda parte para el análisis de desviaciones).

SISTEMAS DE INFORMACIÓN PARA CONTROL DE GESTIÓN

Los sistemas de información para control están integrados por cuantas piezas de información deba emitir cada responsable hacia su superior jerárquico, y forman, en buena medida, el soporte informativo mediante el cual cada superior vigila y guía a sus subordinados en la consecución de sus objetivos: son el canal de comunicación formal de las relaciones de jerarquía dentro de una organización.

El contenido de los sistemas de información para control suele hacer referencia a los resultados planificados y reales de los responsables, pero nada se opone a que contemplen igualmente los procedimientos seguidos, tanto en políticas de negocio como en normas organizacionales; asimismo –según lo tratado en el capítulo II de esta tercera parte acerca de "valoración de la gestión de un responsable" –el contenido de dichos sistemas de información puede versar tanto sobre aspectos cuantitativos como cualitativos.

Cada empresa debe preparar sus propios sistemas de información para control adecuándolos a sus características particulares, y, en la medida conveniente, a las de los responsables que han de utilizarlos como instrumentos de ayuda en su gestión.

Los informes deben prepararse piramidalmente: mayor abundancia de datos para los niveles inferiores de la jerarquía de la empresa, y sintetizando esa información para los niveles superiores.

Es usual que los informes para control de gestión tengan una forma más o menos parecida a la figura que se presenta como cuadro 4, y de la que es destacable el orden en que se presentan las diferentes partidas:

- directas controlables.
- directas no controlables.
- indirectas (repartidas), y por tanto no controlables,

de acuerdo con la terminología usada en el cuadro 2 del capítulo II de esta tercera parte.

En el esfuerzo por presentar únicamente la información que se estima útil para los responsables, en ocasiones los informes incluyen solamente aquellas desviaciones que se consideran significativas. Tratar de centrar la atención en estas desviaciones significativas constituye la forma como la contabilidad procura ayudar a la práctica de la dirección por excepción. Este esfuerzo es particularmente importante cuando la automatización del proceso de datos genera grandes masas de información que la organización debe digerir para que sean de verdadera utilidad. Es importante atinar con la información a poner a disposición de cada responsable: un exceso, al igual que un déficit, de información puede tener un efecto desmotivador no despreciable.

Cuadro 4

Posible idea de un informe contable para control de gestión

DATOS DE IDENTIFICACIÓN DEL CENTRO, RECEPTORES DEL DOCUMENTO, MOMENTO, ETC.	MES		ACUMULADO	
	Pres.	Real	Pres.	Real
Partidas directas controlables				
________				
________				
________				
Total partidas controlables				
Partidas directas no controlables				
________				
________				
Partidas indirectas				
________				
________				
________				

Estrictamente hablando, sería suficiente que los informes incluyeran los gastos directos controlables en la unidad (recordamos que no se trata de gastos totalmente controlables, cosa que en la práctica nunca se dará: basta que lo sean en un grado significativo). Sin embargo, la mayoría de las veces se incluyen también los gastos directos no controlables.

En cuanto a los gastos indirectos repartidos (y, por consiguiente, no controlables en la unidad) existe división de opiniones sobre si incluirlos o no en los informes de control.

Hay quienes piensan conveniente incluirlos para poner así de manifiesto de alguna manera lo que el resto de la organización ayuda al centro de responsabilidad; y también, porque, aunque no de forma precisa, pueden, de manera más o menos vaga e indefinible, ser parcialmente controlables por el responsable del centro en cuestión, por la misma razón antes apuntada de que muy raramente hay gastos "totalmente" controlables en un centro concreto.

Otros, por el contrario, no los incluyen, estimando que no son significativos a efectos de control, y temiendo que, dado que estos gastos repartidos son con frecuencia importantes respecto a los directos del centro, mostrarlos podría ser contraproducente desde el punto de vista psicológico, llevando a los responsables del centro a preguntarse: ¿para qué esforzarnos en el control de nuestros gastos directos, cuando los que nos imputan por reparto son mayores que aquéllos? En cualquier caso, si se incluyen estos gastos repartidos, deben distinguirse claramente de los gastos directos en los informes contables de gestión.

ANÁLISIS DE RESULTADOS

¿Cuándo se considera que una desviación es significativa? En la respuesta a esta pregunta las opiniones aparecen divididas aproximadamente por igual: hay quienes estiman conveniente establecer un índice cuantitativo (±5% o ±10% de la cantidad presupuestada, por ejemplo), que, si se sobrepasa, advierte de la existencia de una desviación significativa que, por consiguiente, exige explicación; y hay quienes piensan que el índice cuantitativo adecuado depende de cada caso en particular y, por tanto, no procede establecer el mismo índice para todas las cuentas.

En cualquier caso, siempre se insiste en que la existencia de una desviación puede estar totalmente justificada: no tan sólo porque puede ser debida a causas no controlables por el responsable de la actividad, sino también porque haya aparecido como consecuencia de una decisión consciente por su parte, por juzgar que lo más conveniente para la empresa era apartarse del presupuesto. Se procura así evitar que "responsabilidad" y "culpabilidad" se consideren sinónimos (cosa frecuente en el lenguaje corriente). Se espera de una persona responsable que esté en condiciones de explicar su actuación, y a ello tratan de ayudarle los informes de control, pero evitando por todos los medios que tenga sensación de persona acusada.

En este orden de ideas el control consiste en el esfuerzo disciplinado por cumplir el plan acordado y reflejado en el presupuesto, y en la explicación razonada de las desviaciones: en esta definición, la segunda parte es tan importante como la primera.

En todo caso, lo que importa no son las desviaciones en sí, sino sus causas: el conocimiento de una desviación interesa únicamente en la medida en que pueda utilizarse para la acción; si no es así, no merece la pena calcularla.

En síntesis, una desviación puede aparecer como consecuencia de una, o de algunas, de las siguientes causas:

- cambios en el entorno
- deficiencias en la planificación
- deficiencias en la ejecución

Corregir las desviaciones originadas por las dos primeras causas supone actualizar el presupuesto: en el primer caso, para adaptarlo a las nuevas condiciones del entorno, distintas de las originalmente previstas; en el segundo, para corregir los defectos de la planificación inicial. Corregir las desviaciones originadas por la tercera precisa de un juicio previo sobre si la deficiencia en el logro se debió a que el responsable no supo o no quiso: el tratamiento correctivo requiere decisiones distintas.

Por consiguiente, la razón última del análisis de las desviaciones es ayudar a conseguir en el futuro:

- una mejor planificación
- una mejor actuación

ACTUALIZACIÓN O REVISIÓN DEL PRESUPUESTO

La utilización de presupuestos flexibles y de presupuestos alternativos supone ya una actualización del presupuesto.

Pero, aparte de esta actualización realizada mediante los presupuestos flexibles, ¿es o no conveniente proceder a una más profunda actualización del presupuesto original si, a lo largo del año, se viera que aquél ha perdido actualidad?

Hay quienes opinan que el presupuesto debe actualizarse: si el presupuesto ha dejado de ser realista, ¿cómo puede ser un instrumento de control eficaz?

Por el contrario, hay quienes estiman preferible mantener inalterado a lo largo del año el presupuesto inicial, y dan varias razones para justificar su punto de vista. El presupuesto no es tan sólo un instrumento de control, sino también de motivación; y la motivación resulta perjudicada si, ya de entrada, se admite la posibilidad de que el presupuesto puede modificarse. Por otra parte, la elaboración del presupuesto consume tiempo, y su actualización durante el año supone un esfuerzo suplementario considerable, que no resulta compensado por el fruto que de él se obtiene, ya que, en la práctica, no resulta nada fácil identificar si las desviaciones se deben a una planificación deficiente, o a cambios en el entorno, o a una ejecución deficiente. Además, y a medida que la empresa va adquiriendo mayor experiencia en la utilización del presupuesto, la conveniencia de actualizarlo irá siendo menos necesaria. Por todas estas razones, los que así piensan mantienen el presupuesto originalmente establecido, y se limitan a tratar de tener en cuenta su posible falta de realismo en el momento de interpretar las desviaciones.

Teóricamente sería deseable hacer lo que se llama *planificación dinámica:* planificar a un año vista (cada mes, por ejemplo, planificar los doce meses siguientes), ya que la planificación no es discontinua, sino continua. Hay empresas en las que la planificación dinámica resulta de gran utilidad, a pesar del trabajo suplementario que exige.

Acción correctora de una desviación significativa

Si los responsables, y la dirección general en particular, se limitan a aceptar las desviaciones sin emprender acción alguna al respecto, el presupuesto pierde toda utilidad como instrumento de control. Para que ello no suceda, es condición necesaria la presencia activa de la dirección en las reuniones en las que se discuten los informes de control. Sin embargo, si estas reuniones no desembocan en acciones concretas, pueden engendrar un sentimiento de frustración que disminuye e incluso anula la utilidad del presupuesto.

Si a lo largo del año se presenta una desviación desfavorable en el resultado, para corregirla cabe, como ya se recordó, tratar de aumentar los ingresos, tratar de disminuir los gastos, o ambas cosas simultáneamente.

El primer tipo de acciones puede incidir, en líneas generales, sobre tres áreas: precios de venta, comercialización, innovación. De ellas, es la primera la que permite esperar resultados a más corto plazo. Sin embargo, es también la que entraña mayores riesgos de represalias por parte de la competencia, que pueden desembocar en una guerra de precios, y por ello es frecuente que antes de declarar oficialmente una baja de precios, la empresa trate de llevarla a cabo oficiosamente (descuentos, bonificaciones, facilidades de pago, etc.).

Los gastos que con frecuencia se prestan a una más inmediata reducción en su cuantía son los discrecionales (para reducir los operativos y los comprometidos se precisa ordinariamente un período de tiempo mayor). Sin embargo, aunque una disminución de gastos discrecionales mejora el resultado a corto plazo, puede perjudicarlo a plazo más largo: puede ser fácil, por ejemplo, disminuir los gastos de publicidad o de investigación, mejorando así los resultados de los meses en curso, pero es de temer que las consecuencias de esta decisión se sufran más adelante.

CAPÍTULO V

PRESUPUESTOS POR ACTIVIDADES O PROGRAMAS (LÍNEAS DE PRODUCTOS)

En los presupuestos por líneas de productos la entidad contable *centro de responsabilidad* que se utilizó en los presupuestos por responsabilidades, es sustituida por la entidad contable *centro de costes* (ver capítulo I de esta tercera parrte).

Los centros de costes pueden o no coincidir con los centros de responsabilidad. Si se preparan presupuestos por responsabilidades y presupuestos por líneas de productos, los gastos son entonces registrados en la unidad más pequeña, sea ésta un centro de costes o un centro de responsabilidad. Por ello, el hecho de que un centro de costes no coincida necesariamente con un centro de responsabilidad no supone dificultad especial.

El establecimiento de un presupuesto por líneas de productos supone la realización de las etapas que se recuerdan a continuación, y que en buena medida no es sino resumir lo ya comentado en la segunda parte del libro (parte de este trabajo coincidirá con el realizado para el establecimiento del presupuesto por responsabilidades).

1. *Definir los centros de costes:* de productos y de servicios. Así, pueden ser centros de productos aquellos en los que se producen o fabrican los mismos, y pueden ser centros de servicios, mantenimiento, administración, y comercial en algunos casos.
2. *Establecer el presupuesto de ventas para el año próximo*. Con frecuencia, es útil aquí limitarse a calcular con detalle los datos relativos a los productos significativos de acuerdo con el concepto implícito en una curva ABC.
3. *Estimar los costes de materiales directos y de mano de obra directa* necesarios para cada uno de los productos definidos en la etapa precedente.

4. *Estimar los gastos generales específicos* (distintos de materiales directos y mano de obra directa) de cada uno de los centros de costes (de productos y de servicios). Dichos gastos generales deben clasificarse en fijos y variables, y determinar, al menos de manera aproximada, la forma de variación de los segundos.
5. Decidir si, para *atribuir* todos los *gastos* a los productos, es o no conveniente repartir previamente los gastos específicos de alguno (o de todos) los centros de servicios entre los centros de productos. Y, en caso afirmativo, decidir el *criterio de reparto.*
6. Se trata ahora de establecer el *presupuesto por líneas de productos.* Lo que en definitiva se va buscando es la preparación de un cuadro según el esquema general siguiente:

	Total	Línea X	Línea Y
Ventas	X X	X X	X X
Costes variables	X X	X X	X X
Margen de contribución	X X	X X	X X
Gastos fijos específicos	X X	X X	X X
Resultado específico	X X	X X	X X
Gastos fijos comunes	X X	X X	X X
Resultado neto	X X	X X	X X

Los gastos (de fabricación y comerciales y administrativos) indirectos, es decir comunes a dos o más líneas de productos, se reparten entre ellas según los criterios que parezcan más adecuados y que serán, inevitablemente, arbitrarios.

En ocasiones se incluye asimismo información relativa a cada línea de productos sobre beneficio/ventas; ventas/inversión; beneficio/inversión, u otras para compararlas con los objetivos económicos de la empresa en su totalidad. (Las inversiones imputadas a cada una de las líneas de productos se componen en principio de dos sumandos: las inversiones específicas de la línea, y las inversiones comunes a dos o más líneas, repartidas según los criterios que se estimen razonables, y que serán también, e inevitablemente, arbitrarios.)

7. *Registrar los costes unitarios de los productos* de la forma más sencilla posible, aunque conservando el detalle de los cálculos para reducir el trabajo administrativo de mantener la información al día y en condiciones de ser utilizada por los responsables para la toma de decisiones. Y comprobar que estos costes unitarios no contradicen el sentido común.

CAPÍTULO VI

TRES COMENTARIOS RETROSPECTIVOS

PRESUPUESTAR: ¿PARA QUÉ?

Los presupuestos no son útiles como instrumento de control para el responsable inmediato de unos costes. Este control se realiza normalmente por observación personal y por informes especiales (diarios, semanales, mensuales) de ciertos índices cuantitativos (no necesariamente monetarios) que se estiman particularmente significativos.

El presupuesto es útil para proporcionar a la dirección un control global de los costes, cuando, debido a las dimensiones de la empresa, no le sería posible conseguirlo ni por observación directa, ni mediante los informes especiales antes mencionados, dado que habría de atender a un excesivo número de ellos. En una gran empresa, el control de los presupuestos puede ayudar a la dirección a comprobar si las cosas parecen marchar bien. Si hay algo que no parece ir como sería de desear, puede asegurarse de que se han tomado las medidas correctivas oportunas y, posteriormente, informarse de si estas medidas han dado resultado.

Pero la dirección de una pequeña empresa puede controlar los costes más eficazmente y más económicamente mediante la observación personal y los informes especiales cuantitativos señalados. La pequeña empresa debe utilizar los presupuestos para planificar, pero no para controlar. Otra cosa es complicar innecesariamente la contabilidad, y una contabilidad innecesariamente complicada es más cara, y, en la práctica, resulta menos útil.

Por ello, en una pequeña empresa, se recomienda que un grupo (director general, director administrtativo, director de producción, y director comercial, por ejemplo) prepare, a la vista de los datos del año actual, el presupuesto por líneas de productos para el siguiente año y no el presupuesto por responsabilidades.

No obstante, la recomendación precedente debe ser objeto de una matización importante. La adopción de un presupuesto por responsables no depende exclusivamente de la dimensión y de la complejidad de la organización (aunque estas características influyen). Depende también de la filosofía de la dirección.

Es muy probable, en efecto, que en una gran empresa, diversificada en mercados y productos, con procesos de negocios complejos, etc., un plan presupuestario por responsables resulte imprescindible para su buen gobierno. Pero es también posible que en una empresa en la que no se dé ninguna de las citadas circunstancias convenga un plan presupuestario por responsables por otros motivos, como la necesidad de preparar posibles candidatos para la sucesión, el deseo de educar y mejorar las capacidades directivas de otras personas, una mayor satisfacción de éstas al permitirles participar más activamente en la gestión.

UNA SÍNTESIS DE LAS TRES PARTES DEL LIBRO

Podemos resumir su contenido como sigue:

Primera: *Contabilidad Financiera*
Su objetivo es preparar informes sobre la situación de la dirección para terceros justificadamente interesados en la gestión de aquella.
Sus documentos más representativos son el balance, la cuenta de pérdidas y ganancias, el cuadro de financiación.
Su característica es la homogeneidad, expresada fundamentalmente en la utilización de los principios contables generalmente aceptados.

Segunda: *Contabilidad de costes* (para la toma de decisiones de explotación). Su objetivo es proporcionar información adecuada a la dirección sobre el valor económico de cada una de las posibles alternativas.
Sus figuras contables más representativas son los centros de costes y los costes diferenciales.
Su característica es la significatividad de los costes en momentos puntuales, no sujetos a una periodicidad predeterminada.

Tercera: *Contabilidad en la planificación y el control*
Su objetivo es proporcionar a la dirección información normalizada y periódica sobre la calidad de la gestión de cada responsabie.
Su figura contable más representativa es el centro de responsabilidad.
Su característica es la controlabilidad de las partidas.

RESUMEN DE LOS CONCEPTOS DE COSTE EN CONTABILIDAD DE DIRECCIÓN

Contabilidad de Costes Completos	Contabilidad de Costes Diferenciales	Costes para Planificación y Control
Directos: Costes identificables con una determinada unidad de referencia.	*Variables:* Costes que varían proporcionalmente con el volumen de actividad.	*Operativos:* Costes cuya cuantía puede estimarse objetiva, generalmente por medio de procedimientos de ingeniería.
Indirectos: Costes que se imputan a la unidad de referencia según un criterio de reparto, por ser comunes a dos o más unidades.	*Fijos:* Costes que no varían con el volumen de actividad. También se denominan cargas de estructura.	*Discrecionales:* Costes cuya cuantía se fija mediante juicios prudenciales de la dirección. No es posible establecer un estándar objetivo de rendimiento.
Completos: Costes Directos + Costes Indirectos repartidos.	*Semivariables:* Costes que varían con el volumen pero no proporcionalmente. Pueden descomponerse en una parte fija y otra variable.	*Comprometidos:* Costes discrecionales cuya decisión se tomó en algún ejercicio anterior. Generalmente, no se pueden modificar a corto plazo.
Capitalizados: Activos que se amortizan durante varios períodos en el futuro.	*Diferenciales:* Costes que son diferentes en cada alternativa de decisión que se contempla.	*Controlables:* Costes sobre cuyo comportamiento el responsable puede ejercer una influencia significativa, aunque, quizá, no un completo control.
Del Producto: Coste Directo+Coste Indirecto de fabricación del producto. *Del Período:* Todos los otros costes: gastos del ejercicio corriente.	*Inalterados:* Costes que no varían cualquiera que sea la alternativa elegida. La composición de ambos depende de la naturaleza del problema específico.	*No controlables:* Costes no modificables por decisión del responsable contemplado. Generalmente, se incluyen bajo esta denominación los costes comprometidos y los costes distribuidos o repartidos.
Los costes completos o son históricos o son estimaciones de costes futuros.	Los costes diferenciales son siempre estimaciones de costes futuros.	Los costes para la planificación y el control de la gestión de un responsable pueden ser históricos o estimados.

CAPÍTULO VII

UN ESQUEMA CONCEPTUAL PARA EL DISEÑO DE UN SISTEMA DE CONTROL

Cerramos esta tercera parte con unos comentarios generales sobre el diseño de un sistema de control atendiendo a consideraciones que no se han tenido en cuenta anteriormente.

Un director general tiene a su disposición una variedad de instrumentos contables –presupuestos, centros de responsabilidad, análisis de desviaciones– que es posible utilizar para cerciorarse de que los recursos con que cuenta la empresa son empleados de forma eficaz y eficiente por sus miembros. En este capítulo centraremos nuestra atención en presentar un esquema de ideas que consideramos útiles para resolver el problema más difícil: el diseño de un sistema de control "a medida"; esto es, la selección de aquel conjunto de instrumentos que mejor respondan a las circunstancias singulares de cada empresa concreta.

Este punto de partida pone enseguida de manifiesto que el diseño debe tener un enfoque "contingente". Es decir: la mayor sofistificación técnica de determinados instrumentos no implica que su adopción sea siempre adecuada. Hay empresas dirigidas de forma muy competente que rehúsan, por ejemplo, introducir en su contabilidad interna un mecanismo tan conocido como los costes estándar. Les parece simplemente que sus efectos disfuncionales superan las ventajas que se les atribuyen, *dadas* las características propias del negocio y el estilo de dirección.

Ahora bien: reconocer que la bondad de un sistema de control depende de una pluralidad de factores resulta de escasa ayuda a menos que seamos capaces de concretar las variables relevantes y su incidencia en el diseño del sistema apropiado. En este sentido queremos resaltar desde un principio que nuestro esquema de ideas hace especial hincapié en factores de entorno económico y posición competitiva. En otras palabras: soslaya de forma deliberada elementos tales como el estilo de dirección y el sistema de valores culturales que predominan dentro de la empresa. Con ello no pretendemos negar su innegable influencia sobre el sistema de control que pueda resultar más adecuado en unas circunstancias concretas. Las relegamos simplemente a un segundo lugar por dos tipos de razones. La primera de ellas es que, al reducir el número de variables, el problema se hace más manejable analíticamente. La segunda y más importante es que los elementos de tipo "humano" inciden más en el *uso* que en el *diseño* del sistema. De hecho, es lógico que así sea: el rediseño total del sistema de información y control por parte de cada nueva persona que se hace cargo de la dirección de una empresa o unidad de negocio podría ser no sólo costoso sino también imprudente: como quedará claro más adelante, los sistemas de control de una empresa sintetizan sus mecanismos recurrentes de decisión. Prescindir de ellos de forma súbita puede no ser lo más indicado en una fase de transición. Es más habitual, por tanto, que simplemente se introduzcan retoques en el aparato formal del sistema y que la personalidad del nuevo directivo se manifieste más bien en el manejo que hace del mismo con sus subordinados.

El "Modelo Económico" de Negocio

Empresarios y directivos suelen tener una concepción más o menos explícita de la razón de ser de su organización y de los mecanismos que pueden darle el éxito de forma duradera. En su sentido más profundo, esto es lo que se conoce como "visión" de futuro, que, en la medida en que se sepa transmitir a los demás, constituye un elemento de liderazgo. Esta "visión" –y los valores que pueda comportar –forma parte del "modelo" que el empresario tiene de su actividad, entendida en un sentido amplio.

Este "modelo" puede entenderse como una conceptualización de aquellos mecanismos que pueden crear valor económico para la empresa de forma sostenida. Una empresa crea valor económico cuando ofrece un producto o servicio que se estima singular, porque tiene características diferenciales respecto de los que ofrecen los competidores o porque es capaz de producirlo (y/o distribuirlo) a un menor coste. Por otra parte, esta posición competitiva favorable debe poder sostenerse en el tiempo, es decir, debe contener elementos de protección frente a las acciones imitadoras de los competidores.

Muchos empresarios tienen este "modelo" de forma implícita en su mente. Ahora bien, para que pueda servir de guía en el diseño de un sistema de control e incentivos es necesario que pueda ser explicitado en grado suficiente. Con frecuencia, ello resulta difícil por la complejidad de las relaciones que es preciso aislar. Un método que se ha revelado útil para llevar a cabo esta tarea consiste en empezar por definir el "modelo económico del sector", esto es, las variables en las que *todas* las empresas que compiten en el mismo deben concentrar su atención, dadas las características propias de los procesos productivo y comercial. Así, por ejemplo, en el comercio detallista de grandes superficies, una gestión eficiente de las existencias constituye un imperativo ineludible para cualquier empresa. Ello no quiere decir que este factor sea necesariamente el elemento competitivo clave para una empresa concreta. Pero sí que constituye una condición necesaria para lograr una posición de negocio lo suficientemente fuerte.

La ventaja de empezar por el estudio del sector es que constituye un punto de arranque relativamente sencillo en comparación con el análisis posterior. Complementarlo con las variables que especifican el "modelo económico de la empresa" no es otra cosa que concretar la *estrategia* de la empresa, lo que –incluso en el plano analítico en que nos movemos aquí– no siempre resulta tarea fácil. Con todo, diagnosticar la atractividad de un sector en términos de rentabilidad potencial es siempre un buen punto de arranque para cualquier análisis en profundidad de la posición competitiva de una empresa. El mismo enfoque constituye el mejor punto de partida para un diseño "contingente" –esto es, adaptado a las circunstancias específicas de cada empresa– de un sistema de control e incentivos.

Para clarificar estos conceptos pensemos por un momento en el sector de grandes almacenes, tal como aparece configurado en España en los años ochenta. La estrechez de márgenes sobre ventas y la importancia de la rotación son elementos universales que afectan a todo el sector y, por lo tanto, deben integrar cualquier "modelo económico" que pueda formularse sobre el mismo. Sin embargo, la empresa líder en este sector –El Corte Inglés– ha sabido desarrollar algunos elementos diferenciales que deben tenerse en cuenta al formular su "modelo económico" particular. Así, por ejemplo, sus márgenes sobre ventas son también estrechos, pero *menos* que los de la competencia debido, principalmente, a dos factores: su gran poder negociador con los proveedores y, sobre todo, su excelente imagen con el público que le permite competir favorablemente sin verse obligado a reducir los precios al mismo nivel que otras empresas del sector. Este factor "imagen" se alimenta de distintas maneras. Una de ellas es el uso eficiente de la publicidad que hace posible su gran participación de mercado, tanto a nivel nacional como local (grandes poblaciones, principalmente). Otro factor importante, en este sentido, es la calidad de la distribución y diseño interiores y, sobre todo, del servicio prestado por el personal que atiende al público. Por estas razones, el sistema de control e incentivos de El Corte Inglés deberá prestar especial atención –como de hecho lo hace– a la formación de este personal y a la supervisión de su labor en estas dimensiones que la estrategia de la empresa convierte en críticas.

Esta no es, sin embargo, la única estrategia posible en el sector de grandes almacenes –ni siquiera necesariamente la mejor. Otras empresas han conseguido el éxito sostenido con una fórmula de atención mínima al cliente, emplazamientos más austeros y menos céntricos, y reducción máxima de precios. Los márgenes brutos (diferencia entre precio neto y coste de las mercancías vendidas) se reducen considerablemente respecto de los de una empresa como El Corte Inglés, pero también son menores los gastos operativos, especialmente en la partida de personal (incluyendo nómina y formación). La atención al personal se convierte así en un elemento menos importante del sistema de control e incentivos apropiado para este segundo caso, mientras que los mecanismos orientados a conseguir una alta rotación de existencias adquieren una mayor importancia relativa.

Las Áreas Clave de Negocio

Aunque de forma muy simplificada, el ejemplo anterior nos ha permitido ilustrar la noción de "modelo económico" y las diferencias que el mismo puede exhibir cuando se formula a nivel de sector o a nivel de empresa. Al propio tiempo, hemos podido advertir que estrategias distintas requieren comportamientos diferentes en los niveles operativos más bajos de la organización, incluso dentro del propio sector. En cierto modo, la estrategia de negocio de El Corte Inglés se pone en práctica a través de la calidad de servicio que cada cliente percibe en "cada una" de las compras que realiza. La mejor estrategia se convierte en papel mojado si los directivos que la han concebido no aciertan a conseguir que sus subordinados se comporten de un modo coherente con ella. En todo negocio hay unas tareas cotidianas que deben ser ejecutadas particularmente bien para hacer que la estrategia de la empresa se convierta en realidad y alcance los frutos deseados. Estas tareas han sido denominadas como *áreas clave de negocio* por varios destacados profesionales en el diseño de sistemas de control y su identificación es uno de los beneficios que suele reportar una formulación explícita de los modelos económicos del sector y de la empresa.

Al llevar a cabo un primer análisis de una empresa resulta tentador elaborar una larga lista de áreas clave. Muchos directivos de la propia empresa suelen ser generosos cuando se les solicita su opinión sobre las "cosas que deben funcionar especialmente bien" para que el negocio prospere. Y a los analistas externos también se les ocurren ideas adicionales. Con todo, la tentación de formular una extensa lista debe resistirse. En la mayoría de los casos, el número de áreas clave es limitado. Algunos profesionales incluso afirman que se halla siempre entre tres y seis. Y aunque esta afirmación no debe tomarse en un sentido estricto, exigirse a uno mismo no sobrepasar un cierto número –más bien pequeño– en la identificación de las "principales" áreas clave resulta ser una buena práctica como método de trabajo.

También aquí resulta útil pensar primero en el sector y luego en la propia empresa. Por ejemplo, en el sector de la alimentación, suelen resultar claves una buena red de distribución, un esfuerzo publicitario eficaz y un desarrollo continuado de nuevos productos. Ahora bien, estos factores cambian o adquieren un sentido distinto en el subsector de la alimentación infantil y, dentro de él, para cada una de las empresas en concreto. Nestlé, por ejemplo, tiene unas áreas clave de negocio que se diferencian notablemente de las que corresponden a Kellog.

En el sector seguros, suelen considerarse áreas clave genéricas el control del personal administrativo, las políticas de inversión de fondos y el flujo de innovaciones en pólizas. Pero también aquí estas áreas se concretan y adaptan de muy distinta manera en cada empresa. Una reflexión sistemática sobre los factores que diferencian a cada empresa de las del resto del sector en términos del servicio que ofrecen a sus clientes suele dar grandes frutos en este paso del análisis.

Decisiones Clave de Tipo Recurrente

Todas las áreas clave de negocio requieren la adopción de un cierto tipo de decisiones que, por lo general, suelen tener un cierto componente discrecional, es decir, requieren la formulación de un juicio prudencial por parte de uno o varios responsables. El diseñador del sistema debe considerar con cuidado la frecuencia con que es probable que se planteen tales decisiones, la importancia relativa de cada una de ellas, qué personas deben estar involucradas y cuál debe ser la naturaleza de su función.

Esta parte del análisis conduce, de hecho, a una consideración explícita de la estructura organizativa de la empresa: no otra cosa es decidir a quién le corresponde tomar un determinado tipo de decisión en base a su incidencia sobre una o varias áreas clave de negocio y a la información necesaria para adoptarla. Formalizar la estructura de decisiones que deben adoptarse en una empresa dentro de un esquema jerárquico, y delegar las responsabilidades sobre ellas a unas personas determinadas en función del puesto que ocupan, es el procedimiento más cabal de establecer un organigrama. El Gráfico 1 resume de forma esquemática el método propuesto.

Gráfico 1
Esquema Conceptual para el Diseño de un Sistema de Control e Incentivos

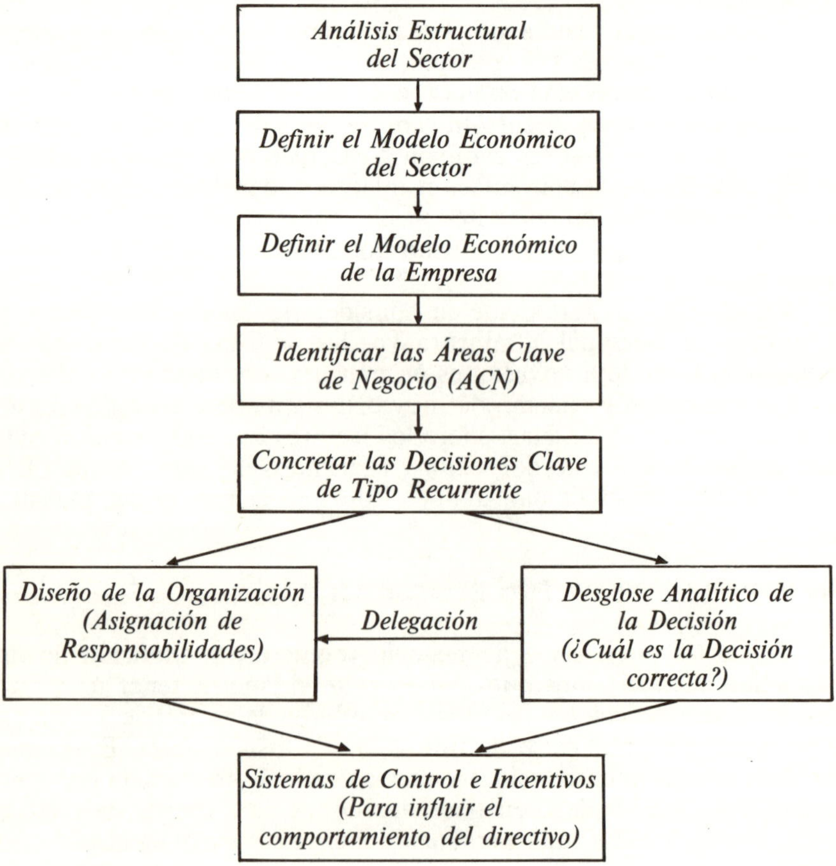

Fuente: Adaptado de un gráfico original de R.F. Vancil

A título ilustrativo podemos regresar a nuestro ejemplo de El Corte Inglés. Algunas decisiones clave de tipo recurrente en este caso son la respuesta que debe darse a las reclamaciones de un cliente insatisfecho, los precios de venta, la composición de productos y su distribución física en los espacios comerciales, las condiciones de compra que se negocian con los proveedores y la elección de nuevos emplazamientos. Puede apreciarse fácilmente que estas decisiones se diferencian entre sí, tanto por su importancia como por la frecuencia con que deben tomarse. En este sentido, es preciso recordar que "lo importante" no es solamente "lo infrecuente". Decidir la ubicación de un nuevo punto de venta es un problema relativamente esporádico, mientras que atender a la reclamación de un cliente es un fenómeno cotidiano para el personal de El Corte Inglés. Sin embargo, el efecto "acumulado" de las decisiones que se tomen sobre este último tema es de una importancia capital para esta empresa, dado el peso que el efecto "imagen" tiene dentro de su estrategia comercial.

Asignar decisiones dentro de la organización es función tanto de su importancia como de la frecuencia con que deben adoptarse. Por importantes que sean algunas de las decisiones de servicio al cliente, su frecuencia obliga a un alto grado de delegación de las mismas. Es entonces cuando un diseño cuidadoso de los sistemas de control e incentivos se revela como más crítico. En efecto: tales sistemas —por su capacidad de influir sobre las premisas de decisión de los subordinados— se convierten, en cierto modo, en la "longa manus" de la alta dirección.

En cierto modo, si el anterior proceso analítico ha sido llevado a cabo de forma rigurosa y exhaustiva, la elección de los índices de medida de la actuación —eje básico del sistema de control— aparece como una consecuencia natural del mismo. La identificación de las áreas clave de negocio conduce a asignar decisiones que inciden recurrentemente sobre ellas a determinadas personas de la organización. Las implicaciones económicas de tales decisiones determinan el tipo de índice que debemos utilizar para medir la gestión de los responsables.

Tomemos, por ejemplo, el puesto de director de uno de los muchos puntos de ventas que tiene abiertos El Corte Inglés (*), como puede ser el que está emplazado en la Diagonal de Barcelona. Si todas (o la mayor parte) de partidas de gasto (nómina, mantenimiento, etc.) no están dentro de la zona de influencia de tal director y su tarea se entiende como la supervisión y fomento del esfuerzo comercial, sus

(*) La discusión que sigue es puramente especulativa y no debe tomarse como una descripción realista de los sistemas de control que utiliza El Corte Inglés.

objetivos pueden establecerse tan sólo en términos de volumen de ventas. En tal caso, sería lo que se conoce técnicamente como *centro de ingresos.*

En sentido contrario (aunque sea mucho menos probable), también podría entenderse que el nivel de ventas no viene influido por la labor del director, cuya labor se circunscribiría entonces a partidas de gasto sobre las que podría incidir en mayor o menor medida en función de las circunstancias (por ejemplo, si tiene capacidad de contratar personal eventual). En este segundo caso, la decisión lógica sería tratarlo como *centro de costes.*

Una hipótesis más realista consiste en suponer que el director de la sucursal tiene capacidad de tomar decisiones que inciden tanto sobre los ingresos como sobre los gastos. De hecho, las decisiones más interesantes en este tipo de negocio son de carácter mixto, esto es, inciden simultáneamente sobre ambas partidas y hay que formular un juicio prudencial sobre el resultado "neto" que se espera obtener. Por ejemplo, la decisión de contratar personal eventual durante la época de Navidades o de Rebajas implica un mayor gasto con la esperanza de que quede más que compensado por el margen bruto que generan las ventas adicionales que es posible capturar con esta mayor fuerza laboral y que se perderían en caso contrario. Este escenario conduciría de forma natural a tratar al director de esta sucursal como un *centro de beneficios.*

Por último, podríamos considerar el caso en que el director del centro tiene también un cierto grado de discrecionalidad sobre parte de la inversión. No es probable que se le responsabilice sobre el activo fijo, ya que esta decisión queda, sin duda, fuera de su ámbito de competencia, pero, en cambio, es posible que se le permita decidir, dentro de ciertos límites, sobre el nivel de existencias que estima apropiado para conseguir sus objetivos comerciales. En estas circunstancias, debería tratársele como un *centro de inversiones.*

Llegados aquí es preciso hacer hincapié en un par de puntos. El primero es que el ejemplo descrito no debe interpretarse simplemente como una aplicación más del principio de que a cada directivo debe medírsele por aquello que puede controlar. Este principio clásico soslaya el punto más importante: decidir qué factores hay que dejar bajo el control de cada directivo. El método descrito en este capítulo empieza por resolver de entrada este problema mediante la identificación de las áreas clave de negocio y de las decisiones recurrentes que van vinculadas a cada una de ellas. Se trata, por tanto, de un método *integral* que inserta el diseño de sistemas de control dentro del proceso de instrumentación y puesta en práctica de una estrategia (expresada como el "modelo económico" de la empresa).

El segundo punto a destacar es que el método exige poner atención preferente sobre áreas clave de negocio más que sobre partidas de ingresos y gastos a la hora de decidir "quién controla qué". Esta es una pregunta difícil de responder en la práctica y con frecuencia el analista cede a la tentación del camino más fácil y opta por los lugares comunes ("los de comercial controlan las ventas", "los de fabricación controlan los costes"). La experiencia demuestra que, al diseñar sistemas de control, dejarse guiar por la sabiduría convencional conduce normalmente a que los árboles no permitan ver el bosque. Concentrarse en áreas clave de negocio, en tanto que determinantes primarios de ingresos y gastos, abre la posibilidad de un análisis más profundo.

Por último, es de advertir que la secuencia en la consideración de índices de medida no debe empezar –como en el ejemplo anterior– por la opción más sencilla (centro de costes) y proseguir hasta la más compleja (centro de inversiones). Un método más recomendable suele ser el opuesto. Es decir, empezar preguntándose si es posible utilizar el índice más omnicomprensivo (centro de inversiones) y sólo pasar a índices más elementales cuando el análisis de las áreas clave de negocio exige que la decisión sobre inversiones quede reservada a niveles superiores de la organización.

APLICACIÓN DEL ESQUEMA CONCEPTUAL A ORGANIZACIONES FUNCIONALES

Un medio de clarificar la utilidad del esquema conceptual propuesto es considerar su aplicación a empresas organizadas funcionalmente. Ello tiene varias ventajas. La primera es que el predominio de este tipo de estructuras en países de desarrollo intermedio, como España, confiere al ejercicio un interés especial. La segunda –y tal vez más importante– es que pone de manifiesto la necesidad de un enfoque "contingente", basado en el diagnóstico de áreas clave de negocio.

En efecto: de forma más o menos implícita todos tendemos a suponer que una empresa se organiza bajo una estructura funcional cuando quiere delegar la responsabilidad sobre ventas al departamento comercial y la responsabilidad sobre gastos de fabricación al departamento de producción. Y que, por lo tanto, los índices de medida apropiados son un centro de ingresos para el primero y un centro de costes para el segundo.

De hecho, la realidad es mucho más compleja aunque una cierta inercia mental nos empuje a olvidarlo. Una empresa funcional puede contemplar el siguiente abanico de opciones para medir la gestión de sus departamentos comercial y de fabricación en términos monetarios:

Opción	*Dpto. Comercial*	*Dpto. de Producción*
1	Centro de Ingresos	Centro de Costes
2	Centro de Beneficios	Centro de Costes
3	Centro de Ingresos	Centro de Beneficios
4	Centro de Beneficios	Centro de Beneficios

El esquema conceptual presentado en este capítulo se ha revelado como la mejor herramienta disponible para clarificar cuál de estas alternativas es más adecuada para una empresa concreta. Una empresa en la que no haya fuertes interdependencias entre Comercial y Fabricación (o que, si las hay, sean de naturaleza muy esporádica) puede adoptar la opción número 1. Esta es la fórmula más frecuente en la práctica, aunque en determinados casos no responde a las exigencias que imponen las decisiones que de forma recurrente deben tomar los directivos involucrados.

Supongamos, por ejemplo, una empresa muy diversificada en términos de mercados geográficos. En cada uno de las zonas en las que opera es preciso adoptar frecuentes decisiones precio/volumen en base a las cambiantes exigencias de los clientes y de los competidores locales. Los productos que se comercializan son similares en cuanto a su función (por ejemplo, son todos ellos productos de cosmética) pero tienen costes unitarios y márgenes de contribución muy distintos entre sí. En tales circunstancias, la necesidad de descentralizar las decisiones comerciales –con el fin de agilizarlas– puede recomendar la opción 2, esto es, el tratamiento de los departamentos de ventas como centros de beneficio, transfiriéndoles los productos a un coste estándar predeterminado.

La opción 3 –departamentos de producción como centros de beneficio– es relativamente insólita. Sin embargo, no es infrecuente en industrias maduras que fabrican y venden productos indiferenciados observar que los principales medios de acción comercial (calidad del producto, puntualidad en las entregas, etc.) residen en el departamento de producción. En tales casos, el analista debe considerar cuidadosamente si asignar responsabilidad sobre beneficios a las fábricas puede ser la fórmula que mejor responda a la realidad económica subyacente, aunque pueda resultar aparentemente contraintuitiva. El Gráfico 2 es una representación esquemática del "modelo económico" que podría corresponder a una empresa de este tipo.

Gráfico 2

Esquema de un "Modelo Económico" para una Empresa en la que las principales "Áreas Clave de Negocio" dependen del Departamento de Producción

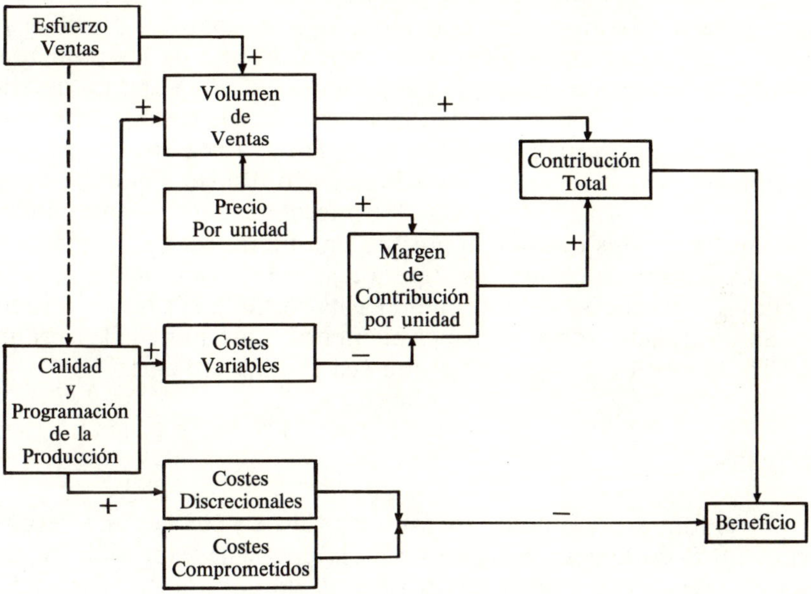

Clave:

Las flechas indican influencia
\+ o − indican la dirección de la influencia
La línea de puntos indica un nexo de comunicaciones

Fuente: Adaptado de un gráfico original de Charles Christenson

El Gráfico 2 puede parecer, en primer examen, lo suficientemente general para que pueda corresponder a cualquier tipo de empresa. El pequeño detalle que le confiere singularidad es la línea de puntos que une el rectángulo "Esfuerzo de Ventas" con el de "Calidad y Programación de la Producción". El gráfico está basado, de hecho, en una empresa real que fabrica y comercializa envases de metal (latas de hojalata y aluminio principalmente). En este caso particular prácticamente "todo" el esfuerzo de ventas depende de la calidad del producto acabado y, muy en especial, de la disposición de fábrica para cambiar la línea de producción en función de las circunstancias particulares de cada pedido. Bajo estas circunstancias, los responsables de comercial se convierten en poco más que "tomadores de pedidos" y todo el beneficio pasa a depender del comportamiento de producción. Nada más lógico, por tanto, que el diseño de sistema de control reproduzca, a nivel formal, lo que la tecnología y la situación competitiva imponen de forma natural.

La última opción –centros de beneficio tanto para comercial como para producción– es, sin duda, la más compleja y difícil de poner en práctica porque plantea de inmediato uno de los problemas más difíciles conceptualmente y más espinosos desde el punto de vista humano como son los precios de transferencia (o de cesión). Con todo, puede ser la opción más apropiada si se dan a la vez dos condiciones determinantes: que las áreas clave de negocio residan simultáneamente en ambos departamentos y que las interdependencias entre ambos sean tan frecuentes que sea imposible una fuerte centralización de la toma de decisiones en niveles superiores de la organización. A pesar de ello, el analista no debe proponer esta fórmula sin haber resuelto con anterioridad –sobre el papel al menos– los principales problemas de precios de transferencia que sea posible anticipar.

RESUMEN

El enfoque presentado en este capítulo es tan fácil de resumir como difícil de aplicar. Su síntesis es la conocida expresión de que cada empresa debe diseñarse un sistema de control "a la medida". La diferencia con la labor del sastre es que no siempre es obvio qué magnitudes hay que medir antes de iniciar la confección del traje. El esquema conceptual propuesto sugiere que se trata principalmente de estimar parámetros de tipo competitivo y estratégico, necesariamente específicos de cada empresa. Afortunadamente contamos con las herramientas conceptuales y con un cierto método de trabajo que puede facilitar en cierta medida el camino. Presentar ambos ha sido nuestro propósito, aunque solo la práctica ha de permitir que el usuario se sienta suficientemente satisfecho con ellos.

APÉNDICES

I. Obligatoriedad de las Directivas contables en España
II. Breve diccionario contable inglés-castellano

APÊNDICE I

OBLIGATORIEDAD DE LAS DIRECTIVAS CONTABLES EN ESPAÑA

1. Pueden formular Balance abreviado y Memoria abreviada (que no incluye el Cuadro de Financiación), las sociedades que, en la fecha de cierre del balance, cumplan, al menos, dos de las circunstancias siguientes:

- Que el total de las partidas del activo supere 230 millones de pesetas. A estos efectos se entenderá por total activo el total que figura en el esquema general.
- Que el importe neto anual de la cifra de negocios sea inferior a 480 millones de pesetas.
- Que el número medio de trabajadores empleados durante el ejercicio no supere a los 50.

2. Pueden formular Cuenta de Pérdidas y Ganancias abreviada las sociedades que en la misma fecha cumplan, al menos, dos de las circunstancias siguientes:

- Que el total de las partidas del activo no supere 920 millones de pesetas. A estos efectos, se entenderá por total activo el total que figura en el esquema general.
- Que el importe neto anual de la cifra de negocios sea inferior a 1.920 millones de pesetas.
- Que el número medio de trabajadores empleados durante el ejercicio no supere a los 250.

Cuando una sociedad, en la fecha de cierre del ejercicio, pase a cumplir dos de las circunstancias antes indicadas o bien cese de cumplirlas, tal situación únicamente producirá efectos en cuanto a la elaboración de Balance, Cuenta de Pérdidas y Ganancias y Memoria abreviados si se repite durante dos ejercicios consecutivos.

El importe neto de la cifra anual de negocios se determinará deduciendo del importe de la venta de los productos y de las prestaciones de servicios correspondientes a las actividades ordinarias de la sociedad, el importe de las bonificaciones y demás reducciones sobre las ventas y del impuesto sobre el valor añadido y otros impuestos relacionados directamente con las mismas.

3. Para la obligación de consolidar estados contables puede consultarse el final del capítulo XIX de la primera parte.

4. No existe obligación de Auditoría de las Cuentas Anuales y de la Memoria para las sociedades que puedan presentar Balance abreviado, salvo que sus títulos coticen en bolsa, hayan emitido obligaciones en oferta pública, o se dediquen habitualmente a actividades de intermediación financiera o de seguros.

APÉNDICE II

BREVE DICCIONARIO CONTABLE INGLÉS-CASTELLANO

Dada la creciente importancia del idioma inglés en las relaciones empresariales internacionales, pensamos que puede ser útil la inclusión de un breve diccionario inglés-castellano de los términos contables más frecuentes. Como no se pretende en absoluto establecer un diccionario completo, utilizaremos para su presentación el orden del balance y de la cuenta de resultados, indicando entre paréntesis la equivalencia castellana de los respectivos términos ingleses. Es de advertir asimismo que, igual que sucede en castellano, no existe un vocabulario contable inglés que sea universalmente utilizado por todos los autores.

BALANCE SHEET *(Balance)*

ASSETS *(Activo)*
- Current assets *(activo circulante)*
  - Cash *(caja y bancos)*
  - Marketable securities *(cartera de valores)*
  - Accounts receivable *(deudores)*
    - Trade accounts receivable *(clientes)*
  - Notes receivable *(efectos a cobrar)*
  - Inventory *(stocks)*
    - Raw materials *(materiales)*
    - In process *(en curso)*

Finished goods *(productos terminados)*
Prepaid expenses *(gastos pagados por anticipado)*
Fixed assets *(inmovilizado material)*
Accumulated depreciation *(amortización acumulada)*
Investments *(inmovilizado financiero)*
Intangible assets *(inmovilizado intangible)*

EQUITIES *(Pasivo)*
Current liabilities *(exigible a corto plazo)*
Accounts payable *(acreedores)*
Notes payable *(efectos a pagar)*
Estimated tax liability *(impuestos a pagar)*
Accrued expenses *(gastos a pagar)*
Deferred income *(anticipos de clientes)*
Long term liabilites *(exigible a largo plazo)*
Owners' equity *(recursos propios)*
Capital Stock *(capital social)*
Paid-in surplus *(reservas aportadas, primas de emisión)*
Retained earnings *(reservas ganadas, beneficios retenidos)*

INCOME STATEMENT *(Cuenta de pérdidas y ganancias)*
Net sales *(ventas netas)*
Cost of goods sold *(coste de las mercancías vendidas)*
Gross profit *(beneficio bruto)*
Operating expenses *(gastos de explotación)*
Operating profit *(beneficio ordinario)*
Other revenue and expenses *(ingresos y gastos ordinarios)*
Income before taxes *(beneficio antes de impuestos)*
Provision for income tax *(previsión de impuestos)*
Net income *(beneficio neto)*

OTROS TÉRMINOS CONTABLES
Debt, liabilities *(recursos ajenos)*
Net worth, owner's equity *(recursos propios)*
Common stock *(acciones ordinarias)*
Preferred stock *(acciones preferentes)*
Bond *(obligación)*
Share *(acción)*
Goodwill *(fondo de comercio, inmovilizado intangible)*
Working capital *(fondo de maniobra)*
Budget *(presupuesto)*
Overdue receivables *(morosos, clientes de dudoso cobro)*
Order backlog *(cartera de pedidos)*